樂齡
休閒學

Leisure
for Later Life

丁文祺
鄭建民
郭常勝
—— 著

麗文文化事業

■ 國家圖書館出版品預行編目（CIP）資料

樂齡休閒學 / 丁文祺, 鄭建民, 郭常勝著. -- 初版. --
高雄市：麗文文化, 2016.05
　　面；　　公分
　　ISBN 978-957-748-635-6（平裝）

1.老人學　2.休閒活動　3.營養學　4.養生

544.8　　　　　　　　　　　　　105005054

樂齡休閒學

初版一刷・2016年5月

作者	丁文祺、鄭建民、郭常勝
責任編輯	林瑜璇
發行人	楊曉祺
總編輯	蔡國彬
出版者	麗文文化事業股份有限公司
地址	80252高雄市苓雅區五福一路57號2樓之2
電話	07-2265267
傳真	07-2233073
網址	www.liwen.com.tw
電子信箱	liwen@liwen.com.tw
劃撥帳號	41423894
購書專線	07-2265267轉236
臺北分公司	23445新北市永和區秀朗路一段41號
電話	02-29229075
傳真	02-29220464
法律顧問	林廷隆律師
電話	02-29658212

行政院新聞局出版事業登記證局版台業字第5692號

ISBN 978-957-748-635-6（平裝）

麗文文化事業

定價：450元

目 錄

李洪滋教授／推薦序

欣聞丁文祺校長、鄭建民教授與郭常勝博士三位攜手，匯集專業領域研究成果，整合了樂齡休閒、養生運動及樂齡營養三大領域有機結合、優勢互補，跨領域結合的大作，即將於2016年5月付梓，時值本人接受邀請到高雄應用科技大學交流學術，給中國傳統醫學與經絡生物能量研究及生物能量特論課程的研究生班做養生運動專題講座。有機會結識社團法人高雄市終身樂學協會李淑玫理事長和丁文祺教授及其他專家交流互動，參訪協會，會館內部儀器設備配套，功能齊全，會館業務已經展露品牌，構建開展各項保健康復有效的推展平台。

基於身為中、西醫師背景與懸壺濟世的理念，有必要推展高齡人口之休閒、養生與飲食的正確觀念。而《樂齡休閒學》一書，結合三個不同領域的專家，完整的呈現理論與實務的內容，正適合當下社會人口老齡化的迫切需求。為此，接受作者的邀請，樂為之序。

丁文祺校長的樂齡休閒概論。講述概論、樂齡相關理論分析、樂齡休閒模式、樂齡休閒的實踐——緩慢醫療、樂齡休閒的實踐——緩慢運動，及樂齡休閒的實踐——緩慢休閒等共六章。在樂齡休閒文化功效深具創新的作用，在觀念領會上給予指導，在實踐中，接受指南。初讀專著，受益匪淺。

鄭建民教授專研氣功養生運動二十餘年，並以《養生運動對成年人生理心理的影響》為其博士論文，順利通過答辯。執行台灣科技部專題研究計畫，研究成果，貢獻卓著。在樂齡運動養生篇包括要活就要動：慎選適合自己年齡的養生運動、初級香功、中級香功、平甩功、觀音舞、八段錦簡介及養生功法的科學實證研究等共五章。

郭常勝博士的樂齡營養飲食篇。講述食物、營養與健康，體重管理、生理特性與變化、營養評估與需求、飲食原則與應用、常見的慢性疾病與營養問題，飲食指南與設計、膳食營養素的建議攝取量、食物的代換與應

用、食物對藥物利用的影響，藥物對食物、營養素的影響等。膳食科學、營養全面，以及食療藥膳諸多元素，構成養生之道，頤養天年。

序者，從事傳統與現代醫學、體育保健康復養生六十餘載。臨床應用氣功療法，總結寫出論文：《氣功療法治療慢性病200例》，發表於1959年首屆全國北戴河氣功經驗交流會，出版專著《運動與健康》。對科學養生頗有心得，親身感受，在老齡社會開展樂齡休閒養生對修身、齊家，繁榮社會，至關重要。傳承中華民族國粹，移植創新古代文化。在新時代繼續造福全人類。

中國老教授協會醫學顧問
體育醫學專業委員會會長
運動醫學教授李洪滋謹薦

2016 年 4 月 16 日

享受老化成熟的極美樂齡生活
吳英明講座教授／推薦序

　　這本《樂齡休閒學》提醒我們老化（Aging）是生命週期中極美的階段；教導我們在進入樂齡階段應享受休閒慢活、運動養生、營養飲食的生活；並同時提供一套完整的知識體系，讓我們可以操作實踐。既然取名《樂齡休閒學》，「學」（Logy）就是一套有系統的知識、具實踐價值的知識，並典藏著永恆不變的道理或眞理，使人因而得到生活的好處及生命的養分。希臘文的 Logy 其實就是有權威的系統知識，且有帶領引導的眞理權威。並使人依此可以享有盼望與喜悅的信心生活。

　　本書具「知識性教科書」、「可操作實務手冊」及「預防醫學生活啓發」的特色。丁文祺博士、鄭建民博士和郭常勝博士等三位作者，不僅理論實務兼備，更具有想要爲社會做一件美麗事情的天賦熱情。期待這本《樂齡休閒學》能夠帶給讀者和實踐者極大的自由、滿足和喜悅。

　　每一個人都必須要學習過人生下半場的生活，在老化的過程中享受與歲月和好的活潑盼望，並在人際互動上也讓自己老的好優雅，成爲可愛、健康、有熱情的樂齡者。《樂齡休閒學》這本書傳遞非常豐富的知識訊息，提供常民生活般的 Know How 實踐，並嘗試引導、提醒讀者在知識獲取的同時，也要能夠善盡關心、幫助高齡化社會的多元需求。

樹德科技大學講座教授
台灣透明組織（Transparency Taiwan）顧問
吳英明
2016 年 4 月

丁文祺／作者序

　　世界各國人口平均餘命逐漸延長，全球平均餘命為71歲，男性69歲，女性73歲（Population Reference Bureau, 2015）。長壽已經是人類世界的趨勢。世界衛生組織（World Health Organization, WHO）倡導健康老化（healthy aging）及活躍老化（active aging）等成功老化（successful aging）的觀念，目的就是希望透過具體有效的措施，幫助高齡者在退休後仍能享受應有的生活品質，並且活得有尊嚴、有意義。新加坡的樂齡活動聯會（Singapore Action Group of Elders, SAGE），以「樂齡人士」的尊稱，來取代「老年人」。本書乃是希望「樂齡者」都能找到自己的活動模式，活出自己餘命的生命價值。

　　WHO對健康的定義為：「在身體、精神及社會等各方面處於健全狀態」。健康不再是以傳統平均餘命來估測生命量，而是對生命做「質」的估測。活得長未必活得健康。依衛生福利部統計，2013年我國健康平均餘命為71.1歲，不健康的生存年數約8.9歲，從2003-2013年的統計，國人不健康的生存年數約7.6-9.0歲，這不健康的生存年數就是醫療與長期照護的經濟負擔，與長期的精神壓力。健康平均餘命（HALE）才是我們追求的目標。

　　本書《樂齡休閒學》試圖以樂齡的政策、理論、模式，與緩慢休閒、運動、醫療的案例，做為整體的概論（第一篇）。進而專篇探討樂齡休閒的養生運動（第二篇），樂齡休閒的營養飲食（第三篇），做為總體「樂齡休閒」的需求，讓每個人的生命機能都能夠活力延伸到健康狀態，每個人都能夠健康老化（healthy aging）、活躍老化（active aging）。透過「樂齡休閒」冀望延長健康平均餘命，並縮短不健康的生存年數。讓平均壽命趨近於健康平均餘命，讓臨終躺在病床上的時間只要兩週就好，達到成功老化（successful aging）的理想。

　　「樂齡休閒」需要各領域專家學者共同的建構，非單獨一個學門可以獨力完成，故本書特地由後學（成人教育專長）發起，邀集鄭建民教授（運動保健專長）與郭常勝博士（營養飲食專長），做跨領域的整合，共同完成《樂齡休閒學》的初步建構，起步階段，疏漏難免，但求拋磚引玉，期待後續有更多學者投入、讓研究更趨精緻，為高齡社會做出貢獻。

丁文祺　謹誌

2016 年 4 月

鄭建民／作者序

　　人口高齡化已是世界的趨勢，臺灣亦不例外。根據內政部民國105年人口統計資料庫統計資料顯示：104年底人口總數為23,492,074人。依性別分，男性11,712,047人，女性11,780,027人，性比例為99.42，即指每100個女性相對有99.42個男性。在年齡結構顯示，至104年底老年人口（65歲以上）為2,938,579人，較103年底增加129,889人，占總人口12.51%，較103年底增加0.52個百分點。人口早已達到聯合國世界衛生組織所定義老年人口比率為7%之高齡化社會。因此，臺灣65歲以上的老年人口，遠超過定義老年人口比率5.51%，顯示臺灣人口高齡化嚴重。根據衛生福利部104.06.17新聞稿，103年國人死因統計結果指出，65歲以上死亡者占69.8%，以惡性腫瘤居首位，103年65歲以上死亡人數占69.8%，較上年增0.7個百分點，較93年增3.8個百分點，呈現逐年遞增趨勢；死亡者平均年齡為71.8歲，較上年增加0.4歲，死亡年齡中位數為76歲。若以年齡觀察，45歲以上死因屬慢性疾病之惡性腫瘤、心臟疾病居前二位。

　　基於人口老化與國人死於慢性疾病之惡性腫瘤、心血管疾病，仍然居高不下的因素，因此，有必要推展高齡化人口之正確休閒、養生與飲食觀念的建立。《樂齡休閒學》一書，包含三領域的結合。本人負責養生運動的編撰，其目的是要高齡者自然健康的老化，從簡易的傳統養生功法入門，期望能將氣功養生概念融入日常生活當中。氣功養生是以保健為目的之傳統養生術，如氣功、導引、吐吶術等規律柔順運動，是古人為適應自然環境的養生哲學。

　　本人推薦累積了20年的氣功養生科學研究發現，有降低外在環境對內在情緒之干擾及困惑程度、提升自尊、內在活力、自我認知、改善睡眠品質、及降低憂鬱程度等功效。平甩功，由李鳳山師父首創的簡易「氣功」，規律平甩能讓氣血到達四肢末梢，深入五臟六腑。習練香功可保護

肝臟功能及穩定情緒的效果。觀音舞，融合氣功與舞蹈，搖頭晃腦、手足舞蹈等動作，可做爲各年齡層的運動處方。八段錦，包含身體全方位運動，可調息導引肢體動作，達到活絡氣血。而太極拳更是目前全世界皆知的傳統養生術，其修練效果對健康的益處更不在話下。然而，傳統氣功功法的名稱，在醫、武、道、佛、儒等門派中甚爲龐雜。分成儒、道、釋（佛）、醫、武術與民間等六大家，可謂琳琅滿目，無法一一介紹，只能依研究者經常涉略的部分，分享讀者。研究者才疏學淺，疏漏之處在所難免，請讀者不吝賜教，讓筆者有更大的成長空間及學習的機會。

鄭建民於國立高雄應用科技大學
體育室／應用工程科學研究所
2016 年 3 月 7 日

郭常勝／作者序

人類由外界攝取適當的物質以繼續其生命現象的過程，稱之「營養」，為維持吾人之健康，必賴之以食物——均衡飲食的攝取，此即營養健康之道。現代社會生活水準普遍提高，尤其是飲食方面，已經由「吃不夠，營養不良」，演變成「吃太好，營養過量或不均衡」，引發許多與飲食不當相關的疾病，且日趨嚴重。營養良窳關乎國人健康甚鉅，由第三次全國營養調查得知，國人還有鈣質攝取不足，女性亦有鐵質缺乏現象；與飲食相關的慢性疾病，如肥胖、高血壓、糖尿病、痛風及癌症也日趨嚴重。所以「如何吃的營養與健康」是社會大眾關心的問題。人經歷不同的生命期，有不同的生理特性、營養需求及健康問題。一般人年過40歲之後，會開始注意到身體出現一些衰老的現象，如體力變差、視力、聽力減退及出現白髮等，特別是女性亦發生更年期的症狀，而逐漸邁入老年期。老年期的飲食生活，依個體差別、過去的飲食習慣、嗜好及型態而有所不同。因老年期的生活步調較為單調，且生活的樂趣比飲食來的重要，所以年輕時的飲食已不適合此階段，必須充分瞭解此階段之生理及心理狀況，給予適當的飲食營養管理。

所謂「樂齡」，在第一篇概論已有詳細定義，在亞洲地區，高齡人口比率最高者為日本，其次為香港，臺灣位居第三，早在民國85年臺灣就已邁入「高齡化社會」，且臺灣人口高齡化的速度居全世界第二位，推估超過65歲的老年人口將於2019年突破15％。世界衛生組織呼籲各國不僅要重視促進樂齡者之健康，更要增加相關公共衛生福利事業的投入，提供較佳之樂齡保健服務，以提升整體生命的品質。由於經濟的富裕、醫藥衛生的進步、生活環境與國民營養的改善，許多人致力於延緩老化事務的推展。眾所周知老化是不可避免的自然現象，那如何「成功老化」將是我們生命後半段追求的生活重點。相信沒有人願意活到100歲，然而最後20年是在病床上度過，因此我們關心的不只是延長生命的「量」，更在乎如

何提高生活的「質」。影響樂齡生活品質的主要因素，除了經濟狀況外，便是健康的身體，而健康的身體則奠基於良好的生活習慣、運動等，而飲食營養更是扮演一個重要的角色。近年來在人的健康方面，提出許多有關抗老化的用詞，會如此受到重視的原因，不外乎高齡化社會的來臨，不單只是為了達到延長壽命的效果，更重要的是要如何維持一定的生活品質，讓樂齡生活更有意義。

郭常勝　謹誌

2016 年 4 月

第一篇

樂齡休閒概論

概論

一、何謂樂齡？

西元 1956 年，聯合國曾以 65 歲為老年的起點，依據世界衛生組織（World Health Organization, WHO）所訂的標準，65 歲以上的人口，占全國總人口 4% 以下者為「青年國」，4% 到 7% 之間者為「中年國」，7% 以上者為「老年國」。

臺灣地區，依據 2007 年 1 月 31 日修訂公布的《老人福利法》第二條之規定，所謂「老人」係指年滿 65 歲以上的人。

美國學者 Lamdin 與 Fugate（1997）出版《高齡學習》（*Elder Learning*）一書中，將高齡學習界定在 55 歲以上的學習活動。

臺灣「樂齡」一詞，源自新加坡。陳智成先生於 1966 年，在新加坡成立「樂齡活動聯會」（Singapore Action Group of Elders, SAGE）；其中英文名稱開頭的四個字母 SAGE 乃是聖賢的意思，所以新加坡不稱老年人為「老人」，而是稱為「樂齡人士」。當時他們所謂的「樂齡」，意思很簡單，就是指「快樂的年齡」。

在臺灣，教育部採用「樂齡」一詞推動老人教育，並倡議在臺灣普設學習中心。樂齡一詞在臺灣得已廣泛應用，「樂齡學習中心」便因應而生，並以 55 歲以上的中高齡者做為學習補助的年齡界限。「樂齡學習中心」的設立，是在全臺灣每一鄉鎮市區，運用現有的館舍（如：圖書館、老人活動中心），或閒置校舍（如：國民中小學），成立一所樂齡中心。

那麼幾歲，才是所謂的「樂齡」呢？依據上述，本文認為在精神上，樂齡是指讓高齡學習者「快樂學習，忘記年齡」；在對象上，是指 55 歲以

上的中高齡者，使中年成人在邁入 65 歲高齡之前，至少能有 10 年以上的老化（退休）準備時間。

退休可以分為強迫與彈性兩種。所謂強迫退休就是以規定的年齡做為離職及發給退職金的依據，任何人均無例外。強迫退休年齡，白領工作者一般為 65 歲，而藍領工作者則為 62 歲。至 2006 年止，國人平均「退休年齡」已降至 55.2 歲（行政院主計處，2007）。退休者通常會經歷某種明確的生理和情緒階段。艾齊雷（R. G. Atchley, 1999）將退休區分為下列六個階段：

（一）前退休期（preretirement phase）

包括遙遠和臨近兩期。遙遠期認為退休是很遙遠的事，當下不會對退休做準備。當年齡逐漸屆齡退休時，偶有拒絕接受的情形出現。臨近期時，當年齡接近屆退時，做好離開工作崗位的準備。對退休後的生活開始做較詳細的幻想，或形成具體的計畫，即所謂的近來學術上的「退休準備度」。但是研究指出，仍然約有 33% 的退休族群並沒有退休的養老規劃（黃富順、林麗惠、梁芷瑄，2008）。

（二）蜜月期（honeymoon phase）

剛退休時，屬於自己的時間增多，可以做以前沒時間做的事情。例如環遊世界等長途旅行，學畫畫、書法、音樂等等，琴、棋、書、畫的多元才藝的學習。這一段時期，感覺上較幸福而繁忙，這就是蜜月期最普遍的現象。蜜月期的長短，因個人的狀況而異，不一而足。

（三）覺醒期（disenchantment phase）

在蜜月期過後，有些人開始發現退休並不如預期的想像，該旅遊的地方也都去過了，以前沒時間做的事情也都做了。生活寄託開始下滑，造成失望、氣餒及沮喪的現象。覺醒退休生活也只是這樣，也懷疑自己的「退休準備度」是否充足。

（四）重新定位期（reorienting phase）

重新定位期只發生在少數能自我覺醒的退休人員。能抓住問題的關鍵並根據自己的「退休」現實，來重新定位自己的方向，也開始想找出融入現實世界的新方法。

（五）穩定期（settlement phase）

個體開始以不同的標準，來打理自己的生活，而這些標準常常參照自己的心理特質、生理因素、健康狀態、經濟狀況等等。退休生活可能是活躍的、興奮的、健康的、多元的、成功的……，逐漸感到穩定而滿意。

（六）終止期（termination phase）

有些人會走入「退休角色與個人生活無關」的階段，即為終止期。例如，有些人退而不休，繼續工作重拾自己的生命剩餘價值；有些則因疾病等身體健康狀態、失去生活能力，而成為病人或無能者。這種改變主要由於身體機能衰退和獨立性的喪失所致，這種現象常常象徵著剩餘生命的時間即將來臨。

教育部門近幾年不僅提出樂齡學習政策、設置樂齡學習中心、開辦樂齡大學及樂齡學習班，如老人大學、長青學苑、長青大學、樂齡大學等。高齡教育機構的入學標準，亦以55歲為界線。

綜合上述資料，臺灣的樂齡學習將對象延伸至55歲以上的中高齡，約有10年的退休準備期（preretirement phase），所以作者認為：「樂齡」是具退休準備的快樂年齡（亦即，樂齡＝退休年齡－10）。簡言之，退休年齡若為65歲，樂齡就從55歲開始；退休年齡若為60歲，樂齡就從50歲開始；若退休年齡提早到55歲，則樂齡從45歲就開始了。

二、樂齡的世界脈絡

　　「樂齡」是具退休準備的快樂年齡（亦即，樂齡＝退休年齡－10）。那樂齡應該如何找到自己的活動，活出自己餘命的生命價值呢？這是有脈絡可循的：世界衛生組織（WHO）倡導健康老化（healthy aging）及活躍老化（active aging）等成功老化（successful aging）的觀念，目的就是希望透過具體有效的措施，幫助高齡者在退休後仍能享受應有的生活品質，並且活得有尊嚴、有意義。

　　世界各國人口平均餘命逐漸延長，全球平均餘命為71歲，男性69歲，女性73歲（Population Reference Bureau, 2015）。長壽已經是人類世界的趨勢。聯合國教科文組織（UNESCO）對於人口狀態的定義：

青年國：國內65歲以上老年人口占總人口4%。

中年國：國內65歲以上老年人口占總人口4-7%。

高齡化社會（aging society）：65歲以上老年人口占總人口7%。

高齡社會（aged society）：65歲以上老年人口占總人口14%。

超高齡社會（super-aged society）：65歲以上老年人口占總人口20%。

　　依據世界衛生組織（WHO）之定義，臺灣65歲以上的高齡人口於1993年底已超過總人口比例的7%，正式成為「高齡化社會」。根據內政部統計，在2015年6月底臺灣的高齡人口比例已超過12.2%，推估到2017年時，臺灣地區老年人口數將達到總人口數的14%，將正式進入「高齡社會」；到了2025年時，老年人口數占總人口數的比例約為20.6%，臺灣正式成為「超高齡社會」。

　　聯合國大會於1991年通過《聯合國老人綱領》（*United Nations Principles for Older Persons*）來照顧未來人口老化的世界趨勢。在綱領中，提出了照顧老人的五個要點：「獨立」（independence）、「參與」（participation）、「照顧」（care）、「自我實現」（self-fulfillment）與「尊嚴」（dignity）：

（一）獨立（independence）

老年人的「理性自主」（rational autonomy）應受到尊重，社會應提供其達到理性自主的條件：例如獲得充足的食物、水、住屋、衣服、健康照顧（health care）、家庭及社區的支持（community support）、自助、長居家中（reside at home）……等。

（二）參與（participation）

老人不應「離群索居」，而應持續與社會保持互動，甚至於對社會有心智上的貢獻與影響：例如持續融合在社會中，並能參與會影響他們福祉（well-being）的政策制定與執行；與年輕人共同分享知識、技能、價值與人生經驗（life experiences）、擔任志工（volunteers）、組織老人協會（associations）。

（三）照顧（care）

照顧老年人的「身心靈」，以維持其尊嚴性的生存：例如，家庭的支持與照顧（family support and care）、健康照顧（health care）、社會與法律的服務（social and Legal Service）；在任何居住、照顧與治療的處所，應能享有人權（Human rights）、基本自由（fundamental freedom）、和生活品質（quality of life）權利的尊重。

（四）自我實現（self-fulfillment）

曾經年輕，擁有人生的豐富經驗、理想與抱負，老人亦有自我實現的可能：如，適當追求其潛能充分發展（full development of their potential）的機會，獲得教育、文化、宗教、娛樂的社會資源。

（五）尊嚴（dignity）

不論其身體健康狀態如何，均應盡可能維持其生命的尊嚴：如，在尊

嚴和安全感中生活，免於身心的剝削（exploitation）與虐待（abuse）。能被公平的對待（be treated fairly）、經濟貢獻上獨立的價值（valued independently）、在健康照顧上能有自主性（personal autonomy）的決定，其中包括尊嚴性的死亡（die with dignity）等。

　　歐盟指定 2012 年爲「活躍老化暨世代間連結年」（2012 European Year for Active Ageing and Solidarity between Generations），提出「就業、社會參與及獨立自主生活」三個面向與 19 項指導原則，來提高各世代間對高齡化的認知：

（一）就業面

1. 持續職業教育及訓練，提供性別及年齡的普及化。
2. 健全工作條件，確保工作者的終身就業能力。自主並積極參與社會。
3. 年齡管理策略，以避免提早退休情形。
4. 提供高齡工作者就業服務及重新融入的支持。
5. 防止年齡歧視，凸顯高齡工作者的貢獻。
6. 友善的稅制及福利制度，以保障高齡者的工作薪資。
7. 經驗的傳承，讓高齡工作者的知識和技術成爲資產。
8. 工作與照護的協調，允許在需要時返家擔任在職的非正式照護者。

（二）社會參與面

1. 經濟安全，以維護高齡者財政自主權，確保能有尊嚴地生活。
2. 社會包容，避免社會排斥或隔離高齡者。
3. 資深志工，使高齡者能依能力、技術及經驗，持續對社會有所貢獻。
4. 終身學習，特別是在資訊科技、自我保健及個人理財方面。
5. 參與決策，特別是那些會直接影響他們權益的議題之討論。
6. 支持非正式的照顧者（家人親友）也能得到專業的支持及訓練。

（三）獨立自主生活面

1. 促進健康及預防疾病，提供適合高齡者提升身心健康能力的活動。
2. 合宜的住房及服務，使高齡者也能有最大自主程度的生活。
3. 便利、可負擔的交通，讓高齡者安心搭乘，自主、積極融入社會。
4. 友善的環境、商品及服務，避免年齡歧視，以適合各年齡層的民眾。
5. 受長期照護的老人，仍能有最大自主權和參與權，並以尊重及同理。

世界衛生組織活躍老化政策

世界衛生組織（WHO）於2002年提倡「活躍老化」，其定義為：「為提升年老後之生活品質，盡最大可能以增進健康、參與和安全的過程。」

根據世界衛生組織（WHO）的研究報告，活躍老化受到多元的因素影響，包含文化、性別、健康及社會服務、行為因素、個人因素、物理因素、社會因素和經濟因素等，其中文化和性別會相互影響其他因素，如下圖（WHO, 2002）。

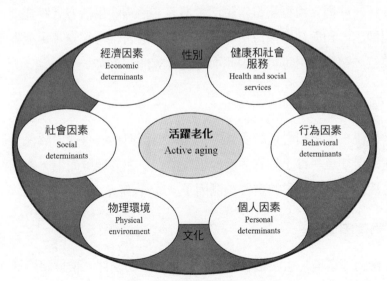

▲ 圖1-1　活躍老化之決定因素

資料來源：WHO (2002). Active Aging: A Policy Framework. Retrieved from http://apps.who.int/iris/bitstream/10665/67215/1/WHO_NMH_NPH_02.8.pdf.

依上圖，簡要說明世界衛生組織（WHO）活躍老化之決定因素：

（一）性別與文化

文化形塑了人們的生活方式，在亞洲很多國家習慣多代同堂的生活方式，在歐美則不然，因此社會結構與文化便有所不同。有些國家，女性的社會地位較低，女性老年時較易貧窮。而男性主外，工作上則較可能遭受到職業傷害，同時不良習慣如抽菸、酗酒以及藥物濫用的情形較女性嚴重（WHO, 2002）。因此不同性別與文化，是影響活躍老化的因素。

（二）健康與社會服務

為了促進活躍老化，健康照護體系需有「生命週期」的概念，重點在健康促進、疾病預防、醫療服務、心理健康服務及長期照護。

（三）行為因素

行為因素包括從事身體活動的方式、健康飲食的型態、口腔健康的維護、抽菸、飲酒、用藥和日常生活習慣等。活躍的生活方式將能促進身體與心理健康、和與社會保持接觸，可以幫助老人維持獨立，更能帶來諸多經濟效益，醫療費用也可以因此而降低（WHO, 2002）。

（四）個人因素

指遺傳、生物和心理的要素。基因、遺傳與疾病有連帶關係，但環境與外在因素卻也證實了是許多疾病根源所在。在心理層面上，智能與認知能力是活躍老化和長壽的重要預測因子（Smits *et al.*, 1999）。

（五）物理因素

包含物理環境、居家環境，水、空氣與食物條件。環境將影響老人的生活獨立性，如是否有良善的無障礙設施，便利且可負擔的公共交通服務等（WHO, 2002）。

（六）社會因素

包含社會支持、暴力虐待及教育程度。不當的社會支持不僅會增加死亡、罹病及心理傷害，還會減損整體人類的健康（WHO, 2002）。

（七）經濟因素

包含收入、社會安全及工作。（亦即每月可使用生活費是否足夠及生活上是否穩定。）

WHO 活躍老化三大政策面向

許多國家近來已相繼採取積極促進、健康老化（promoting active ageing）的策略。其所研擬行動方案，主要依據世界衛生組織（WHO）提出的活躍老化「健康」、「參與」、「安全」三個面向，其概念架構如下圖（WHO, 2002）。

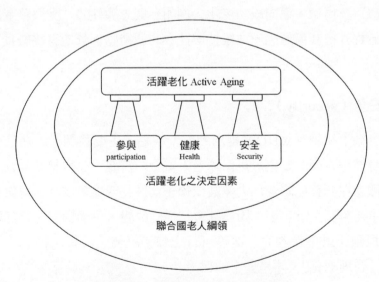

▲ 圖1-2　活躍老化三大政策面向

資料來源：WHO (2002). Active Aging: A Policy Framework. Retrieved from http://apps.who.int/iris/bitstream/10665/67215/1/WHO_NMH_NPH_02.8.pdf

依上圖，簡要說明世界衛生組織（WHO）活躍老化三大政策面向：

（一）健康（health）

「健康」是長壽的先決條件，世界衛生組織（WHO）指出影響健康的危險因子包括環境因素和個人行為因素。所以個人與家庭、社會環境的良好互動，能促進自我效能與尊重；當慢性疾病及功能衰退的危險性較低時，通常會享有較長壽且高品質的生活。所以我國提出的「友善關懷老人服務方案」第二期計畫的五大核心理念是「健康老化」、「在地老化」、「智慧老化」、「活力老化」、「樂學老化」。

（二）參與（participation）

許多研究顯示高齡者持續投入學習與社會活動，與家人或他人持續建立親密的關係，保持身心的活躍，發揮認知功能，有助於再度尋求個人的生命意義以及價值，邁向成功老化。例如參與志願性的社團服務或義工，將有助於提升自我價值感，並維持與社會的連結感，營造有尊嚴且正向的生活。

（三）安全（security）

世界衛生組織（WHO）提出的安全觀點，主要強調老人在社會、財務以及身體等方面的安全，以保障老人安全的需要，並維護其尊嚴。我國傳統的觀念在於養兒防老，大多數依賴子女供養或靠著本身積蓄做為經濟生活的主要來源。近年來、因為社會結構的改變，可參酌美、日等國成功經驗，規劃「以房養老」方案等可行之道。終究「老有所終」、「老有所歸」與「在地老化」，才是安全的保障。

三、我國因應的政策

1998 年，經濟合作暨發展組織（Organization for Economic Co-operation and Development, OECD）最早提倡活躍老化，其主張：「活躍老化指的是個人及家庭在工作、學習、休閒……的一生中，所享有之高度選擇彈性，公共政策克服既存限制以促成活躍老化，提供終身學習、醫療環境之支持，以增加選擇性，維持人們邁入老年期的自主性。」（OECD, 1998）

2002 年時世界衛生組織（WHO）認為活躍老化應由「健康」、「參與」、「安全」三大面向為基石來建構行動方案，將活躍老化定義：「提升老年生活品質並達到最適宜的健康、參與及安全的過程。」歐盟並將2012年定義為「活躍老化暨世代間連結年」（Solidarity between Generations）。

我國政府為因應未來高齡人口的逐漸增加，以《人口政策綱領》做為最高的指導原則，已積極將友善高齡理念融入各施政面向，在「人口政策白皮書」高齡化部分，業已提出「強化家庭與社區照顧及健康體系」、「保障老年經濟安全與促進人力資源再運用」、「提供高齡者友善運輸與住宅環境」、「推動高齡者社會參與及休閒活動」及「完善高齡教育系統」等五大因應對策、47 項措施，以期有效因應高齡社會之需求，逐步營造友善高齡的環境。教育部在2006 年發布「邁向高齡社會老人教育政策白皮書」，其具體目標與推動策略整理如下表：

表1-1 邁向高齡社會老人教育政策之目標推動策略

目標	推動策略
一、倡導老人終身學習權益	（一）建構老人教育終身學習體系，整合老人教育資源。
二、促進老人身心健康	（二）創新老人教育方式，提供多元學習內容。
三、維護老人的自主與尊嚴	（三）強化弱勢老人教育機會。
四、鼓勵老人社會參與	（四）促進老人人力再提升與再運用。
五、強化老人家庭人際關係	（五）以家庭共學的策略，協助老人重新適應老年期家庭生活。

目標	推動策略
六、經營世代間融合之社會	（六）對於正規教育中融入成功老化觀念。 （七）以社會教育辦理世代間教育及交流活動。 （八）增設老人教育學習場所，建立社區終身學習據點。
七、提升老人教育人員之專業素養	（九）提升老人教育人員之專業素養。 （十）建置老人教育資訊網站。 （十一）建立老人教育評鑑及獎勵機制。

資料來源：（教育部，2006）。

　　2009 年行政院在活躍老化推動政策上，核定了「友善關懷老人服務方案」，以「活躍老化」、「友善老人」、「世代融合」三大目標，完善老年生活規劃，來提升高齡者之健康促進與社會參與。友善關懷老人服務方案——完善老年生活規劃如下圖所示：

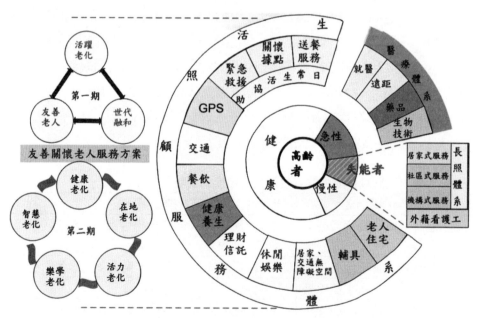

▲ 圖1-3　友善關懷老人服務方案——完善老年生活規劃

資料來源：（衛生福利部，2015）。

依上圖，簡要說明「友善關懷老人服務方案——完善老年生活規劃」如下：

（一）第一期「友善關懷老人服務方案」

以「活躍老化」、「友善老人」、「世代融合」三大目標，提升高齡者之健康促進與社會參與，建構友善老人之生活環境，營造無歧視的社會，使其享有活力、健康、尊嚴的老年生活。

（二）第二期「友善關懷老人服務方案」

第二期計畫的五大核心理念是「健康老化」、「在地老化」、「智慧老化」、「活躍老化」、「樂學老化」。辦理 (1) 提倡預防保健，促進健康老化；(2) 建置友善環境，促進在地老化；(3) 引進民間投入，促進智慧老化；(4) 推動社會參與，促進活力老化；(5) 鼓勵終身學習，促進樂學老化。

（三）完善老年生活規劃

以高齡者健康、急性、慢性、失能者的分類照顧。涵蓋健康者的生活照顧服務體系；急、慢性疾病的醫療體系；失能者的長照體系。落實在地老化，提升高齡友善服務的目標。

在臺灣、中國、世界各地，都有很多老人的學習教育機構，來提供樂齡者學習。例如我國教育部設置樂齡中心的目的，主要是為了提供中高齡者能夠有在地化的學習場所。樂齡中心服務對象為55歲以上之中高齡者，至2010年止，全臺共成立了209所樂齡中心。中國老人教育協會附設老人社會大學，其成立宗旨為：貫徹「活到老、學到老、做到老、活得好」之精神，藉研習以增進知識，提高中老年人生活境界，培養中老年人生活情趣，擴大中老年人知識及生活領域，增進中老年人身心健康，愉悅地享受有尊嚴的晚年。

　　1973 年，第一所第三年紀大學（University for the Third Age）是由法國人維拉斯（Pierre Vellas）設立於托洛斯大學（University of Toulouse）。第三年紀大學係一種幫助老年人進行自我成長、發展自動性、自重感及減少被動、厭煩和身體衰敗的教育機構。主要目的在提升老年人的生活水準，改善其生活條件，協助公、私立機構對老人的服務。主要項目包括退休的訓練、老年問題的研討、老化研究和資料的傳播等。65 歲以上的老年人才能入學。第三年紀大學提供老年人自行活動的方案，最重視身體健康的部分。

　　政府對第三年紀大學的支持相當少，只有來自健康部或繼續教育部門的少數補助，多數依賴志願人員、退休者學生和社區領袖的幫助。基於鼓勵不同年齡者間的交互作用，原先專為年老者設計的課程與活動，現在改稱為「全民大學」（University for All）或「人人大學」（Everyman's University）或「各種年齡大學」（Interage University），讓各種年齡和社會背景的人，均可申請入學，不必具備任何資格和文憑。此項運動並擴展至其他國家，業已組成「國際第三年紀大學協會」（International Association for University of the Third Age），每年舉行一次研討會。

▲ 圖1-4　成功老化的目標

▲ 圖1-5　成功老化自己努力

參考文獻

郭乃禎（2012 年 12 月）。**活躍老化學習策略與學習需求分析**。2012 彰雲嘉大學校院聯盟學術研討會。

教育部（2006）。**邁向高齡社會老人教育政策白皮書**。

國發會（2014）。**城市發展半年刊，19**。

黃富順（主編）（1995）。**成人教育辭典**。臺北市：中華民國成人教育學會。

楊志良（2010）。由活躍老化觀點建構國民健康新願景。**社區發展季刊，132**，26-40。

劉立凡、李懿珍（2015）。人口老化與活耀老化政策。**城市發展半年刊，19**，22-36。

魏惠娟（2012）。**台灣樂齡學習**。臺北，五南。

European Commission (2007). Overcoming the barriers and seizing the opportunities for active ageing policies in Europe. EU Research on Social Sciences and Humanities.

Lamdin, L., & Fugate, M. (1997). *Elder learning: New frontier in an aging society.* Phoenix, AZ: Oryx Press.

WHO (2002). Active aging: A policy framework. Madrid, Spain: Aging and Life Course Program, Second United Nations World Assembly on Aging Press.

樂齡行動實踐作業

背景資料（請在適當的□內，打✓）
性別：□男　□女
年齡：□30 歲以下 　　　　□30-39 歲　□40-49 歲　□50-64 歲　□65 歲以上
婚姻：□已婚　□未婚　□離婚
居住狀況：□獨居　□與家人同住　□與他人同住
工作狀況：□工作中　□退休　□家管或待業中
學歷：□國中以下　□高中（專科）□大學　□研究所以上
簡答下列問題：
1.何謂樂齡？試說明並計算出自己的樂齡年齡界限。 答：
2.試說明聯合國教科文組織（UNESCO）對於人口狀態的定義。 答：
3.說明《聯合國老人綱領》照顧老人的五個要點。 答：
4.世界衛生組織（WHO）的活躍老化之因素為何？ 答：
5.世界衛生組織（WHO）活躍老化三大政策面向為何？ 答：

2 樂齡相關理論分析

一、樂齡（老人）發展的三大心理學理論

（一）脫離理論（disengagement theory）

理論指出：老化是一個必然的歷程，個體因生理機能退化，導致與老人所屬的社會或人際之間降低互動，造成老人與社會之間彼此相互撤退或脫離（Cumming, 1961）。超過75歲的高齡者，因生理機能退化嚴重，內在情感依附重於社會互動，適用撤退理論（Johnson & Barrer, 1992）。

（二）活動理論（activity theory）

活動理論認為個體具有穩固的社會基礎，其心靈層面與社會層面，能戰勝生理機能的衰退，獲得更充分的資源（Havighurst, 1968）。Hooyman與 Kiyak（2008）認為應重視角色轉變、人際互動及系統轉變造成的社會老化，以鉅觀取向鼓勵高齡者積極參與社會活動，活絡人際關係，保持身心愉快。

（三）連續性理論（continuity theory）

連續性理論採用的是生命過程的角度來定義正常老化。指出，老年人通常會維持他們在自己早年相同的活動、行為、人際關係。根據這一理論，老年人嘗試透過調整連接到過去的經驗，以保持生活方式的連續性。連續性理論可以被歸類為一個微觀層面理論，因為它涉及到個體具體功能面和社會的平衡。

二、Baltes 與 Baltes 的「選擇、最適化與補償」模式

Baltes 與 Baltes（1990）使用變異（variability）與彈性（plasticity）來定義成功老化為「心理適應良好的過程」，提出「選擇（selection）、最適化（optimization）與補償（compensation）」模式，簡稱 SOC 模式。

SOC 模式的七個命題如下：

（一）正常老化、最適老化與病態老化有明顯不同；

（二）老化具有變異性；

（三）人類有潛能（reserve capacity），經由學習可以發展；

（四）人的潛能三層次為基礎表現、基礎潛能、及發展潛能，老化會有潛能限制；

（五）知識為基礎的實用與科技，可抵消認知機制在年齡上的衰退；

（六）得失間平衡會隨老化而漸漸減少正面結果；

（七）老年生活個人仍能保持自我彈性。

因此，透過多重自我的調整和社會比較，搭配舒適的環境、最適化的身心活動，老年人仍可以和年輕人擁有一樣的生活滿意度和自我的價值。

三、Rowe 與 Kahn 成功老化模式

Rowe 與 Kahn（1997, 1998）提出成功老化的三層次模式（Rowe & Kahn's Model of Successful Aging）：

（一）第一層次：「避免疾病」（avoiding disease）

藉由適切的飲食、養生運動以及醫學療癒控制，來降低罹病及失能的風險。

（二）第二層次：「維持身體與認知功能」（maintaining physical and cognitive function）

藉由終身學習與教育訓練、自我的信念、社會的支持等等，來保持身體機能與維護心智與認知的高效能。

（三）第三層次：「生活參與」（engagement with life）

以持續的社會生產力、親人與職業情感的維持、多元的人際互動、感受愛與和諧等，來提升社會生活的參與率。

此三層次交集時即為成功老化。如下圖所示：

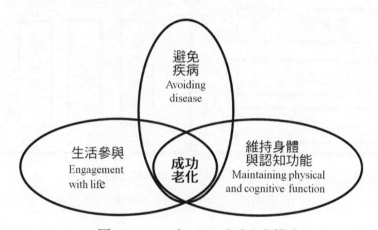

▲ 圖2-1　Rowe 和 Kahn 成功老化模式

資料來源：Rowe & Kahn（1997, 1998）。

四、Riley 與 Riley 的年齡整合 vs. 年齡區隔（age-integrated vs. age-segregated）

年齡區隔（age-segregated）認為人生分為三個時期：少年時期應接受教育，積極向學；中年時期應努力工作，工作家庭是生活重心；老年時期

應退休在家含飴弄孫，頤養天年；三個時期的年齡區隔相當明顯，各有各時期的責任與義務。在我國傳統社會裡面是典型的生活型態，但在當今高齡化、少子化的社會裡，已產生結構性落差（structural lag）。

　　為適應現代社會結構，Riley 與 Riley（2000）提出年齡整合（age-integrated）觀點，融合各個年齡層於各構面中，年齡整合意味著打破年齡障礙，各個時期的年齡層不是用來決定什麼樣的立場和角色，而是應該「跨年齡與跨世代的互動」，不同年齡的人在一起生活、工作、學習等等。年齡整合 vs. 年齡區隔的概念如下圖所示：

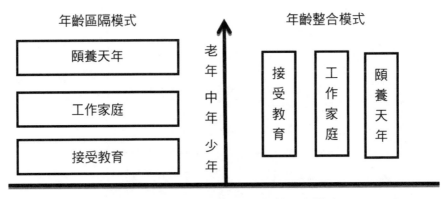

▲ 圖2-2　年齡區隔模式與年齡整合模式

資料來源：Riley & Riley（2000）。

　　由上圖得知，圖左的年齡區隔模式顯示出特定年齡層的人的職責——年輕人受教育，中年人潛心工作，休閒是留給老年人。圖右的年齡整合模式，各項活動與職責不再由年齡層決定。人們可自由進出教育、工作、休閒的生活領域，在過程中，教育、工作、休閒是可以同時兼具或互相移動的。不再硬性規範哪個年齡層該做哪些活動，不同年齡的人都可以從事同樣的活動。

五、McClusky 需求幅度理論
（margin theory of needs）

　　美國學者 Howard McClusky 認為人的一生中，無論在哪一個階段的生命週期中，都是在適應、處理，並經歷過程中「負擔」與「能量」兩者之間比例的變動。這「負擔」與「能量」關係比例之變化，就是影響生活品質相當重要的因素，這變動的幅度，尤以老人為大。McClusky 提出「需求幅度理論」觀點，認為需求，意指個人為了達到某一種程度的成就，所期望的狀況。並指出老年人的需求是有層次的，提出高齡者參與學習的五種學習需求層次，包括：應付需求、表達需求、貢獻需求、影響需求、與自我超越需求。此五個層次的需求等級概念，如下圖所示：

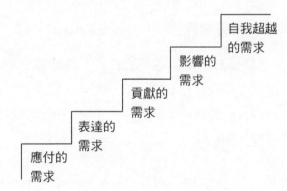

▲ 圖2-3　McClusky 需求等級概念圖（McClusky, 1971）

McClusky 需求等級概念圖說明如下：

（一）第一個等級：應付的需求（coping needs）

　　「應付的需求」，進入高齡期，首先面對的就是每天生活實質上的減少，例如：收入的減少、職位的退出、影響力與連結性的減少，以及個人精力的削減。在這種情形下，幫助老人透過教育，學習到變遷社會中所需求的生存技能，以因應各方面實質的減少，是最首要的需求。

（二）第二個等級：表達的需求（expressive needs）

「表達的需求」是指人們為了想要表達自我而參加活動的需求。參加活動的動機，源自於本身的興趣，自發性的活動需求。例如：琴、棋、書、畫等等藝術人文的活動；或是瑜珈、氣功、排舞等等健康養生的活動；或是休閒、旅遊、音樂、唱歌、烹飪等等知識學習活動。這些活動讓表達的需求獲得滿足。

（三）第三個等級：貢獻的需求（contributive needs）

「貢獻的需求」此乃是基於高齡者仍然想要「付出」的假設，仍然希望自己能對社會有所貢獻、希望自己的貢獻能被別人所接受。貢獻的需求又可以稱之為服務的需求。例如：參與各種志工學習服務。

（四）第四個等級：影響的需求（influence needs）

「影響的需求」意指對於生活環境及世界，高齡者還是有想要發揮其影響力的需求。他們並非完全沒有能力的一群人，雖然各方面的能力逐漸衰退，如果能賦予適當的教育，他們所失去的能力將可以被恢復。如：參與社團訓練、或擔任社團領導人，如：基金會、協會、老人會等皆是。

（五）第五個等級：自我超越的需求（transcendent needs）

「自我超越的需求」是對於生命意義更深層的需求。回顧自己的一生，瞭解生命的價值與意義；雖然身體功能下降，卻仍然能繼續往前。關於生命意義的探討，通常是透過生命回顧的方式，藉著再一次檢視生命中的轉捩點，來反省自己這一生的生活意義與價值。

從 McClusky 的需求幅度理論分析，前樂齡學習時期的高齡教育目標，比較偏向於高齡者個人休閒生活的滿足這個層次；相較而論，高齡者需求層次中之貢獻需求、影響需求與自我超越需求，並未反映在這個時期任何相關的高齡教育方案上。

六、樂齡與成功的老化（successful aging）

依老化歷程，可分為老化可分為三級：

（一）「初級老化」（primary aging）

初級老化是指個體身體結構及功能的自然退化。此時，老人身體健康，生活自在，是「健康老人」。

（二）「次級老化」（secondary aging）

次級老化是指個體的器官結構與功能受疾病及環境中的有害物質所影響。此時的老人有點障礙，需要幫忙，是「障礙老人」。

（三）「三級老化」（tertiary aging）

此時的老人是不能自主自立的「臥床老人」（the bed-bound aged）。

黃富順（1995）指出成功的老化（或稱順利的老化）係指個體對老化的適應良好，生理保持最佳的狀態，進而享受老年的生活。能夠做到成功老化的人通常經歷數十年的初級老化（primary aging）過程之後，繼之為相當短暫的三級老化（tertiary aging）過程，最後在平靜的狀態中走完（通常在睡眠中）人生全程。亦即能夠成功的老化的人，避免了次級老化的產生。這也是現今「預防醫學」、「功能醫學」所需達成的目標。

老化（aging）通常係指個體在成熟後，身體結構或功能的一種衰敗或退化的現象。它是人生必經的歷程。而且是一種緩慢而逐漸發展的過程，通常不為自己所知，而等到問題或困難發生之後，或組織功能減低到相當程度時，才會加以注意。身體上各種組織或心智能力，開始老化的時間或速率並不相同，當某一種能力發展到成熟，亦即停止生長之後，就是老化的開始。

　　理論上，成功的老化是老化的正常方式，但很多人都做不到。能夠成功老化的80歲老人，其智慧仍可能持續增長、心臟功能保持正常、血壓沒有升高、新陳代謝依然如常、腎功能運作良好、免疫系統沒有退化、視力清楚、沒有骨質疏鬆症。

　　成功的老化似乎是理想與夢境、遙不可及的、無法達到的事情。事實不然，有許多實驗性的研究，雖然都指出隨著年齡的增長，生理與認知功能有逐漸衰退的現象，但也發現有些老年人心理與認知功能的表現水準與年輕人相當。很多學術研究亦一再指出，欲達成成功老化，在生理上要注意飲食、營養均衡、攝食有益健康的食物、避免肥胖，並經常運動、不吸菸、不酗酒；在心理上要樂天知命、參與社交活動、培養對事物的好奇心、常思考、多使用腦力、並能保有對環境的控制與自主感；在情緒上，要樂觀開朗、或保持平靜溫和、不隨便動怒、不隨便發脾氣、具有平心靜氣的修養功夫（黃富順，1995）。

　　本文在一開始即引述新加坡對於老年人的尊稱，稱為「樂齡」人士，就是指「快樂的年齡」。並定義「樂齡」為具退休準備的快樂年齡（亦即，樂齡＝退休年齡－10）。做為界定「樂齡」的年齡範疇，有別於臺灣地區《老人福利法》第二條之規定，所謂「老人」係指年滿65歲以上的人。也有別於美國學者 Lamdin 與 Fugate（1997）將高齡學習界定在55歲以上的學習活動。

　　筆者的學校同事，於40歲時與其夫人（護理師）兩人，在無法領取退休金的制度下，同時退休。當時即意識到初老現象的屆臨。其現象正如黃富順（1995）指出的：一旦意識到老化現象，往往對個人心理產生衝擊。此種對成人心理的衝擊，以在30歲至40歲的中年期較為嚴重。蓋在早成年期，通常尚未對此種現象加以注意；而晚成年期，已在老化的過程中。故老化對年輕人以及高齡者心理的影響較小，對中年人的心理衝擊較大。

　　世界衛生組織（WHO）對健康的定義為：「在身體、精神及社會等各方面處於健全狀態。」2000年世界衛生組織（WHO）首度公布「經失能調整後的平均餘命」（Disability-adjusted Adjusted Life Expectancy, DALE），

用以評估該組織191個成員國，初生嬰兒能健康地活多少年；隔年增納資料予以改進，並改稱為健康平均餘命（Healthy-adjusted Life Expectancy, HALE），這項指標不再是以傳統平均餘命來估測生命量，而是對生命做「質」的估測。

內政部2014年「簡易生命表」顯示國人零歲平均餘命（即平均壽命）為79.84歲，其中男性為76.72歲、女性83.19歲，我國之健康平均餘命係反映醫療及死亡率變化之具體指標，活得長未必活得健康。依衛生福利部統計，2013年我國健康平均餘命為71.1歲，不健康的生存年數約8.9歲，如下圖所示：

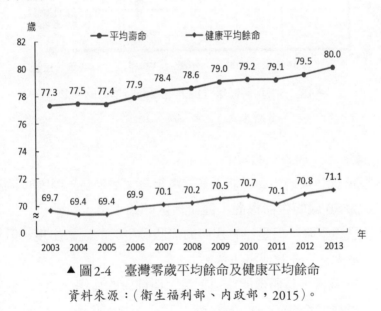

▲ 圖2-4　臺灣零歲平均餘命及健康平均餘命

資料來源：（衛生福利部、內政部，2015）。

如上圖所示，2003-2013年，不健康的生存年數約7.6-9.0歲，這不健康的生存年數就是醫療與長期照護的經濟負擔，與長期的精神壓力。在活躍老化健康與生活品質的需求下，預防醫學與功能醫學的概念因應而生，冀望延長健康平均餘命，並縮短不健康的生存年數。

功能醫學是一種完整性並具有科學基礎的醫學，除了疾病治療，更重視健康的維護，利用各種特殊功能性檢查來瞭解和系統分析我們身體各系

統功能下降的原因，再依其結果設計一套「量身訂做」式的營養治療建
議、生活方式指導，做好疾病預防，改善亞健康症狀及慢性疾病的輔助治
療。功能醫學的生命機能與年齡的關係如下圖所示：

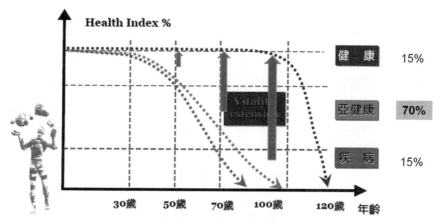

▲ 圖2-5　功能醫學（促進健康的醫學）的概念

資料來源：（章人欽，2015）。

如上圖所示，簡要說明如下：

（一）30 歲以前的生命機能，其健康指數大都是屬於健康的狀態。

（二）30-50 歲的生命機能，健康指數開始下滑，亞健康（身體機能
　　　已經下降，但是沒有疾病的症狀發生）的現象出現。但是大多
　　　數人都不在意或沒注意。

（三）50 歲後，身體機能急速下滑，亞健康的比例（70%）擴增，疾
　　　病發生率約在 15% 左右。

　　功能醫學就是希望樂齡階段，降低疾病發生率，縮小亞健康的範圍，
從30 歲開始到樂齡時期，直到人生的終點，每個年齡層生命機能的都
能夠活力延伸（vitality extension）到健康狀態，每個人都能夠健康老化
（healthy aging）、活躍老化（active aging）。讓平均壽命趨近於健康平均餘
命，達到成功老化（successful aging）的理想。

　　在功能醫學上如何重視健康的維護，如何設計一套「量身訂做」式的

營養治療建議、生活方式指導，做好疾病預防呢？我們可以參考下列的
「功能醫學」的量身訂做統整圖。如下圖：

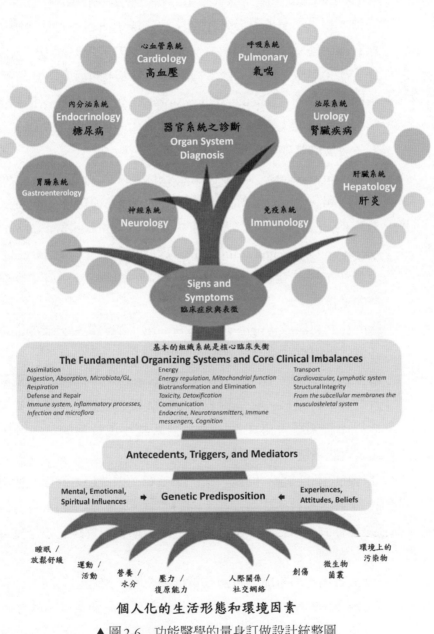

▲ 圖2-6 功能醫學的量身訂做設計統整圖

資料來源：（章人欽，2015）。

　　如上圖所示，功能醫學的量身訂做設計統整圖，如同一棵茁壯健全的大樹，簡要說明如下：

（一）「個人化的生活型態和環境因素」才是最重要的根本，如同大樹的根，提供所有的養分，生命生存之所依。這些包括睡眠／放鬆舒緩、運動／活動、營養／水分、壓力／復原能力、人際關係／社交網絡、創傷、微生物菌叢、環境上的污染物等。

（二）基因遺傳傾向（genetic predisposition）：包括心智上、情緒上、精神上的影響；經驗、態度、信仰。如同樹幹底部基礎，是人一生發展的基礎。

（三）起源（antecedents）、觸發（triggers）與媒介（mediators）：如同樹幹之起源，成長之所依，扮演發展過程之連結者。

（四）基本的組織系統與核心臨床失衡（the fundamental organizing system and core clinical imbalances）：包括融合（assimilation）、能量（energy）以及運輸（transport），如同樹枝主幹，身體軀幹的支撐者。

（五）臨床症狀與表徵（signs and symptoms）：如同樹幹分支的開端，各個表徵與症狀是開枝散葉的開始。

（六）器官系統之診斷（organ system diagnosis）：如同樹葉，有翠綠、有泛黃、有乾枯、有落葉，表象症狀相當明顯，一望便知。包括心血管系統、泌尿系統、肝膽系統、免疫系統、內分泌系統、胃腸系統、神經系統。

　　一棵大樹要能茁壯健全，開枝散葉，必須要從根做起，進而包括樹幹底部、起源、主幹、樹枝、樹葉都能全面的完整。功能醫學的量身訂做就是要全面活力延伸到生命終點。依此架構，逐項檢視與實踐，才是量身訂做完整的設計統整圖。

　　本書在分析各項理論重點與各國政策推動要點，整理出共同部分與比重最高的要點活動爲：健康、休閒式的社會參與、運動養生、飲食安全等。分成三大篇章：（一）休閒概論、（二）運動養生、（三）營養飲食，

並將此三大單元彙整成《樂齡休閒學》。並邀請各相關篇章領域的博士，分別撰寫（一）休閒生活：成人教育丁文祺博士；（二）運動養生：體育所運動保健組鄭建民博士；（三）營養飲食：營養學郭常勝博士。

　　本書主要篇章架構如下圖：

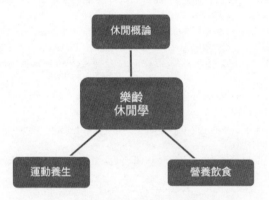

▲ 圖2-7　《樂齡休閒學》篇章架構圖

　　提供現階段正經歷數十年「初老」現象的「樂齡」人士參酌，讓每個人成功老化的理想都能夠實現。

▲ 圖2-8　成功老化讀書會

▲ 圖2-9　成功老化三好政策

參考文獻

Baltes, P. B., & Baltes, M. M. (1990). Psychological perspectives on successful aging: The model of selective optimization with compensation. In Baltes P. B., & Baltes M. M. (Eds.), *Successful aging: Perspectives from the behavioral sciences* (pp. 1-37). Cambridge University Press, NY.

Cumming, E. (1963/2008). Further thoughts on the theory of disengagement. In S. A. McDaniel (Ed.), *Ageing Vol. 1: Origins, Theories and Practical Concerns*. London: Sage.

Havighurst, R. J., B. L. Neugarten, & S. S. Tobin (1968). Disengagement and patterns of aging. In B. L. Neugarten (Ed.), *Middle age and aging: A reader in social psychology*. Chicago: University of Chicago Press.

Hooyman, N. R., & H. A. Kiyak (2008). *Social gerontology: A multidisciplinary perspective*. Boston: Person Education.

James A. Blackburn & Catherine N. Dulmus (2012). *Handbook of gerontology: Evidence-based approaches to theory, practice, and policy*. John Wiley & Sons, Inc., Hoboken, New Jersey.

Johnson, C. L., & B. M. Barer (1992). Patterns of engagement and disengagement among the oldest old. *Journal of Aging Studies*, *6*(4), 351-364.

Riley, M. W., & J. W. Riley (2000). Age integration: Conceptual and historical background. *The Gerontologist*, *40*(3), 266-270.

Rowe, J. W., & Kahn, R. L. (1997). Successful aging. *Gerontologist*, *37*, 433-440.

Rowe, J. W., & Kahn, R. L. (1998). *Successful aging*. New York: Dell publishing.

WHO (2000). Global Programme on Evidence for Health Policy Working Paper No.16. Estimates of DALE for 191 Countries Methods and Results. Retrieved from http://www.who.int/health-systems-performance/docs/articles/paper16a.pdf.

WHO (2001). Global Programme on Evidence for Health Policy Discussion Paper No.38. Estimates of Healthy Life Expectancy for 191 Countries in the year 2000: Methods and Results. Retrieved from http://www3.who.int/whosis/discussion_papers/discussion_papers.cfm?path=whosis,bod,discussion_papers&language=english#No38

樂齡行動實踐作業

理論的關鍵詞理解

請找出各項理論的關鍵詞，並指出現在您最確切需求的是哪一項（或哪幾項）？

樂齡相關理論	理論關鍵詞	自己確切需求項目
三大心理學理論 （一）脫離理論 （二）活動理論 （三）連續性理論		
Baltes 與 Baltes 「SOC」模式		
Rowe 與 Kahn 成功老化模式		
Riley 與 Riley 年齡整合 vs. 年齡區隔		
McClusky 需求幅度理論		
成功的老化 Successful aging		
功能醫學		

Chapter 3 樂齡休閒模式

一、「樂齡休閒」建構之目的

　　世界各國人口平均餘命逐漸延長，全球平均餘命為71歲，男性69歲、女性73歲（Population Reference Bureau, 2015）。長壽已經是人類世界的趨勢。依據世界衛生組織（World Health Organization, WHO）之定義，臺灣65歲以上的高齡人口於1993年底已超過總人口比例的7%，正式成為「高齡化社會」（aging society）。而根據我國內政部的統計，在2015年6月底臺灣的高齡人口比例已超過12.2%，推估到2017年時，臺灣地區老年人口數將達到總人口數的14%，將正式進入「高齡社會」；到了2025年時，老年人口數占總人口數的比例約為20.6%，臺灣正式成為「超高齡社會」。世界衛生組織（WHO）倡導健康老化（healthy aging）及活躍老化（active aging）等成功老化（successful aging）的觀念，目的就是希望透過具體有效的措施，幫助高齡者在退休後仍能享受應有的生活品質，並且活得有尊嚴、有意義。新加坡的樂齡活動聯會（Singapore Action Group of Elders, SAGE），以「樂齡人士」的尊稱，來取代「老年人」。所以讓所謂本文的「樂齡」定義的人士，如何透過「樂齡休閒」找到自己的活動模式，活出自己餘命的生命價值，這是本研究的目的之一。

　　世界衛生組織（WHO）對健康的定義為：「在身體、精神及社會等各方面處於健全狀態。」2000年世界衛生組織（WHO）首度公布「經失能調整後的平均餘命」（Disability Adjusted Life Expectancy, DALE），用以評估該組織191個成員國，初生嬰兒能健康地活多少年；隔年增納資料予以改進，並改稱為健康平均餘命（Healthy-adjusted Life Expectancy, HALE），

這項指標不再是以傳統平均餘命來估測生命量,而是對生命做「質」的估測。內政部2014年「簡易生命表」顯示國人零歲平均餘命(即平均壽命)為79.84歲,其中男性為76.72歲、女性83.19歲,我國之健康平均餘命係反映醫療及死亡率變化之具體指標,活得長未必活得健康。依衛生福利部統計,2013年我國健康平均餘命為71.1歲,不健康的生存年數約8.9歲,從2003-2013年的統計,國人不健康的生存年數約7.6-9.0歲,這不健康的生存年數就是醫療與長期照護的經濟負擔,也形成長期的精神壓力。在活躍老化健康與生活品質的需求下,透過「樂齡休閒」冀望延長健康平均餘命、縮短不健康的生存年數。這是本研究的目的之二。

聯合國大會於1991年通過《聯合國老人綱領》來因應未來人口老化的世界趨勢。在綱領中,提出了照顧老人的五個要點:「獨立」(independence)、「參與」(participation)、「照顧」(care)、「自我實現」(self-fulfillment)與「尊嚴」(dignity)。此五項要點,如何透過政策的執行,落實在「樂齡」人士的需求之上呢?教育部門近幾年不僅提出樂齡學習政策、設置樂齡學習中心、開辦樂齡大學及樂齡學習班,如老人大學、長青學苑、長青大學、樂齡大學等。高齡教育機構的入學標準,亦以55歲為界線。綜上,臺灣的樂齡學習將對象延伸至55歲以上的中高齡。但是這些課程是否真正適性,符合「樂齡」人士的切身需求?本文試圖透過「樂齡休閒」模式的建構,來評估真正適合「樂齡」者的需求,這是本研究的目的之三。

功能醫學是一種完整性並具有科學基礎的醫學,除了疾病治療,更重視健康的維護,改善亞健康症狀及慢性疾病的輔助治療。章人欽(2015)指出:30歲以前的生命機能,其健康指數大都是屬於健康的狀態。30-50歲的生命機能,健康指數開始下滑,亞健康(身體機能已經下降,但是沒有疾病的症狀發生)的現象出現。但是大多數人都不在意或沒注意。50歲後,身體機能急速下滑,真正健康的比例只有15%,亞健康的比例70%(擴增),身患疾病者約15%。希望樂齡階段,降低疾病發生率,縮小亞健康的範圍,從30歲開始到樂齡時期,直到人生的終點,每個年齡層生命機能的都能夠活力延伸(vitality extension)到健康狀態,每個人都能夠

健康老化（healthy aging）、活躍老化（active aging）。讓平均壽命趨近於健康平均餘命，達到成功老化（successful aging）的理想；如何設計一套「樂齡」休閒生活模式、運動養生、營養飲食的建議，做好疾病預防呢？這是本研究的目的之四。

二、CIPP 評估模式的應用

本文主要的目的係針對「樂齡休閒」的運用成效，建構適當的評估指標。據此，本文在評估體系的選擇上，採用教育界及企業界應用較廣之 Daniel L. Stufflebeam 的 CIPP 評估模式。

所謂的 CIPP（Context, Input, Process, Product, CIPP）評估模式，是由 Stufflebeam 在對 Taylor 行為目標模式的反思後，所研發出來的評估模式，CIPP 評估模式包含了背景評估（context evaluation，以 C 表之）、投入評估（input evaluation，以 I 表之）、過程評估（process evaluation，以 P 表之）以及成果評估（product evaluation，以 P 表之）四種項目，除了可以指導決策（形成性評估），亦可以判斷績效（總結性評估）（Stufflebeam, 2003）。

關於 CIPP 模式的概念內涵分析如下（Stufflebeam, 2000）：

（一）背景（context）

在 CIPP 評估模式中，背景評估是最基本的分析項目，一般係針對政策、環境及需求背景加以檢視，本文具體做法是針對上一章節所列各項政策、因素、要點與面向，來檢視樂齡的需求，並分析國內現有的樂齡學習環境，擬出樂齡休閒的構想與目標。

（二）投入（input）

投入評估的目標，在確認並評估系統能力及可能服務的策略，目的在審視資源使用的合理性。本文實施方式是透過樂齡機構、學習課程、設備資源、體力時間等，來確定如何運用策略與資源以達成樂齡休閒的目標。

（三）過程（process）

過程評估旨在持續檢查樂齡休閒的實施，從樂齡休閒的適性課程、資源整合、執行現狀、回饋機制的執行過程中偵測缺失，提供樂齡休閒決策所需之資訊。整體而言，過程評估有 3 項目標：偵測或預測在實施階段中樂齡休閒設計或實施方法上的缺失、提供資料協助樂齡休閒做成決策、保留過程的記錄。

（四）成果（product）

成果評估的目的在確定樂齡休閒符合需求的程度，並廣泛檢視樂齡休閒的正面效果、樂齡者的休閒滿意度、待改善的事項以及實行樂齡休閒所獲得的意外結果，將結果做合理解釋，並提供樂齡休閒決定的參考。

2003 年 Stufflebeam（2003）的 CIPP 評估模式才有完整解讀，他將評估的定義修正為：「是一種描述、獲取、報告，並應用有關受評對象觀點、價值、重要性等描述性與判斷性資訊，以指引決策、支持績效責任、增進對研究對象的瞭解。」其代表性的模式如下圖所示。

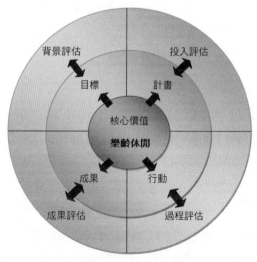

▲ 圖3-1　CIPP 評估模式圖

資料來源：Stufflebeam, D. L.（2003）。

上圖中所呈現出 CIPP 評估模式的主要元素，代表 CIPP 四類評估所關注的不同焦點；四類評估亦同時都環繞著一個核心的價值理念來執行。以單箭號表示核心價值向外延伸影響著目標、計畫、行動和成果；至於目標、計畫、行動和成果與背景評估、投入評估、過程評估和成果評估因彼此相互影響，故以雙箭號來表示。

本文的各項評估內容如下：

背景評估：包括各項政策、樂齡需求、現有環境、構想目標。

投入評估：包括樂齡機構、學習課程、設備資源、體力時間。

過程評估：包括適性課程、資源整合、執行現狀、回饋機制。

成果評估：包括正面效益、滿意度、待改善、意外結果。

本文依據 CIPP 評估模式規劃「樂齡休閒」的建構，如下圖所示。

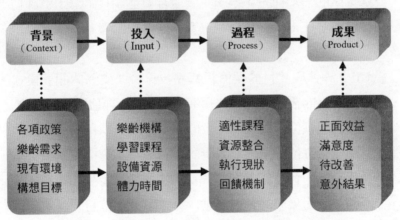

▲ 圖3-2　本文導入 CIPP 評估模式之樂齡休閒架構

三、研究方法與對象

本文採取個案研究法，研究對象是參與本課程活動的「樂齡」人士。研究對象主要來源為空大、社區學苑、長青學苑、民間社團等等。從每位「樂齡」人士的觀點探討「樂齡休閒」模式的建構歷程、現況與成果。每

位「樂齡」人士，都是獨特的個體，有自己的特殊性與個人因素，所以本文採用個案研究，旨在探討個案在特定情境脈絡下的活動性質、獨特性與複雜性。藉由 CIPP 評估模式的融入，希望對於「樂齡休閒」模式的發現與理解，回歸到政策面向的擬定與「樂齡」人士生活面的具體實踐。

　　CIPP 評估模式在評估目的方面，除了強調「政策擬定」也重視「成果績效」，並提倡評估的目的是「不在證明而在改進」的概念。然而，在評估的過程中，「背景、投入、過程、成果」這四種評估並非需要同時或完全實施，可視受評估的需求而定。評估乃為動態而非靜態的過程。

　　游進年（1999）整理出 CIPP 評估模式流程的特點：（一）在求新求變的過程中，評估具有重要的地位；（二）平時就應具有各種評估活動，而不是要進行革新時，才有評估活動；（三）選用 CIPP 評估模式的評估種類，要依資訊的需求而定，不一定要全部實施；（四）CIPP 評估模式的評估目的，主要是在提供資訊以供決定者（含樂齡者）做決定之用，而不是去做決定。

　　這些 CIPP 評估模式目的與流程特點，符合「樂齡休閒」模式的建構歷程、現況與成果的需求，此為本研究採取 CIPP 評估模式的理由。

　　為了深入瞭解每位「樂齡」人士的情境，本文採用半結構式訪談，輔以文件資料，進行每位「樂齡」人士的資料蒐集；先擬定訪談大綱，對訪談的結構具有一定的管控作用，對於受訪（樂齡）者提出問題，協助訪談的進行。因為訪談對象來源分散各地，本文共有 3 位訪問員，分別對樂齡者進行訪談。

　　除了 CIPP 評估模式以外，CIPP 後設評估亦是評估的實施過程中不可或缺的一環。Stufflebeam 認為後設評估是「評估的評估」，並進一步將後設評估定義為：「針對一項評估的技術之適當性、利用性、倫理性和實用性，進行描述、獲取和使用敘述性和判斷性資訊的過程，藉以指出該項評估的技術及其報告的優缺點。」Stufflebeam 之看法，CIPP 評估模式的後設評估扮演兩種角色，一為事前的後設評估；二是回溯的後設評估。CIPP 後設評估包含內部效度、外部效度等 11 項評估標準。此項後設評估

本文先行暫緩，預定在實施課程後，再進行資料分析。

四、「樂齡休閒」CIPP 評估模式之流程

CIPP 評估模式的流程，說明了模式能夠用於形成性與總結性評估的特點。如下圖所示：

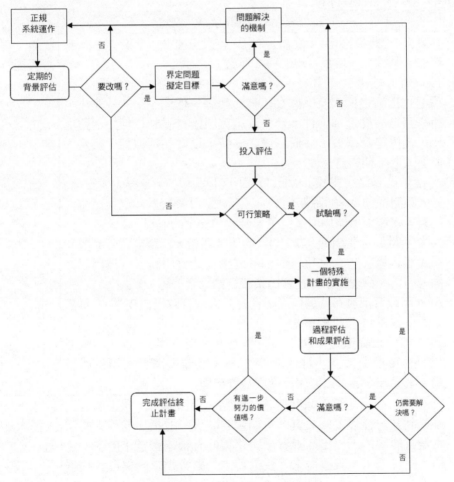

▲ 圖3-3　CIPP 評估模式流程圖

資料來源：Stufflebeam, D. L., & Shinkfield, A. J. (1985). *Systemic evaluation* (p. 167). Boston: Kluwer-Nijhoff.

　　本文採用半結構式訪談的訪談大綱，乃依據 CIPP 評估模式圖，由「背景」、「投入」、「過程」、「成果」、代表 CIPP 四類評估所關注的不同焦點；四類評估亦同時都環繞著一個「樂齡休閒」理念來執行。目標、計畫、行動和成果與背景評估、投入評估、過程評估和成果評估因彼此相互影響，依此關聯性，設計本文訪談大綱如下：

訪談大綱一：（背景評估）

項目（訪談資料閱讀與說明）	備註
• 1991 年《聯合國老人綱領》照顧老人五要點：「獨立」、「參與」、「照顧」、「自我實現」與「尊嚴」。 • 1998 年，經濟合作暨發展組織（OECD）活躍老化主張：「活躍老化指的是個人及家庭在工作、學習、休閒……的一生中，所享有之高度選擇彈性，公共政策克服既存限制以促成活躍老化，提供終身學習、醫療環境之支持，以增加選擇性，維持人們邁入老年期的自主性。」 • 2002 年世界衛生組織（WHO）提出「健康」、「參與」、「安全」三大策略面向。「活躍老化」，其定義為：「為提升年老後之生活品質，盡最大可能以增進健康、參與和安全的過程。」 • 2002 年世界衛生組織（WHO）的研究報告，活躍老化受到多元的因素影響，包含文化、性別、健康及社會服務、行為因素、個人因素、物理因素、社會因素和經濟因素等等。 • 2006 年教育部發布「邁向高齡社會老人教育政策白皮書」。具體七大目標與 11 項推動策略。 • 2009 年行政院核定了「友善關懷老人服務方案」，以「活躍老化」、「友善老人」、「世代融合」三大目標，完善老年生活規劃，來提升高齡者之健康促進與社會參與。	政策：導讀與提醒
• McClusky 提出「需求幅度理論」觀點，認為需求，意指個人為了達到某一種程度的成就，所期望的狀況。並指出老年人的需求是有層次的，提出高齡者參與學習的五種學習需求層次，包括：應付需求、表達需求、貢獻需求、影響需求、與自我超越需求。	需求：個人需求為何

• Riley 與 Riley（2000）提出年齡整合觀點，融合各個年齡層於各構面中，年齡整合意味著打破年齡障礙，各個時期的年齡層不是用來決定什麼樣的立場和角色，而是應該「跨年齡與跨時代的互動」，不同年齡的人在一起生活、工作、學習等等。	環境：現實環境與個人現況
• Baltes 與 Baltes（1990）定義成功老化爲「心理適應良好的過程」，提出「選擇（selection）、最適化（optimization）與補償（compensation）」模式，簡稱 SOC 模式。 • Rowe 與 Kahn（1997, 1998）提出成功老化的三層次模式：第一層次：「避免疾病」；第二層次：「維持身體與認知功能」；第三層次：「生活參與」。	目標：樂齡休閒

訪談大綱二：（投入評估）

項目（訪談資料閱讀與說明）	備註
您知道政府有設立哪些樂齡學習機構？ 您知道民間、社團有哪些樂齡學習機構？	樂齡機構
您知道樂齡學習機構開設的課程有哪些？ 您認爲您需要去參加學習機構所開的課程嗎？	學習課程
您知道現在樂齡休閒有哪些設備與資源可以使用？ 您想擁有／使用在地休閒或是社區休閒的設施與人力資源嗎？	設備資源
您認爲您的身體健康狀況足以負荷相關的學習課程嗎？ 您認爲您有足夠的時間去參加相關的學習課程嗎？	體力時間

訪談大綱三：（過程評估）

項目（訪談資料閱讀與說明）	備註
您認爲學習機構所開的課程，符合您的需要嗎？ 您認爲您需要終身學習，以因應社會的變遷嗎？	適性課程
您覺得樂齡機構都在辦類似的課程與活動，資源未整合嗎？ 您覺得政策規劃與執行策略有落差嗎？	資源整合
您知道哪裡可以找到符合你需要／喜歡的學習活動嗎？ 您認爲這些學習活動，可以再度融入現代社會嗎？	執行現狀
您需要的生活休閒活動，體力與時間可以負荷嗎？ 您需要樂齡的健康養生運動，很難在樂齡機構學到嗎？ 您認爲樂齡的飲食與營養無法在課堂上立即實踐嗎？	回饋機制

訪談大綱四：(成果評估)

項目（訪談資料閱讀與說明）	備註
您可以找到適合自己的樂齡休閒模式？ 您的養生運動符合自己身體健康的需求？ 您的飲食營養有助於您樂齡的養生概念？ 您的健康餘命都可以在身心靈健全的樂齡休閒模式中達成？	正面效益
您滿意樂齡機構所提供的相關課程學習？ 您滿意自己的樂齡休閒模式？ 您滿意自己的健康養生運動？ 您滿意自己的樂齡飲食營養？ 您滿意自己的社會參與程度？	滿意度
您的樂齡休閒模式，有需要改善嗎？ 您的健康養生運動，有需要改善嗎？ 您的樂齡飲食營養，有需要改善嗎？ 您的社會參與程度，有需要改善嗎？	待改善
試說明您在樂齡休閒模式的過程中，您的感覺與感想？ 試說明您在樂齡休閒模式的過程中，特別的經驗與收穫？ 請自由述說一些您想要說的事情（毫無拘束的）？	意外結果

　　上述訪談大綱，除了引導評估的實施外，不論是單獨實施背景、投入、過程或成果評估，抑或同時合併實施數種評估，評估者均需設計所要做的評估工作。依據 CIPP 評估模式流程圖，這些工作包括擬定初步計畫等，並在計畫實施之時不斷地加以修正和釐清。因為目標、計畫、行動和成果及背景評估、投入評估、過程評估和成果評估都是彼此相互影響的。

　　Stufflebeam（2000）指出，評估很少是完整、有次序、單純性的活動，可能只要求進行不同次序的評估研究，或者只要求做某幾項評估研究。因此，評估人員若依背景、投入、過程及成果此次序建構評估的假設，即可能產生錯誤結果。這種 CIPP 建構的邏輯順序與真實世界的矛盾，就稱為入門問題（point-of-entry problem），包括何時開始評估、強調哪些評估、可以蒐集什麼樣的新資料以強調評估的問題。記得，評估應是以改善為首要目的。

五、「樂齡休閒」CIPP 評估模式之案例

本文所舉的樂齡休閒案例，是以「健康、放鬆、療癒」爲研習重點的社區研習活動，由社團法人高雄市美館社區協力關懷協會主辦，由前屏東縣衛生局長——李建廷醫師主講。

「健康、放鬆、療癒」研習簡章，如圖3-4：

▲ 圖3-4 「健康、放鬆、療癒」社區研習簡章

資料來源：社團法人高雄市美館社區協力關懷協會。

簡介

　　李建廷醫師，曾開立「整體醫療」的門診，針對癌症、失眠、憂鬱症等患者不開藥方而開運動及飲食的處方。本身曾因工作繁忙壓力大而胃潰瘍，透過跑步運動胃潰瘍不藥而癒，他以自身經驗體會，生病不一定打針吃藥，透過運動和飲食可以改善病情，增加免疫力。每名患者可能要用一小時瞭解其身體狀況，才能開出適合的運動及飲食處方。

筆者全程參與此項研習，茲分享研習重點如下：

課程特色簡介

強調預防重於治療。李建廷醫師認為，維護自身健康最佳方法，乃是運動、節食、靜心。節食，是不可暴飲暴食，早餐注重營餐、中餐簡單、晚餐少吃。並指導結合瑜珈、呼吸的正念減壓，做好身體的「整體醫療」。

每次上課內容主要分成四個階段，簡要大綱說明如下：

第一階段：「健康概念、食物飲食與營養」解說

1. 消化系統保養：（臺語發音 腸子清，醫館冷清清）。
2. 健康從身體環保（腸、肝、腎……）做起。
3. 多吃食物（植物更好），少吃食品。均衡＋平衡＝最好。
4. 七分飽最好，熱量減少→體重下降。
5. 五穀類（all food）吸收慢，較穩定。
6. 脂肪的概念：植物油（苦茶、橄欖……）＞動物油。
7. 每天攝取堅果類、豆類。
8. 攝取食物的酸鹼性比例2：8；白肉＞紅肉。
9. 蔬菜水果攝取量：60％ ／ 餐；生的蔬菜水果較營養。
10. 自我療癒概述：哈佛研究：75% 疾病可以自我療癒，25% 靠藥物。
11. 疾病的來源：不平衡→毒素→疾病。
12. 自我療癒醫療的現況：自然醫學、能量醫學、運動醫學（參考 NCCAM）。
13. 人體自我療癒的要素：

運動	營養	放鬆	飲食	信念30%
物質	壓力	腦波	失眠	專注

14. 緩慢飲食實作練習：

吃葡萄：平常吃法、經過觀察品玩之後再吃的感覺。

15. 緩慢飲食實作練習：

喝水：平常喝法、經過觀察品玩之後，慢慢喝的感覺。

1. 健康概念解說

2. 緩慢飲食解說

第二階段：「九轉功」身體關節的練習

「九轉功」在市面上可見相關或類似的名詞有「延年九轉功」、「九轉回春功」、「九轉如意操」，大都是強調萃取中國宮廷養生長壽功的精華，或是自創的功法，動靜合一，簡單易學，不僅強調可以運動健身，甚或是養生、健身、回春、延壽等等。運動 10 分鐘，可全身筋骨活絡或是治療肩頸筋骨痠痛。但是在內容上，還是有部分的差異。對於現代的樂齡人士而言，的確是一個大誘因。

九轉功（實作練習）：放鬆人體九個關節。

1. 頸椎關節練習

2. 肩關節練習

3. 手肘關節練習

4. 手腕關節練習

5. 胸關節練習

6. 腰關節練習

7. 髖關節練習

8. 膝關節練習

9. 踝關節練習

第三階段：「體適能 Fitness」身體各部位肌耐力的練習

暖身運動＋呼吸練習＋其他相關軟身運動：

啊！……（高音） 啊……（低音） 先吸氣……再發音 感受有何不同？ OM：O……M…… （OM 希伯來文：平安）	呼吸方法 呼吸練習：吸4停7呼8 哼……哈！一分鐘＝一 杯咖啡 其他相關動作 感受身體的震動 與共鳴！	備註： 脊椎一定要直 腹部呼（凸）吸（凹）6 sec 呼吸平衡做三個月 平時：17-18次/分； 練習：5-6次/分

第四階段：「身體掃描 Scan」身體各部位

1. 躺在瑜珈墊上，身體掃描約45分鐘。

2. 跟著講師口令，順序掃描自己的身體器官。

3. 相關身體掃描要領：

與身體做伴	痛？酸？苦？……
不壓抑	可透過 CD 口令引導
不逃避	欣賞他
與他同在	品嘗他
跟著他	觀察他

會亂想跑掉了再拉回來
一定要做嗎？　試著不睡的感覺
Scan……停……Scan……　效率反而更好
受外在聲音影響再拉回來
以前沒有注意的部分，會特別注意
Scan 某部分時，會不舒服、情緒不好
身體：肉體＋能量＋意識
意到……氣就到（關心什麼，他就跟著）
陪伴就是能量

心得：

1. 過程有人打呼，表示很放鬆。
2. 有人思緒飛出去了，想別的事情。經過老師提醒又回到口令順序掃描身體。
3. 覺得很放鬆，想睡覺。
4. 有蚊子叮，受到干擾了。

回家作業

1. 身體自我掃描三次：晚上睡覺前做，沒掃描完就睡著了；早上做，比較能夠掃描完整個身體；要很專注才能掃描完，要不然很容易腦子飛出去想別的事情了

2. 一餐專心吃（25-30 分鐘）：專心吃，速度變得比較慢，每件食物都可以感受到它的原味。若沒有專心吃，只是填飽肚子而已，短暫的口味感覺而已。

3. 一種習慣專心做：隨興躺著看電視，專心去想的時候。會比較能體會到這樣的習慣好還是不好。提醒自己緩慢思考，習慣會變好。

李建廷醫師「健康、放鬆、療癒」自我療癒課程問卷調查

時間：2015.10 月份班　每週二晚上19：30-21：30　10/6、10/13、10/20、10/27
地點：活力十足美館公民館（選擇適當的一個□中打 ✓）

	對本課程滿意度
(1) 性別：□男　　□女	□差不多
(2) 年齡：□40（含）歲以下　□41-54 歲　□55 歲（含）以上	□滿意
(3) 工作現況：□工作中　□待業（或家管）　□退休	□非常滿意
(4) 家居情形：□個人獨居　□與家人同住	

1. 我來參加本次課程是因為（**可複選**）。
　　□身體健康需求　□瞭解時下流行課程　□朋友邀約　□捧場（教會活動）
　　□消磨時間
　　□其他（請說明）

2. 我以前對於「健康、放鬆、療癒」的自我療癒，瞭解程度是……。
　　□沒有概念　□有聽說、但沒有經驗　□有概念、有時間就會做
　　□瞭解，而且常常做

3. 我認為「健康、放鬆、療癒」的自我療癒，對於我身體健狀況。
　　□沒有幫助　□跟以前一樣，差不多　□沒意見　□有幫助　□非常有幫助

4. 我認為「健康、放鬆、療癒」課程的第一階段「健康概念、食物飲食與營養」
　　的解說：
　　□沒有幫助　□跟以前一樣，差不多　□沒意見　□有幫助　□非常有幫助

5. 我認為「健康、放鬆、療癒」課程的第二階段「九轉功」身體關節的練習：
　　□沒有幫助　□跟以前一樣，差不多　□沒意見　□有幫助　□非常有幫助

6. 我認為「健康、放鬆、療癒」課程的第三階段「體適能 Fitness」身體各部位
　　肌耐力的練習：
　　□沒有幫助　□跟以前一樣，差不多　□沒意見　□有幫助　□非常有幫助

7. 我認為「健康、放鬆、療癒」課程的第四階段「身體掃描 Scan」身體各部位
　　的感覺：
　　□沒有感覺　□跟以前一樣，差不多　□沒意見　□有感覺　□非常有感覺

8. 我對於「身體掃描 Scan」身體各部位的覺察是（**可複選**）：
　　□沒有感覺　□酸　□麻　□痛　□緊繃　□會睡著　□會受外在燈光影響
　　□會受外在聲音影響　□思想會飛出去　□會分心偷看別人做得如何　□會

放鬆　　□跟著口令掃描到的身體部位特別有感覺　　□從來沒有這樣掃描過自己的身體　　□這樣的掃描，可以讓我更瞭解自己的身體　　□可以跟著口令一次掃描完　　□會專注

9. 我認為「呼吸運動：鼻子交替呼吸、諧振式呼吸、阻抗式呼吸」的練習：
　　□沒有感覺　　□跟以前一樣，差不多　　□沒意見　　□有幫助　　□非常有幫助

10. 在此課程後，我認為健康的要素是（**可複選**）：
　　□心理需要　　□飲食均衡　　□營養均衡　　□規律運動　　□生活作息　　□持之以恆　　□情緒穩定　　□壓力轉移　　□心情愉悅　　□身心放鬆　　□專注　　□愛與被愛　　□關懷　　□　溫暖　　□覺察　　□知識　　□陪伴　　□正面思考　　□其他

參考文獻

王全興（2006）。Stufflebeam 之 CIPP 評鑑模式的發展歷程與比較。**國民教育**，46(6)，72。

成之約、林國榮（2009）。**外籍配偶照顧輔導基金績效指標建構之研究**。內政部外籍配偶照顧輔導基金補助研究報告，財團法人國家政策研究基金會。

游進年（1999）。**CIPP 模式在臺灣省國民中學訓輔工作評鑑應用之研究──以宜蘭縣為例**（33-35 頁）（未出版之博士論文）。國立臺灣師範大學教育學系，臺北市。

曾淑惠（2004）。**教育評鑑模式**（80、83-85、86-87 頁）。臺北市：心理。

Stufflebeam, D. L., & Shinkfield, A. J. (1985). *Systemic evaluation* (p.167). Boston: Kluwer-Nijhoff.

Stufflebeam, D. L. (2000). The CIPP model for evaluation. In D. L. Stufflebeam, G. F. Madaus & Thomas Kellaghan (Eds.), *Evaluation models: Viewpoints on educational and human services evaluation* (2nd ed.) (pp. 279-317). Kluwer Academic Publishers.

Stufflebeam, D. L. (2003). *The CIPP model for evaluation* (p. 7). Paper presented at the 2003 annual conference of the Oregon program evaluator network. October 3, 2003. Portland, Oreigon.

樂齡行動實踐作業
「樂齡休閒」CIPP 評估模式訪談大綱

背景資料（請在適當的□內，打 ✓
性別：□男 □女
年齡：□30 歲以下 　　　□30-39 歲 □40-49 歲 □50-64 歲 □65 歲以上
婚姻：□已婚 □未婚 □離婚
居住狀況：□獨居 □與家人同住 □與他人同住
工作狀況：□工作中 □退休 □家管或待業中
學歷：□國中以下 □高中（專科）□大學 □研究所以上
依據 CIPP 評估模式，設計每項評估的訪談大綱，各兩題：
1. 背景評估：包括各項政策、樂齡需求、現有環境、構想目標。 答：
2. 投入評估：包括樂齡機構、學習課程、設備資源、體力時間。 答：
3. 過程評估：包括適性課程、資源整合、執行現狀、回饋機制。 答：
4. 成果評估：包括正面效益、滿意度、待改善、意外結果。 答：
5. 設計訪談大綱的開放性問題 答：

樂齡休閒的實踐── 緩慢醫療

在樂齡的相關政策上，我們都看到樂齡（老人）健康這一個項目：如 1991 年《聯合國老人綱領》照顧老人五要點：「獨立」、「參與」、「照顧」、「自我實現」與「尊嚴」。──這五個要點要有健康才能去實踐。

1998 年，經濟合作暨發展組織（OECD）活躍老化主張：「活躍老化指的是個人及家庭在工作、學習、休閒……的一生中，所享有之高度選擇彈性，公共政策克服既存限制以促成活躍老化，提供終身學習、醫療環境之支持，以增加選擇性，維持人們邁入老年期的自主性。」──強調醫療的重要性。

2002 年世界衛生組織（WHO）提出「健康」、「參與」、「安全」三大策略面向。「活躍老化」，其定義爲：「爲提升年老後之生活品質，盡最大可能以增進健康、參與和安全的過程。」──強調增進健康。

2002 年世界衛生組織（WHO）的研究報告，活躍老化受到多元的因素影響，包含文化、性別、健康及社會服務、行爲因素、個人因素、物理因素、社會因素和經濟因素等。──強調健康因素的影響。

2006 年教育部發布「邁向高齡社會老人教育政策白皮書」。具體七大目標之一：「促進老人身心健康」──強調健康是七大目標之一。

2009 年行政院核定了「友善關懷老人服務方案」，以「活躍老化」、「友善老人」、「世代融合」三大目標，完善老年生活規劃，來提升高齡者之健康促進與社會參與。──強調健康促進的規劃。

據此，爲了達成樂齡人士的健康，如何找到屬於樂齡的醫療支持，便

是重要的要務。筆者曾以一篇〈緩慢醫療——身心靈的自我檢核分析〉[1]
來加以探討：

摘要

本研究問題與目的如下：（一）瞭解何謂緩慢醫療？（二）認識現有的身心靈醫療資源有哪些？（三）樣本在身心靈醫療的實踐情形為何？研究方法採用文件分析與結構性問卷訪談。研究樣本共18位，年齡40至65歲。研究工具是CAM結構性的訪談量表：檢視、調適、嘗試三部分。研究結果如下：（一）緩慢醫療是為達到身體與心靈合一的全然健康，所從事自發性的運動或是身心靈輔替（CAM）的療癒行為。（二）身心靈醫療資源包括：1.「替代醫療」系統；2. 身心療法；3. 生物學基礎療法；4. 手技及身體基礎療法；5. 能量療法。（三）樣本在身心靈醫療的實踐，有助於身心靈健康促進。但受到個人的健康，自主，健康促進……等人格特質和態度等的影響。總結緩慢醫療除了一般的疾病醫療之外，更是身心靈醫療的預防醫學概念，緩慢醫療的方式傾向於傳統醫療方式，依照個人的時間性與知覺意願兼具的情形下進行體驗，是一種養生調理的新思維方式。

一、前言

本研究的主要動機源於老人化社會的來臨，健康、老化的問題，是未來醫療相當大的負擔，若能對於自己的身心狀態做好「上工治未病」的預防概念，除了減少醫療資源的浪費，更可以促進自己的身心靈健康。

現今的醫學界已經逐漸贊同醫療整體論的觀點，認為人的心理狀態可能影響身體健康。英國心理諮商師：「當你給病患時間與關注，他們就可

1　丁文祺、鄭建民、吳仁義（2015）。緩慢醫療——身心靈的自我檢核分析。第六屆自然療法與運動醫學國際高峰論壇。臺北：中華民國自然療法學會。本文榮獲2015.5.23第六屆自然療法與運動醫學國際高峰論壇「論文一等獎」。

能因爲放鬆而痊癒。」當你一旦認同病患是一個有情緒、有苦惱、有話要說的人之後，照著症狀檢核表問診然後開處方籤的模式便再也不夠。你必須花時間傾聽、你必須建立聯繫。病患喜歡受到關注，常常就只是關心，有些連長期的病症都復原了。這些醫療整體論的觀點，讓一般人對於自我的身心靈醫療，有更迫切的需求，這是本研究的動機之一。

在臺灣，經常可以看到有人利用靜坐、瑜珈與氣功等傳統醫療來治療癌症、糖尿病、高血壓、氣喘與精神疾病。或用音樂、園藝、養寵物來緩和病患的情緒，輔助治療焦躁情緒的病患。英國的海爾診所於1998年混合了正統西醫與民俗另類療法在同一所醫院裡，來爲病患診療。也有家庭醫師建議病患接受傳統整復（整脊、整骨）、中醫草藥與西方傳統醫療的順勢治療。讓大眾對於身心靈醫療資源有充分的瞭解，進而找到自己適合的方式去實踐，這是本研究動機之二。

西醫是傳統的主流醫學，以醫病之間的診療時間而言，只有在開刀、住院、急救或健康檢查，才會花比較多的時間在病患的身上。平均一趟面對面的診療，超過10分鐘都算是奢侈而不可得（英國公立醫院，一般家庭醫師看診時間爲6分鐘）。這都是「治已病」的階段。若能做好自我的身心靈醫療的管理，達到「治未病」的身心靈健康，這是本研究動機之三。

綜合上述的研究動機，本研究目的如下：（一）瞭解何謂緩慢醫療？（二）認識現有的身心靈醫療資源有哪些？（三）樣本在身心靈醫療的實踐情形爲何？

二、身心靈與緩慢醫療

身心靈的概念已經成爲一種健康產業，例如：推廣自己專長的自然療法；以健康爲名的營養品；以心靈爲號召所開授專講靈媒傳達的信息課程等等。因此，表面上看到很多身心靈機構，卻實在看不到真正能夠整合「身、心、靈」三方面紮實理論與實證。

　　世界衛生組織（WHO）對健康的定義爲：「健康不僅爲疾病之消除，更要達到體格、精神與社會之完全健康。」此定義顯然擴及精神心理狀態以及與社會關係層面的和諧。

　　呂應鐘（2010）認爲「身、心、靈」應該調整爲「靈、心、身」，他詮釋「靈」爲與宇宙信息場與意識場，「心」爲生物能量場與念力場，「身」爲物質體。因而認爲身體之健康不只限於物質肉體，負面、悲觀、與壓抑之心理狀態絕對會導致身體上的疾病，高層次之靈性才是主導人類健康之泉源。

　　王元甫（2009）指出，人除了有形的「身體」之外，還有無形的「心靈」。現代西方醫學主要是針對我們有形「身體」做疾病的治療與預防；而「心靈」屬於無形。西方基督教認爲人除了肉體，還有靈魂，而且靈魂是「上帝」創造的。愛因斯坦認同哲學家斯賓諾莎（Baruch de Spinoza）的看法，人擁有無形的「靈魂」與有形的「身體」，而且兩者是一體的。

　　身心靈既是一種「身體」與「心靈」合一，所以當然是主流與非主流的整合醫學爲主要的論述，本文除了西醫的主流醫學之外，分析其他的非主流醫療資源爲身心靈醫療資源的範疇。日本醫生岡本裕（2010）指出：潰瘍、頭痛、腰痛、過敏、失眠、自律神經失調……這些占門診百分之九十的病，實際上不必吃藥就會好，是否令人感到驚訝呢？提高自癒力，不必有壓力，只要身、心、靈平衡，就具有療癒的功能。因爲身體本生就具有自我療癒的能力，只是現代人的生活緊湊、步調急促、身心難以放鬆、沒有足夠的時間自我療癒，更遑論靈性的健康。

　　輔助及替代醫療的全稱是 Complementary & Alternative Medicine，以下簡稱 CAM。從英文字面上的意思，可認定是「輔替醫療」，通常在臺灣常見中醫與西醫的療法同時進行。例如：用針灸、穴位按摩或中草藥。有時 CAM 會取代正統西醫的療法，CAM 在以往是屬於不同族群沿襲之傳統醫學或民俗療法，大多經過2,000 年以上之臨床經驗累積，流傳迄今，仍然沿用，如印度阿育吠陀（Ayurveda，又稱生命吠陀）被認爲是世界上最古老的醫學體系，5,000 年來，在印度無數傳統家庭中使用著。

　　美國 NCCAM（National Center for Complementary and Alternative Medicine）是指「國家輔助及替代醫療中心」。1992 年美國開始重視相關輔助及替代醫療之研究，爲了因應世界衛生組織所發表「2002-2005 年傳統醫學全球策略」，世界衛生組織希望各國能將輔替醫療（CAM）納入現有醫療體系之中，美國因此成立的國家輔助及另類醫療中心（NCCAM）專責機構。這個 CAM 專責機構，有系統的進行研究開發 CAM 療法。美國 NCCAM 指出「身、心、靈」醫療資源有：（一）「替代醫療」；（二）身心療法（mind-body interventions）；（三）生物學基礎療法（biologically based therapy）；（四）手技及身體基礎療法（manipulative and body-based methods）；（五）能量療法（energy therapies）。

　　1997 年世衛組織稱人類未來的四種醫學，（一）現行西方醫學之對抗療法（allopathy）；（二）同類療法（homeopathy，又稱順勢療法）；（三）自然療法（naturopathy）；（四）傳統療法（traditional therapy）。這四項未來的趨勢，逐漸受到世人的重視，也與美國 NCCAM 的「輔替醫療」相呼應。

　　現代西式醫學已經成爲制式之「檢查、抽血、手術、藥物處方、化學藥物治療、放射線照射」等手段用來治已病之末端醫療，只求快速診斷，開藥方治療見效，心理的因素與感受，是不被重視的。相對於急與快速，緩慢醫療的概念逐漸受到重視，丁文祺（2014）認爲：「從改善其生活品質與預防醫學的角度而言，健康的身心靈才是緩慢醫療——身心靈療癒的根本。」

　　綜合上述，本文認爲緩慢醫療的定義如下：「緩慢醫療是爲達到身體與心靈合一的全然健康，所從事自發性的運動或是身心靈輔替（CAM）的療癒行爲。」整理文獻與樣本自我檢核資料而成緩慢醫療的主要架構圖如下：

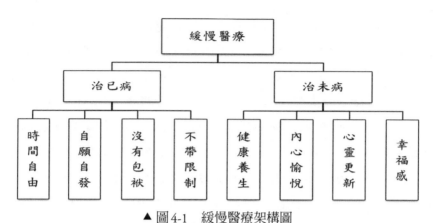

▲ 圖4-1　緩慢醫療架構圖

資料來源：作者自行整理。

三、研究方法與設計

　　本研究方法採用文件分析與質性研究的結構性問卷訪談。研究樣本共18 位，年齡介於40（含）歲至65 歲（含）。本研究工具是 CAM（身心靈緩慢醫療）的結構性的訪談量表（丁文祺，2014: 108-109）：量表結構是透過檢視（check）、調適（adjustment）、嘗試（try）的 CAT 自我檢核，蒐集研究樣本 CAM 身心靈緩慢醫療體驗的資料。

　　透過上述研究工具，達成本研究目的如下：（一）瞭解何謂緩慢醫療？（二）認識現有的身心靈醫療資源有哪些？（三）樣本在身心靈醫療的實踐情形為何？

四、結果與討論

（一）身心靈醫療認知

　　為什麼會選擇輔助與另類療法？研究樣本對於 CAM 身心靈醫療的認知方面，訪談樣本自我檢視的資料，統整歸納出選擇身心靈醫療 CAM 的常見原因，概要整理如下：

1. 對於正統西醫療法的不滿意。

2. 認為 CAM 可輔助正統西醫的治療。

3. 患者認同或相信 CAM 的療效。

4. 認為 CAM 比較便宜或較少副作用。

5. 期望能增強免疫系統、緩解症狀、改善生活品質，甚至治癒疾病。

6. 懷抱對健康生命的期待。

7. 病患認為 CAM 較符合自己對健康與生命的價值、信仰、與哲學理念。

（二）身心靈醫療體驗

雖然身心靈醫療通常需要較長時間，但有時候緩慢的方式反而是更有效的。羅馬人所謂的「menssana in corporesano」（健康的心靈寓於健康的身體），提高了主流醫生利用放鬆來治療的意願。為幫助病患放鬆心情，愈來愈多醫院引導患者從事和緩的活動，如園藝、繪畫、演奏、編織以及與寵物玩耍，也漸漸的承認了動物、植物這些大自然的療效。愈來愈多研究顯示，放鬆、時間、耐心是最佳策略。例如，如何治療椎間盤突出、脊椎神經受壓迫的痛楚。西醫很可能開出消炎藥，來緩解疼痛（開藥容易，但不見得治本），然而阿育吠陀（Ayurveda），可能利用穴道按摩法，來消除疼痛（療程可治本）。

重症患者的身、心、靈是必須特別重視的，因此，這便是他們大量尋求及選擇輔助與另類治療（CAM）的原因。雖然，輔助與另類治療（CAM）還沒有完全獲得科學的證明，也常被正統醫學質疑，但是患者尋求輔助與另類療法（CAM）並未停止過，目的是「輔助」或「替代」正統醫學治療所不能提供的，例如：減緩西醫治療所引起的副作用（噁心、嘔吐、疲勞和疼痛）、讓患者身心舒緩及減少因治療所引起的焦慮或緊張，並且達到身心靈上的平靜，協助患者獲得醫治的希望。

健保局（2010）指出從1995年健保開辦第1年醫療費用不到2千億，2011 支出破5千億元，導因於醫療各界爭取新藥、醫療新科技都納

入健保給付，加上論量計酬制之設計，許多醫院藉多開藥及檢驗來滿足病人需求，以致醫療費用飆漲。然而我們細心檢討，如此龐大而造成國家財政沉重負擔之醫療方式，實際上卻治不好所有慢性病及癌症、洗腎等疾病，顯見西式醫療有極大問題。

在以上這個前提說明之下，研究樣本親身經歷（或想去嘗試）的CAM的方式上，訪談資料因有部分雷同，故樣本所述，並無一一列出，統整歸納出樣本親身體驗身心靈醫療的項目與症狀，如下表：

表4-1　體驗身心靈醫療的症狀與項目表

本身症狀	身心靈醫療項目
保健養生、精神放鬆、睡眠的體驗	健身課、精油、芳香療法、岩盤浴
長期累積的肢體痠痛	按摩、推拿、針灸、電療
慢性的職業病	整脊、脊椎矯正、細胞活化、抗老經絡放鬆

依據上表，本研究的樣本親身體驗大都基於自己保健養生需求、增強免疫系統、緩解症狀、改善生活品質，甚至治癒長期累積的慢性疾病。大都採取身心靈的「傳統醫療」、「輔助、替代療法」醫療模式，儘管健保沒有給付，但是在西醫只重視數據科學的醫療歷程，較少醫病互動，所以樣本求助於主流的西醫較少。

很多重症發生的原因，除了家族性的遺傳，還有環境的污染、不良的飲食習慣及過度的生活壓力等，都有密切的關係。在面對身、心、靈交戰的時刻，患者多方嘗試任何方法來醫治病症，是很正常的現象，目的不外乎是為了提供治癒的希望和延長壽命。從改善其生活品質與預防醫學的角度而言，健康的身心靈療癒才是根本。

本研究希望整個醫療體系可以從「急就章」的地獄中解脫出來，在「身心靈緩慢醫療」的環境下，讓醫病關係注入更多的「信任」與「溫情」。所謂「傳統醫療」、「輔助、替代療法」如果有更多科學理論給予支持，則是人類促進健康的一項重大進程。

五、總結

（一）樣本中老年人全部都表示有身心靈醫療的需求與經驗。

（二）身心靈醫療的管理乃是要達到中醫學的「上工治未病」的預防醫學的概念。

（三）多數樣本對於身心靈的認知侷限於市面上社團強調的商業利益價值觀念。

（四）多數樣本對於身心靈醫療資源的瞭解傾向於市面上非主流醫療方式，缺乏整體身心靈醫療資源的瞭解。

（五）多數樣本身心靈醫療的體驗傾向於傳統醫療方式，大都是健保未給付的項目。

（六）本文中自我導向管理的程度受到個人的健康，自主，健康促進……等人格特質和態度及內外思想準備度及自發性等的影響。

（七）研究樣本表示「檢視、調適、嘗試」的自我管理模式，有助於自己的身心靈健康促進。

建議

（一）身心靈醫療的理論仍需要經過長期紮實的建構，避免流於市面上商業利益取向的片面解釋。

（二）自我導向管理的歷程中，容易群體的互動性、共同興趣與相互依賴的重要，建議除了以自我需求為出發點外，能有身心靈醫療群體互動的相關性研究。

（三）身心靈醫療大都屬於非主流醫學，健保不給付的項目，建議在與西醫主流健保給付的整合醫學過程中，逐步納入健保給付項目。

▲ 圖4-2　按摩療法

▲ 圖4-3　身心療法——森林楓道

▲ 圖4-4　健身與矯正

▲ 圖4-5　身心療法——田野海邊

▲ 圖4-6　瀑布區，負離子含量多

▲ 圖4-7　田野園藝——鄉村控土窯

後記

樂齡休閒模式的醫療

世界衛生組織（WHO）對健康的定義為：「在身體、精神及社會等各方面處於健全狀態。」尤其是對於樂齡人士而言，不需要「經失能調整後的平均餘命」，而是需要「健康平均餘命」，活了大半輩子，不再是以傳統平均餘命來估測生命量，而是對生命做「質」的精神、心靈與價值的肯定。

內政部2014年「簡易生命表」顯示國人零歲平均餘命（即平均壽命）為79.84歲，其中男性為76.72歲、女性83.19歲，平均餘命係反映醫療及死亡率變化之具體指標，活得長未必活得健康。依衛生福利部統計，2013年我國健康平均餘命（Healthy Life Expectancy, HALE）為71.1歲，不健康的生存年數約8.9歲。2003-2013年，不健康的生存年數約7.6-9.0歲，這不健康的生存年數就是醫療與長期照護的經濟負擔，與長期的精神壓力。

在認知上，樂齡人士在人生餘命，健康與生活品質的需求下，應主動參與自己身體狀況的瞭解，自己有對自己身體做決定的權利，在餘命歷程與人生的終止點都可以自己做決定。自己生命的價值與尊嚴從預知自己的疾病、做好疾病預防，針對自己個人的精準醫療做起。如下圖：

▲ 圖4-8　樂齡休閒模式的醫療認知圖

資料來源：康見國際（2015）。專業培訓課程講義。

　　在理解上，樂齡除了注意生活起居、運動養生、飲食營養等等的健康促進之外，在觀念的理解上，如何能更進一步的瞭解亞健康的假象，如健康檢查的數據，紅字的部分告知我們哪裡出了毛病要注意，這是健康檢查的功能，但卻是事後，已經是患病結果的告知，只是比無知的人早一步知道，早一步治療。不僅是醫療與精神上的負擔，後續也只是在延長平均餘命，並不是「健康平均餘命」。以下是一般人一生歷程中的醫療過程，後半段（從出現症狀到人生終點）便是平均餘命的生存年數。如下圖：

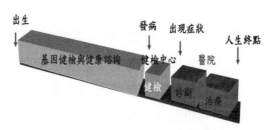

▲ 圖4-9　樂齡平均餘命概念圖

資料來源：康呈生醫科技（2015）。基因專業培訓課程講義。

　　在作法上，樂齡更重視健康的維護，是在預知與預防上，每個樂齡人士都可以做自己的「上工」，達成中國醫學上的精華：「上工治未病」。雖然「身體只有使用權，沒有所有權」，最後仍會還給老天，回歸天家。但是使用狀況，畢竟還是自己最瞭解。以下提供一個全方位健康預防醫療的作法，如下圖：

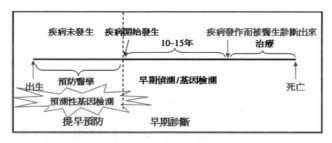

▲ 圖4-10　全方位健康人生預防醫療作法健康平均餘命圖

資料來源：潘信村（2015）。全方位健康人生——如何透過身體遺傳密碼，來瞭解預防醫學的重要性。社團法人高雄市終身樂學協會主辦。

樂齡行動實踐作業

健康的提升需要的是有規劃的藍圖而不是拼圖

一、請依下表指示，填滿空格，並於課堂報告與說明您的健康藍圖：

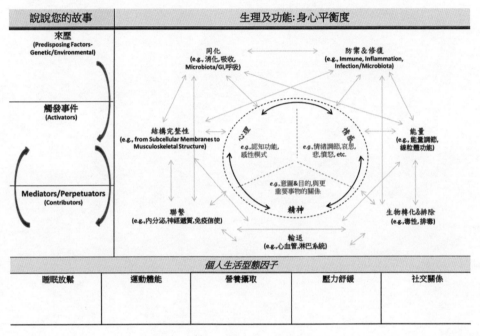

資料來源：（章人欽，2015）。

二、請依據 WHO 健康的定義與緩慢醫療的架構，檢核自己身心靈的需求：

健康的層面	自己的需求	您想怎麼做？
身體（體格）		
心靈（精神）		
社會參與		

Chapter 5 樂齡休閒的實踐——緩慢運動

　　樂齡人士因身體機能的衰退，所需要的運動與一般競技型的運動、極限運動等激烈性、消耗大量的體能是有所不同的，爲了達成樂齡人士的健康，如何找到屬於樂齡的運動量與運動型態，便是重要的任務。本書另有運動養生專篇（鄭建民教授主筆）加以介紹。本文以一篇〈**「緩慢運動」體驗的自我檢核分析**〉[1] 來加以探討：

一、前言

　　俗話常說：「要活就要動」，諸多的研究也證實身體活動的效益，美國衛生署（1996）發表「身體活動與健康」指出：適度規律的身體活動對大多數沒有活動的人，提供健康和心靈感受的效益，在身體健康上可以降低心血管疾病、糖尿病（非胰島素依賴型）、高血壓、腸癌等等；在心靈上降低焦慮和沮喪的症狀，在健康體能上維護健康骨質、控制體重。Karvonen, M. J.（1996）指出，適度規律的身體活動是健康的基本要素，讓自己的身體動起來，選擇自己喜歡的項目，由較輕的強度開始，等適應後，再逐漸增加活動時間與強度，每天至少運動 30 分鐘，維持身體健康，享受活動樂趣。「極限運動」，這種危險性較高、技巧、體能需求較高的運動，如花式滑板、滑翔、攀岩、衝浪、越野摩托車、賽車等等，可以幫助人類達到運動健身的目的嗎？少有運動時間的人，如何保健與養生？如何可以找到一種更適合我們的運動方式，讓我們能適度放鬆，即使在工

1　丁文祺、朱文慶（2016）。「緩慢運動」體驗的自我檢核分析。**高師大體育學刊**，14，42-61。

作之餘，住家附近的公園、校園步行半小時，也能促進健康的運動方式？因而探討慢活概念的「緩慢運動」成為本研究的主要目的之一。

舒特曼：「走急的人看不見地上的釘子，煩惱的人享受不到幸福的日子。」Becca 等人（2008）也指出：工作狂（workaholics）不太可能享受休閒活動，也無法放鬆和參與其他活動。Roberts 等人指出（1994）：自覺健康狀態是個人主觀的判別，當健康優良時，行為能力之控制會較佳，反應在幸福的感受會相對提高；反之，健康較差則行為能力相對低落，主觀幸福之評價自然減低。幸福、工作、健康與運動，可以兼顧嗎？本文探討慢活概念的「緩慢運動」的體驗與實踐，檢視自己的生活模式，進而調適工作節奏與嘗試合宜的運動模式，來找到適合個人工作時間、促進個人健康、滿足幸福感的「緩慢運動」，是本研究的目的之二。

個人「行為」是造成慢性疾病的主要原因，個人若執行健康促進活動則可降低疾病的發生及死亡（Kaplan *et al.*, 1987）。湯慧娟（2003）指出高雄市老年人在健康促進生活型態整體層面不佳；高雄市老年人的健康促進生活型態是透過個人對營養注重、與親人及朋友人際間支持來獲得。整體而言，性別、居住狀況、婚姻、教育程度及主要經濟來源等背景變項，在健康促進生活型態的執行上均有影響力。其中，教育程度較高及自己有收入之老年人在健康促進行為投入較多的時間及心力，其次是重要他人的陪伴亦是積極從事相關行為之主要原因。故探討「緩慢運動」體驗的歷程中，自我檢核成效與現況，此乃本研究目的之三。

依據上述研究目的，本研究之待答問題如下：（一）緩慢運動的意涵為何？（二）緩慢運動檢視－調適－嘗試的體驗為何？（三）緩慢運動體驗的自我檢核成效為何？

二、文獻探討

（一）「緩慢」的概念

「緩慢運動」是什麼？「緩慢運動」意識是如何形成？首先我們先追朔「慢活」這個詞：慢活最早源自於1986年由歐洲等地，它是因應美國速食文化而興起的一種生活型態。當時美國速食文化最大的象徵「麥當勞」，在義大利羅馬著名的西班牙臺階旁開了一家分店。爲了反對及壓制席捲全球的美式速食文化，義大利權威性的美食作家卡羅‧佩屈尼（Carlo Petrini）發起了「慢食運動」來反制速食文化。1999年，以義大利的城市——奧維托（Orvieto）爲首與慢食組織，發起了「慢城運動（citta slow）」。他們拒絕霓虹燈與速食連鎖店，要求不開車入城，強調承續傳統與維護生活品質，「慢活」運動就此展開（丁文祺，2014）。

緊接著，陸續有許多國家響應「慢食」、「慢城」的主張。臺灣也在2005年8月正式加入義大利國際慢食協會成爲台灣慢食分會，2006年正式成立了台灣慢食協會。2004年，Honoré汲取其「慢」的精神和意涵後，出版《慢活》（In Praise of Slow）一書。從此，「慢活」一詞，就廣被世界各地的人所接受與使用。在學術上，也逐漸成爲一門課程。

「慢活」的內容涵蓋了「緩慢飲食」、「緩慢城市」、「緩慢運動」、「緩慢休閒」、「緩慢醫療」等多項主題（Carl, 2005）。本研究就是專門探討「緩慢運動」在研究對象中的體驗現狀如何？是否「緩慢運動」會成爲現代人生活上的一部分，甚至是未來日常生活中運動的主流方式？

（二）「緩慢運動」的定義

教育部編《體育大辭典》對運動的定義如下：「運動（sport）是任何種類的遊玩、消遣、運動、遊戲或競爭，不論在室內或室外，一般的通例是以個人的或團體的比賽爲主要的部分，這種比賽的操作包含著某種技巧和身體的超越技能。」（教育部，1992）

　　Daryl（1994）及 Rowe（2001）指出：「運動是指有系統化的身體活動或比賽，其結果取決於身體活動的技能、卓越的本領和策略。」

　　Lumpkin（2002）認為：廣義的運動是一種身體的活動，在正式或非正式規則下與對方或自己競賽，而從事運動的目的在於樂趣、休閒或獎賞。

　　Laker（2002）的觀點認為：大部分的人對運動均有共同的瞭解，但相同的運動對不同族群的人，卻代表著不同的意義，要真正瞭解運動經驗的意涵則應該從運動的功能與目的著手。

　　湯志傑（2011）以社會變遷的問卷呈現臺灣本土運動是以養生、健身為主，西方運動觀念則看重競賽、規則與樂趣。歸納社會變遷的因素，認為運動的判準包括：有競賽的性質、有明確的規則、身體活動量夠大、能夠養生、能夠健身等項目。其重要性依序是：能夠健身＞能夠養生＞有明確的規則＞身體活動量夠大＞有競賽的性質。

　　徐元民（2006）將運動的類型分為球類、搏擊、養功、山野、水域、空域、機械、舞蹈、體操、殘障與動物等11類，其中養功與舞蹈跟緩慢運動指出的項目：包括靜坐、瑜珈、氣功、太極、步行、超慢舉重、跳舞、皮拉提斯、慢跑、釣魚、香功等是雷同的（Carl Honoré, 2005；丁文祺，2014）。綜觀所有緩慢運動項目，運動量與體力的負擔都不大，能消耗一定的體力，促使身體部分的能量分解轉化，既能不感覺很累，同時又能享受動作舒緩、讓人身心放鬆。丁文祺（2014）歸納緩慢運動項目的特性，認為緩慢運動強調速度要慢，要專注、要調整呼吸，要放鬆、要和諧、要平衡，由氣產生能量，而不是快速的流汗。

　　依據上述資料分析，本文對於緩慢運動的定義，認為「緩慢運動」也是運動的一環，臺灣人對運動的理解處於一種混雜的狀態，雖為本土的養生觀念所主導，但也混雜有西方的運動觀念。對多數國人來說，有動就算運動？湯志傑（2011）歸納社會變遷問卷「運動只要有動就好」，有六成以上的受訪者同意的說法，這結果與體育學者一樣認為運動早存在數千年（徐元民，2006），把運動理解為一般性的運動、移動。現代快速的社

會，人們運動的時間有限，又為了達到一般運動的目的，試圖從快速的時間洪流中，嘗試有動就算運動，找到適合自己生活節奏的運動，因此緩慢運動便因應而生。

（三）「緩慢運動」的目的

「人」為何做運動？徐元民（2006）認為運動有以下的目的：1. 養生保健的目的：身體的發育是以體型外觀為重點，其中以骨骼與肌肉為主，亦即所謂的「強健體魄」。其中包括了身體的適能和體質的矯治。2. 運動技能的目的：包括 (1) 動作的發展、(2) 運動的技術、(3) 生活的技能，和 (4) 自衛的技能。3. 行為規範的目的：運動可以修心養性培養自信心、耐性、沉著、勇氣、決心毅力、鬥志。透過學習和誘導的方式，養成一個人的運動習慣。4. 道德涵養的目的：透過運動的參與，附帶學習道德涵養，兩種常見道德涵養的目標，即公平競爭與團隊合作。5. 豐實內在的目的：包括 (1) 實現自我、(2) 心靈遊戲、(3) 休閒人生：突顯出人們不同的休閒生活態度。6. 追求酬償的目的：包括 (1) 精神酬償、(2) 物質酬償。

行政院體育委員會2000年「國民運動參與調查」也顯示出與此一致的結果，國人參與運動的主要動機依次是健康＞樂趣＞社交＞美麗減重＞接近大自然，健康同樣以20%左右的顯著差距領先樂趣（彭臺臨，2006）

Seippel（2006）在挪威，對運動俱樂部進行調查，這些俱樂部成員從事運動的重要理由，依次為樂趣＞身心健康＞心靈療癒＞社交因素＞成就／競爭＞表現＞身材／外表。據此，好玩、樂趣才是最關鍵的理由。

「就個人而言，閒暇時間中的做運動的目的是什麼？」Opaschowski 曾在德國進行這項調查：結果顯示，同事情誼（79%）＞自由（78%）＞自我規範（74%）＞遊戲（72%）＞社群（71%）＞身體（70%）＞放鬆（52%）（Voigt, 1992）。

上班的工作責任制，讓人到了下班時間仍然無法下班與休息，找不到閒暇的時間做運動。運動不是為了更疲憊，而是更健康。過量的運動不但不能減壓，反而對身體有害；適當、緩慢、追求身心靈平衡的運動才真正

有益健康，能夠延年益壽。緩慢運動的投入、專注，是一種愉悅的歷程。享受過程，才能促進健康養生、對生活品質的珍視。綜合上述觀點，健康、樂趣、促進同事情誼、社交、自由選擇與規範、身心健康、心靈療癒、改善生活壓力等等，可歸納是緩慢運動共通的要素，故本文認為「緩慢運動」的目的：「緩慢運動是以促進個人身體健康，心靈滿足，豐富休閒人生，實現自我的人生價值為目的。」

Airasian 與 Gullickson（1994）認為「自我檢核」是針對自己的知識、表現和信念，蒐集資訊並深刻反省，以發展和改善自我表現的歷程。其最主要的功能是肯定自己，不斷改善自我，並不斷的自我更新。最常用自我檢核表、來進行自我省思，或自我提升。本文據此設計「緩慢運動體驗 CAT 自我檢核表」。讓學員親自參與檢核與實驗，進行自我省思與自我提升，達成緩慢運動的目的。

三、研究方法

（一）研究對象與設計

本研究採用問卷調查法收集實證資料進行分析，採取立意取樣選取調查對象。本文研究對象為高雄市立空中大學的學員，歷經四個學期，合計 2 年，共 226 位學員。

在研究設計上參照 Jigsaw 合作式的教與學（教育部，2013），做為本研究課程主要的歷程，並依據 Jigsaw 合作教學的五大策略原則：1. 正向信賴關係、2. 面對面的促進互動、3. 個人與團體的責任、4. 人際交往的技能、5. 團體的進行。擬定本研究之步驟如下：1. 先講授課程意涵；2. 學生閱讀相關資料；3. 團體討論；4. 分組報告；5. 自我檢核，形成緩慢運動認知。

依據上述，做為本研究緩慢運動建構主要的歷程，本文研究架構圖如圖5-1：

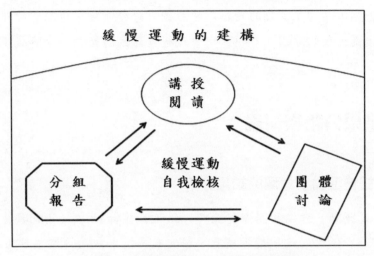

▲ 圖5-1　緩慢運動 Jigsaw 研究架構圖

依據上圖，本研究架構圖說明如下：

1. 緩慢運動的建構包含：講授閱讀；團體討論；分組報告三個層面。

2. 講授閱讀、團體討論、分組報告三個層面皆以緩慢運動自我檢核爲核心。

3. 講授閱讀、團體討論、分組報告，任兩個層面相互關聯，以雙箭頭表示。

（二）研究工具

本文之研究工具爲在歷程中設計的「緩慢運動體驗 CAT 自我檢核表」。本檢核表以檢視─調適─嘗試（Check, Adjustment, Try, CAT）爲主軸，讓學員親自參與檢核與實驗；檢視自己對於緩慢運動的認知；調適自我從事緩慢運動的歷程；進而克服緩慢運動的阻力，嘗試不同的緩慢運動。檢核表內容包括：

1. 背景資料：性別、年齡、工作現況、和家居情形。

2. 檢視對於緩慢運動的認知？

3. 調適─嘗試：舉出你習慣性（或曾經親身經歷）的緩慢運動方式。

　　本研究工具的主要目的是藉以檢視個人對於「緩慢運動」的認知、從事這項緩慢運動的原因、嘗試如何實踐緩慢運動的歷程、瞭解緩慢運動的阻力。

四、結果分析與討論

（一）「緩慢運動」意涵的結果分析

　　「緩慢運動」意涵的團體討論與分組報告共計10次（小面授8次，大面授2次），分組編號、報告摘要、關鍵詞、樣本認同內容摘要百分比的編碼摘要，如下表：

表5-1　「緩慢運動」意涵摘要表

編號	分組報告內容摘要	關鍵詞	百分比 %
A1	工作責任制，下班時間仍然無法下班。人在家，卻還是在工作。偶爾閒下來反而感覺內心不安。身心都得不到應有的休息和復原。	壓力 放鬆	86.6%
A2	身心的休息與靈的和諧，才是身體健康的基礎。長期生活在快節奏的環境中，神經系統、免疫系統、肌肉等都出現緊張反應。短期所導致的疲累，雖然看似不起眼，但長期下來，若不注意，輕則降低工作效率、生活品質，重則將導致多種身心上的疾病。	身心靈 健康 休閒	83.6%
A3	「每天那麼忙，有時候一個時間要做兩件事情，這樣時間才夠用，怎麼可能慢得下來啊！」現實環境似乎無法讓人「慢」下來，但調整自己的生活配速，與在工作中保持愉悅的心情，這是個人可以馬上努力的。	壓力 放鬆 生活配速	88.9%
A4	「運動只要有動就好」，運動量與體力的負擔不大，能消耗一定的體力，不感覺很累就好了。若同時能享受動作舒緩、排解煩惱、身心放鬆，就更好了。	放鬆 運動量	92.9%

編號	分組報告內容摘要	關鍵詞	百分比 %
A5	Guy Claxton（1997）以掃描器顯示不同思考速度所產生的腦波——α 波和 β 波。經過儀器檢測，當人們面臨壓力時，思考較快，腦波出現高週波 β 波，模式像電腦般，職場上多用此類的快速思考。慢速思考，則是放鬆後的思考模式，腦波呈現 α 波和 θ 波，想出來的事物，常更有創意。	壓力 緩慢思考	43.4%
A6	運動速度要慢，要專注、要調整呼吸，要放鬆，不想快速的流汗。在沒有工作壓力與時間壓力下，比較能夠放慢心靈的節奏，帶來身體的健康與內心的平靜。	慢 放鬆 節奏	92.9%
A7	平常工作忙碌，卻在好不容易休假的時候病倒；在職時極少生病，退休後反而突發心肌梗塞而死。一個人若長期處於緊張之中，身體就會習慣於這種狀態，並將緊張視爲正常；一旦緊張因素消失，對身體而言就是不正常現象，並引發一連串反應，腎上腺素大量減少，器官功能失調，導致各種疾病產生。	壓力 身體	77.4%
A8	運動的眞正目標不是爲了更疲憊，而是更健康。過量的運動不但不能減壓，反而對身體有害；適當、緩慢、追求身心靈平衡的運動才眞正有益健康，延年益壽。	身心靈 養生長壽	76.5%
A9	緩慢運動在投入的歷程中，是一項典型的成人自我導向學習：學員經過評估自我的現況，自覺本身的需要或興趣，所採取的一項運動，選取運動項目中動機較強、運動時更專注，這是一種愉悅的歷程。其本質是促進健康養生、對生活品質的珍視。	個人 自我導向 健康養生 生活品質	83.6%
A10	清早的公園，男女老少站在草地上，身體緩慢擺動，打著太極拳，寧靜氛圍，呈現天地和諧的畫面。動作緩慢的太極拳，悠閒自在的步行，不再是老年人的專屬運動。近來，在現代快節奏、高壓力的生活環境下，這些傳統的緩慢運動也受到眾多年輕人的青睞，特別是一些職場女性，練習太極拳有助於修身養性、減輕浮躁、緩解疲憊，使身心得到放鬆。緩慢運動漸成爲生活時尚，他們都需要享受這種愉悅的歷程。	壓力 緩慢節奏 放鬆 身心靈 歷程	92.4%

　　綜合對於「緩慢運動」意涵的討論與分組報告，認為造成「緩慢運動」風潮的因素如下：1. 快速度的生活配速，造成的生活壓力；2. 緩慢運動的運動量適宜，讓人身心放鬆，促進緩慢思考；3. 緩慢運動是一種身心靈的平衡；4. 緩慢運動是一種愉悅、自我導向學習的歷程。歸納上表的關鍵詞：「個人、壓力、身心靈、放鬆、生活配速節奏、歷程、養生長壽、健康養生、休閒、生活品質、緩慢、運動量等等。」緩慢運動其本質是促進健康養生、對生活品質的珍視，它們都是和緩的、自由的、強度小的、節奏慢的項目。蘊含著身、心、靈個別的功能，或是身心、身靈、心靈二者融合，或是身心靈三者兼具的作用，故緩慢運動可謂是最佳身心靈平衡的運動。故本文定義緩慢運動的意涵如下：「緩慢運動是為了達成個人身心靈的養生、健康與休閒，調整生活配速，所從事非競技的身體活動。」

（二）「緩慢運動」體驗結果分析

1. 講授與閱讀的分析與討論

　　教師講授「緩慢運動」相關概念，如「傳統的氣功養生運動有情緒穩定及改善睡眠品質的效果」的研究，探討修練香功、觀音舞、平甩功、外丹功對中老年人情緒及睡眠品質的影響。研究結果顯示：心情是運動促進健康重要結果之一，更是運動改善或提升生活品質指標因素，傳統氣功養生運動有穩定正向情緒及增進睡眠品質、降低外界干擾及增加活力之功效等（鄭建民等人，2013）。

　　學員們更進而閱讀相關資料與研究，如鄭建民（2009）研究《養生運動對成年人生理心理的影響》指出：長期修練香功養生運動具有穩定精神情志活動的作用。此一結果顯示長期修練香功具有消除緊張，使人放鬆的效益。研究顯示長期修練香功可能具有降低交感神經活性、消除緊張、提升副交感神經活性、使人放鬆的效益。

　　藉由講授與閱讀，Jigsaw 的合作教學在此階段，瞭解更多相關緩慢運動，例如：大都市的競爭與快節奏的生活，讓人覺得身心疲憊，身處在

生活步調緊湊的環境職場，身心疲累，是造成身心壓力的主要來源。從1986年歐洲開始的慢食運動啓蒙的慢活運動，已然造成世界風潮。若不瞭解實踐，不僅知識落伍，身心靈也會拉警報的。慢活運動重整你的大腦，釐清思路與未來慢活方向，用「緩慢運動」帶動身體的活力，放鬆心情、享受愉悅！

2. 團體討論與分組報告的體驗結果

在教師講授與學員閱讀後，學員經討論選取12項運動項目，各自體驗運動編號、重點與效益摘要、運動項目、樣本認同重點與效益百分比，如下表：

表5-2 「緩慢運動」體驗結果摘要表

編號	各自體驗的重點與效益摘要	運動項目	百分比 %
B1	心情放鬆、心思專注、冥想追求和諧。	靜坐	88.1%
B2	結合肉體、心靈與精神的養生之道，追求身心靈的和諧。	瑜珈	40.7%
B3	用呼吸鍛練心性集中，控制意識，使人在活動狀態中放鬆心情。	氣功	37.6%
B4	動作輕靈、運行和緩、呼吸自然，使意識、呼吸、運動三者密切結合。	太極	32.7%
B5	拉長時間、走路讓世界變大，你會有時間觀察細節，世界也更有趣。	步行	96.5%
B6	肌肉完全疲乏，徹底重建，並強化關節、健身保健。	超慢舉重	38.9%
B7	使人感到心曠神怡，精神愉快，增加食慾，有益身心健康。	跳舞	43.4%
B8	強調速度緩慢、動作精準、專注、控制呼吸，塑身、塑形。	皮拉提斯	11.1%
B9	體能消耗量不大，享受個人的寧靜、等待的樂趣、大自然的豐華。	釣魚	54.4%
B10	飄出香味、易學易練、袪病健身、延年益壽、開發智力、悟所能得。	香功	39.8%

編號	各自體驗的重點與效益摘要	運動項目	百分比 %
B11	簡易，隨時可行，地點方便、時間自行調配，放鬆心情，拋掉煩憂。	慢跑	88.5%
B12	拍打產生熱能，刺激經絡，放鬆肌肉、提升免疫力、促進自我療癒。	能量手	23.9%

　　體驗的過程，受到場地與時間的影響，個人的知覺與知識、各項運動項目的經驗與專業背景不一，變數控制不易，故所呈現的百分比差異性較大，如步行（96.5%）與慢跑（88.5%）熟悉度較高，百分比排序為第一與第二。皮拉提斯運動項目（11.1%）因為不熟悉與經驗缺乏而墊底。

　　透過團體討論與分組報告，B12 的運動項目是學員在報告中現場示範的專長：超越的實踐——能量手：能量手是超越的實踐，提供筋絡拍打的方法，以雙手拍打代替針灸，讓自己變成開朗樂觀，體驗身體帶給心靈的喜悅。

　　報告中也論及緩慢運動個人專業體驗的經驗：如傳統養生運動之氣功，包括香功、太極拳、外丹功等等。更多的「緩慢運動」陸續可以經過體驗與分享，逐步的開發，也創造更多緩慢運動的效益。更適合大眾選擇適合自己的「緩慢運動」的需求與形式。

（三）「緩慢運動」體驗的自我檢核成效結果分析

1. 自我檢核質性報告分析

　　歷程中，整理分享緩慢運動體驗的經驗，統整相關共同敘述，檢視緩慢運動的認知與嘗試原因，摘要如下：

(1) 上班族運動量大多不夠，女生部分不喜歡運動的比例比男生高。

(2) 人要活就要動，每個人都應該要有固定的運動習慣。

(3) 運動可以提升自己的體力，個人可以依照自己的個性選擇運動項目。

(4) 隨著年齡的增長，要依自己的身體現況，找更適合的運動方式。

(5) 跟很多人一起運動是很有趣的，需要同伴的相互鼓勵與支持。

(6) 生活的步調太緊湊，想讓快速的生活步驟，可以有所改變。

(7) 並非激烈運動才是動，散步也是動，只要有動作，即使慢也能達到效果。

(8)「快」不見得好，不見得有效，慢動效果比劇烈運動顯著。

(9) 個性是急性子，想調整心態、改變行事風格，增進生活品質。

(10) 感受到緩慢的生活步調，心態也跟著調整成「事緩則圓」、「欲速則不達」。

(11) 行事作風改變，冷靜處理我所面對的事物，領悟到慢動的真意義。

總結上述摘要，分析從事緩慢運動的原因：a. 調整生活步調；b. 促進身體健康；c. 增進生活品質。

學員們問卷資料，嘗試緩慢運動後在生活上所產生的影響部分，統整相關共同敘述，摘要如下：

(1) 能讓我的生活壓力得以減輕及抒發，更能達到有效的運動效果，並避免激烈的運動造成傷害。

(2) 認識了一些不同領域和年齡的朋友，活動的方式也不同了。

(3) 一個懶得運動的人，藉由團體或朋友的推動一起來，運動有伴，確實有點助力，也能達到保健與養生的功能。

(4) 最簡單的緩慢運動有很多的內涵：慢中有動，有力，有美，更重要的是，心裡很踏實、穩重。

(5) 走路比慢跑好，瑜珈比跳舞好，太極比拳擊好等等。「慢動」也可以快樂的運動，效果更好。

(6) 工作之餘住家附近的公園、校園步行半小時，能適度放鬆感受自己均勻的呼吸頻率，也能促進健康。

(7) 在學習緩慢運動後，不論是處理日常事物或是運動，不會再像以前強制自己完成預定的運動量。

(8) 住家附近散步，好好感受在緩慢運動中傳達給自己的訊息，是否有哪裡痠痛及不舒服，找到身邊美好的事物。

(9) 想瘦身，不是一直動才能瘦下來，多做效果也不見得會比較好，緩慢運動也可以瘦得健康。

(10) 緩慢運動體會到，生活上有些運動是需慢速的。就像性愛，快是會破壞氣氛跟感覺的，緩慢性愛會是更愉悅的選擇。

(11) 在慢動時我們可以觀察我們周邊的環境，促進生活品質、體會生命的核心價值。

總結上述摘要，分析緩慢運動在生活上所造成的影響如下：a. 瞭解緩慢運動，讓自己運動的方式不同了；b. 身體健康狀況改善了，能享受運動過程的美好；c. 認識同伴讓自己生活方式與品質不同了；d. 身心滿足，人生價值更豐富了。

2. 自我檢核量化結果分析

檢核表內容背景資料對於經歷緩慢運動比例分析摘要如下表：

表5-3　自我檢核量化結果分析摘要表

背景變項	背景資料	百分比 %	經歷過緩慢運動的比例分析
性別	男	44.25%	男性（89%）＞女性（86.5%）
	女	55.75%	
年齡	40（含）歲以下	40.32%	55 歲以上＞41-54 歲＞40 歲以下
	41-54 歲	32.26%	
	55 歲（含）以上	17.42%	
家居情形	個人獨居	13.27%	與人同住＞個人獨居
	與人同住	86.73%	
工作現況	工作中	71.23%	退休＞待業（或家管）＞工作中
	待業（或家管）	19.92%	
	退休	8.85%	

從上表內容的背景資料，結果分析如下：

(1) 性別上：經歷緩慢運動比例：男性＞女性。但差異性比例不大。

(2) 年齡上：緩慢運動在年齡上比例爲：55 歲以上＞41-54 歲＞40 歲以下。

(3) 家居情形：緩慢運動的比例爲：與人同住＞個人獨居。

(4) 工作現況：緩慢運動的比例爲：退休＞待業（或家管）＞工作中。

五、結論與建議

（一）結論

1.「緩慢運動」的意涵

緩慢運動是爲了達成個人身心靈的養生、健康與休閒，調整生活配速，所從事非競技的身體活動。其目的是以促進個人身體健康，心靈滿足，豐富休閒人生，實現自我的人生價值爲目的。造成「緩慢運動」風潮的因素如下：

(1) 快速度的生活配速，造成的生活壓力。

(2) 緩慢運動的運動量適宜，讓人身心放鬆，促進緩慢思考。

(3) 緩慢運動是一種身心靈的平衡。

(4) 緩慢運動是一種愉悅、自我導向學習的歷程。

2.「緩慢運動」體驗結果

(1) 藉由講授與資料閱讀，讓學員們瞭解更多相關緩慢運動，釐清思路與未來方向，用「緩慢運動」帶動身體的活力，放鬆心情、享受愉悅！

(2) 透過團體討論與分組報告，可發現學員緩慢運動的經驗與相關的專長，更多的「緩慢運動」，如 B12 的運動項目的能量手。逐步開發更多適合個人需求的「緩慢運動」，讓自己變成開朗樂觀，帶來心靈的喜悅。

(3)「緩慢運動」體驗的過程，受到場地、時間、個人知覺、專業知識、經驗與背景不一，個人體驗結果差異性大，如步行（96.5%）與慢跑（88.5%）排序為第一與第二。皮拉提斯運動項目（11.1%）因為不熟悉與經驗缺乏而墊底。

3.「緩慢運動」體驗自我檢核成效

(1) 自我檢核可清楚檢視緩慢運動的認知、嘗試原因、在生活上所產生的影響。

(2) 歸納經歷緩慢運動的原因：a. 調整生活步調；b. 促進身體健康；c. 增進生活品質。

(3) 緩慢運動在生活上所造成的影響如下：a. 瞭解緩慢運動，讓自己運動的方式不同了；b. 身體健康狀況改善了，能享受運動過程的美好；c. 認識同伴讓自己生活方式與品質不同了；d. 身心滿足，人生價值更豐富了。

(4) 經歷緩慢運動比例：男性＞女性。但是差異性（89：86.5）比例不大。

(5) 經歷緩慢運動的人口，以年齡在「55 歲以上」所占的比例最高。

(6)「與人同住」的學員經歷緩慢運動的比例較「個人獨居」者為高。

(7) 經歷緩慢運動的學員比例最高者為「退休」人員，比例最低為「工作中」人員。

（二）建議

1. 除了「緩慢運動」外，更可嘗試更多元的慢活內涵。透過「緩慢運動」的慢活實踐，體驗生活，找到符合自己的「人生價值」。

2. 現階緩慢運動的理論基礎現階段較為缺乏，建議未來能朝建構理論的方向做研究，讓理論與實務結合。

樂齡行動實踐作業

「樂齡休閒」的樂齡運動

背景資料（請在適當的□內，打✓）
性別：□男 □女
年齡：□30 歲以下 　　　□30-39 歲 □40-49 歲 □50-64 歲 □65 歲以上
婚姻：□已婚 □未婚 □離婚
居住狀況：□獨居 □與家人同住 □與他人同住
工作狀況：□工作中 □退休 □家管或待業中
學歷：□國中以下 □高中（專科）□大學 □研究所以上

依據緩慢運動的意涵與目的，請列出適合樂齡人士運動的項目：	
意涵與目的	樂齡運動項目
身心靈養生	
健康與休閒	
調整生活配速	
其他（樂趣、規則、團隊精神、打發時間……）	

樂齡休閒的實踐——緩慢休閒

聯合國大會於1991年通過《聯合國老人綱領》來照顧未來人口老化的世界趨勢。在綱領中，提出了照顧老人的五個要點：「獨立」（independence）、「參與」（participation）、「照顧」（care）、「自我實現」（self-fulfillment）與「尊嚴」（dignity）。據此，透過樂齡休閒活動，讓每位樂齡人士能夠活力延伸（vitality extension）到健康狀態，每個人都能夠健康老化（healthy aging）、活躍老化（active aging），便是樂齡休閒的最佳實踐。本書在前面的章節，已經透過「樂齡休閒」的 CIPP（Context, Input, Process, Product, CIPP）評估模式，提供樂齡休閒的研究與範例。為了讓樂齡休閒能夠社區化、在地化，筆者曾撰寫一篇〈**緩慢休閒的檢核分析——以高雄市為例**〉[1]，在此分享與探討：

樂齡人士因身體機能的衰退，所需要的運動與一般競技型的運動、極限運動等激烈性、消耗大量的體能是有所不同的，為了達成樂齡人士的健康，如何找到屬於樂齡的運動量與運動型態，便是重要的要務。本書另有運動養生專篇（鄭建民教授主筆）加以介紹。本文以一篇〈**緩慢休閒的檢核分析——以高雄市為例**〉來加以探討：

一、緒論

聯合國大會（1948）通過《世界人權宣言》，將聯合國憲章的人權條款具體化，其中提到「休閒」也是基本人權。《聖經·傳道書》（3: 1-8）

---

1 丁文祺、張惠博（2016）。緩慢休閒的檢核分析——以高雄市為例。**城市學學刊**，7(1)，67-99。

提到：「天下萬事都有定期，都有上帝特定的時間。生有時，死有時；栽種有時，拔除有時……。」足見休閒是基本人權，也是基本生活準則。「休閒」概念在中國，自古有之：如中國古代唐朝白居易的詩句《詠家醞十韻》：「能銷忙事成閒事，轉得憂人作樂人」；清朝詩人張潮亦云：「能閒世人之所忙者，方能忙世人之所閒。」可見中國歷代以來就出現在生活與工作當中。休閒常給人步調緩慢的感覺，「緩慢」意識的形成，可追朔到 1999 年奧維托（Orvieto）在義大利發起的「慢城運動（citta slow）」。本文試著探討緩慢與休閒的結合，探索緩慢休閒的意涵。而休閒的目的又是如何？「忙裡偷閒」的概念在唐朝白居易的詩句中，所在多有。如《戲答林園》：「豈獨西坊來往頻，偷閒處處作遊人。」《和裴相公傍水閒行絕句》：「爲報野僧巖客道，偷閒氣味勝長閒。」可見白居易的「忙裡偷閒」二訣，是遊山玩水和喝酒。另外尚有「涵詠自然」、「閑居養生」、「優遊園林」、「閒情寄藝」、「筆墨怡情」、「消閒博戲」、「鬥雞蹴鞠」、「靜心聽語」、「玩物喪志」等等休閒行爲。這些行爲就是休閒的目的嗎？緩慢休閒的目的又爲何？這樣的休閒行爲適合現代人的生活模式嗎？再忙也可以騰出時間，放鬆紓解壓力，是普遍的想法，這就是緩慢休閒的主要功能嗎？若是加入緩慢的概念，在紓解壓力、找到自己節奏的生活配速，是否更具人生的價值與意義。因而探討「緩慢休閒」的意涵、目的與功能成爲本研究的主要目的之一。

　　高雄市近年推動國中、小的城市認證教育，讓我們的下一代，去瞭解高雄市的人文、歷史、地理、環境、生態、各區特色……去認識與發現高雄的美。很多家長，因爲小朋友的學習作業而全家出動，透過這樣的學習，讓平時沒那個閒情的大人們，意外的讓自己得到放鬆，把自己的腳步放慢，享受難得慢下來的悠閒。很多人出社會後，已經有多久沒那個閒情逸致好好的放鬆自己？那現代人如何「休閒」式的閒遊？，可以效法唐朝白居易，無論怎樣忙碌，在任何地方，總有可閒遊之處，如白居易詩《看嵩洛有歎》：「見苦方知樂，經忙始愛閒。未聞籠裏鳥，飛出肯飛還。」「緩慢休閒」也可終身爲之，如白居易詩《勉閒遊》：「貧窮心苦多無興，

富貴身忙不自由。唯有分司官恰好，閒遊雖老未能休。」據此，也許應該忙裡偷閒的、身心放鬆的時候了！坐而言加上起而行，化為行動，才能收到實際的效用。所以本文藉由國中小的城市認證教育，讓樣本親自檢視自己的休閒模式，體驗緩慢休閒行為，並自我檢核體驗的結果？這是本研究目的之二。

Bertrand Russell（1950）在〈*In Praise of Idleness*〉一文中：主張增加閒暇時間，享受生活，而且言道：「使事業成為喜悅，使喜悅成為事業。」又說：「要使人生過得舒適、愉快，這是不可能的，因此，人類必須具備一種能應付逆境的態度與信心。」足見喜悅乃是成就事業之本，但是態度與信心是重要因素。然而每個人生活型態不同，在工作忙碌與休閒之間的平衡相對重要。忙與閒之間要得平衡，在乎人的「意」。現代人忙碌，常不得閒。抱怨沒有時間休閒，但「緩慢休閒」應該是發自本身的意念，在忙與閒之間自取平衡，如唐朝白居易詩《初到郡齋寄錢湖州李蘇州》：「唯有錢唐郡，閒忙恰得中。」《閒意》：「漸老漸諳閒氣味，終身不擬作忙人。」忙與閒取得平衡，終其一生，怡然自得。上述古人的休閒經驗分享，顯然也對其生活上產生相當的影響，自古以來的休閒行為模式當然可以參考，但在知識性、運動性、社交性、實用性、藝術性……等休閒類型的選擇也有所差異。不同休閒的類型在生活上產生怎樣的影響呢？透過樣本緩慢休閒經驗的分享，探討在生活上可能產生的影響，近而找出能調適身心靈的緩慢休閒，此乃本研究的目的之三。

依據上述的目的，本研究之待答問題如下：（一）緩慢休閒的意涵、目的與功能為何？（二）緩慢休閒檢視－調適－嘗試（CAT）自我檢核的體驗結果為何？（三）緩慢休閒的經驗分享與自我檢核對生活上的影響為何？

二、文獻探討

（一）「緩慢」意識的形成

　　「緩慢」意識與概念的形成，可以先追朔「慢活」這個詞：慢活最早源自於 1986 年由歐洲等地，為反制美國速食文化而興起的一種生活型態。當時美國「麥當勞」，這個席捲全球的美式速食文化，在義大利羅馬著名的西班牙臺階旁開了一家分店。義大利權威性的美食作家卡羅・佩屈尼（Carlo Petrini）發起了「慢食運動」來反制速食文化。1999 年，以奧維托（Orvieto）這個義大利為首的城市，配合慢食組織，發起了「慢城運動（citta slow）」。他們拒絕霓虹燈與速食連鎖店，要求不開車入城，強調承續傳統與維護生活品質，「慢活」運動就此展開，緊接著，陸續有許多國家響應「慢食」、「慢城」的主張。臺灣也在 2005 年 8 月正式加入義大利國際慢食協會成為台灣慢食分會，2006 年正式成立了台灣慢食協會。Carl Honoré（2004）汲取其「慢」的精神和意涵後，出版《慢活》（*In Praise of Slow*）一書。從此，「慢活」一詞興起風潮。在學術上，大學通識課程增開了「慢活學」課程，漸成新的學術領域（丁文祺，2014）。「慢活」的內容涵蓋了「緩慢飲食」、「緩慢城市」、「緩慢運動」、「緩慢休閒」、「緩慢醫療」、「緩慢教育」、「緩慢性愛」等等多項主題（顏湘如，2005）。

　　「緩慢休閒」（discretionary leisure activities）是「慢活」中的一環，從「慢活」的定義：「慢活是簡化生活，減少干擾，以實際行動，減少社會和環境的負面影響的歷程，透過在地化與全球化的生活實踐，找到符合自己生活節奏的『正確速度』，讓個人的身、心、靈，獲得放鬆與舒緩，藉此找到自己幸福的人生方向與價值」（丁文祺，2014）。我們也可看出「緩慢」意識的形成、「慢活」的定義、「緩慢休閒」彼此之間是相互呼應的關聯性。本文特地探討的高雄在地「緩慢休閒」，以在地的概念實踐「緩慢休閒」。

（二）「休閒」概念的形成

Kelly（1982）將「休閒」定義為：「從事活動時的自由與內在的滿足感。」以綜合時間、活動、體驗三個向度，強調休閒與生命本質的重要關係，指出休閒乃是「存在的狀態」。Kelly（1996）轉而更強調休閒的動態過程，休閒正如同人生一般，經常性地在個人與社會向度間辯證性地發展、甚或衝突。準此，休閒不僅是當下，更具有未來取向。休閒可視為「發展中的狀態」；而休閒最後的目標是為了自我及社會「追求存在及發展的自由」。

徐元民（2006）以運動休閒說明休閒的概念：「休閒是正事做完後所從事活動的心境。」除了吃、喝、拉、撒、睡的生理現象之外，求溫飽是人的第一件正事。勞動與工作無可避免。「休閒是一種內心的態度，休閒行為的個別差異性相當的高」。

Hurd 與 Anderson（2011）對於休閒的定義：

1. 以時間觀點（leisure as time）：是指個體可以依據個人喜好決定休閒時間的使用方式的「自由時間（free time）」、「自主時間」、「剩餘時間」、「閒暇時間」或是亞里斯多德所稱的「空閒的時間」。就是「在完成生活中實際需求後的剩餘時間」（May & Petgen, 1960）。

2. 休閒為活動參與（leisure as activities）：休閒是個體在自由時間參與活動的時光。包括無形式的聊天、散步、逛街；具形式的藝文活動、戶外運動、觀光旅遊等遊憩活動。Cordes 與 Ibrahim（1999）認為人們只有在從事休閒活動時，才能算是休閒。活動本身不等於休閒；人對活動的感受才是休閒的主因。

3. 休閒為心靈狀態（as a state of mind）：主張休閒的核心價值是快樂，認為休閒不需要以時間加以規範，只要是以喜悅之心，做自己喜歡的事情。休閒是心中感到心無牽絆、輕鬆自在的時刻，以滿足心靈之感受與需求。

目前相關的休閒理論，整理出約略如下：

1. 人類所有活動的目的：指生命中的任何事都與休閒有關，是人類所有行動導向之最終結果。

2. 補償理論：指一個人只要一有機會避開他平常例行的工作，就會找另一件完全相反的事來做。

3. 後遺休閒理論：指休閒與工作平均發展，休閒為工作的延伸，或為工作的結果。

4. 熟悉理論：指複演童年習得的慣例典儀，尋求高度的穩定感，尋找重複喜樂而熟悉的休閒經驗。

5. 個人社區理論：受同儕團體影響，喜愛參與社交性、有歸屬感的活動。

6. 放鬆娛樂及個人發展：休閒活動是個人的事，它綜合了輕鬆多變化，及可以增廣見識等因素，具有社會性，又極富創造性。

(三)「緩慢休閒」的意涵

英國雷普莉（Agnes Repplier）曾說：「人只有在娛樂中才能真正生活，人從娛樂中才能建立起自我的真正架構。」但是如何建構出自我的架構，就看你如何，安排或是填滿您的休閒時間。重要的參考卻是：古希臘哲學家亞里斯多德 Aristotélēs 所說：「如何填滿空閒時間，是人類所面對的重大挑戰之一。」從這些古今中外名言中，我們感受到如何安排或是填滿您的閒暇時間的重要性？

一個工作導向的工作狂（workaholics）醒來的時間，大部分都投入在工作有關的活動（Machlowitz, 1980; Porter, 1996; Scott, Moore, & Miceli, 1997）。他們不太可能享受休閒活動，也無法放鬆和參與非工作上的其他活動（Becca Vodanovich & Rotunda, 2008）。這當然與個人在工作中的認知與所投入的時間、情感，都會有所不同。

很多公司實際上是在鼓勵工作取向，責任制的行為（Fassel, 1990; Schaef & Fassel, 1998; Spruell, 1987）。Arnott（2000）提出了「公司至上（corporate cults）」名詞，以表明公司如何培育奉獻和忠誠的工作者。公司內部的文

化和激勵機制，是促進員工更長時間的工作的因素（Burke, 2001; Spruell, 1987）。他們說：「如果公司鼓勵和獎勵工作取向行為，那麼員工很可能會朝這方面發展以符合公司的要求。」公司組織的氛圍，對於工作取向的影響是顯著的（Vodanovich & Piotrowski, 2006）。

研究發現，工作取向的衍生因素與他們的家人、朋友、同事有關（Aziz & Zickar, 2006）。Johnstone 與 Johnston（2005）指出公司的壓力、工作的時間長、沒有受到支持，就容易造成同事之間緊張的關係。工作取向者被認為是比較挑剔的、效率不高的、難以相處的（Machlowitz, 1980; Spence & Robbins,1992）。再者，研究發現工作取向者，面臨較大的工作壓力和健康的問題（Burke, 2000; Burke, Richardson, & Mortinussen, 2004; Kanai & Wakabayashi, 2001; Spence & Robbins, 1992）。因此，對於公司（和個人）長遠的發展是：公司與個人將增加醫療保健費用和生產力損失。

Speller（1989）認為：有正向心理健康的人對於各項資源都能夠獲得滿足。缺乏閒暇時間和休閒活動的興趣可能會影響工作取向者的行為和健康。休閒滿意度有利於生活的整體質量（Ragheband Griffith, 1982; Riddick, 1986; Russell, 1987）。另外，《慢活》（In Praise of Slow）作者，卡爾·歐諾黑（Carl Honoré）（Honoré, 2004）提到幾項緩慢休閒的參考整理如下表：

表6-1　卡爾·歐諾黑（Carl Honoré）緩慢休閒的項目分類表

分類項目	填滿空閒時的項目
手工藝	是緩慢哲學的完美呈現：手工製品帶有創作的印記，東西更有價值。例如編織家飾品、藝術品等等。
園藝	日本的前庭，是拜神的淨地。從2002年美國家庭問卷調查，從事園藝活動的人數創新高，成為全國最熱門戶外休閒活動。
英國園藝節目綠拇指	針對園丁問題，所提供諮詢的時間。讓每個都市的城市園丁都能夠做緩慢休閒併緩慢醫療：「園藝就像不用付診療費的治療。」

分類項目	填滿空閒時的項目
反電視運動	電視提供娛樂與資訊，可以轉移注意力及放鬆心情，但嚴格來說卻不緩慢，沒有時間暫停或思考，且電視掌控步調、快速畫面、急促對話、快速剪接，不斷轉台。多數人下班後，總是拿起電視遙控器，全球第一休閒活動就是「看電視」。
讀書會	閱讀需要時間思考，可以放慢速度行為，雖然會影響動力效率。但是透過讀書會的分享，大家會思考更多。
緩慢閱讀	Cecilia Howard 強調人和值得閱讀的書都值得慢慢的讀。
音樂會	音樂可以振奮、刺激、活潑，也可以緩和與放鬆，用音樂來舒緩身心。強調「Tempo Giusto」：每個作品的演奏都有它的正確的速度。

　　卡爾·歐諾黑（Carl Honoré）在書中提到的緩慢休閒，做了些許的說明與舉例，這些緩慢休閒在上述同學分享中也全數提及，只是國情不一樣而已。縱觀緩慢休閒上述的分類：1. 旅遊玩樂；2. 養生運動；3. 藝文活動；4. 社群服務；5. 成長學習；6. 生活適應；7. 其他：個人興趣、家人相處、八卦、喝咖啡、聊是非、無厘頭的一些個別行為⋯⋯。都是緩慢休閒的個別取向。故綜合上述觀點與古今中外名言啟示，「緩慢休閒」應該是屬靈的成長，身心靈合一的最佳休閒方式。

　　從休閒的定義、行為理論與、「休閒」的概述、Carl Honoré 緩慢休閒的項目分類中，本文初步歸納「緩慢休閒」的意涵如下：

　　1. 強調休閒的價值：「緩慢休閒」除了消耗過剩精力之外，仍然含有
　　　休閒的價值。如清朝詩人張潮所言：「人莫樂於閒，非無所事事之
　　　謂也；閒則能讀書，閒則能遊名勝，閒則能交益友，閒則能飲酒，
　　　閒則能著書；天下之樂，孰大於是？」可見休閒的核心價值是以喜
　　　悅之心，做自己喜歡的事情。達成身心靈之整體健康。

　　2. 注重忙與閒的平衡：平衡應是「自發性」的行為，忙是為生命歷程
　　　做準備，閒則是放鬆紓解日常生活的緊張與壓力。為未來再行儲備
　　　精力。

3. 實踐「休閒」是基本人權：人權是人的發展過程中，發展演化而來的權力。權力是人的本能，擁有基本人權，方能顯現「顯明的愉悅」。

4. 妥善應用休閒時間：從填滿休閒時間的分類中，歸納出休閒的本質在追求激發，過程既能學習，也能有所感動，有益未來發展。過程中可以嚴肅，但不要失去「幽默感」。

上述的研究，讓安排閒暇時間的重要性更加凸顯，本文探討緩慢休閒就是以閒暇時間的安排為起點，在生活中可以安排一些喜愛的小事情：例如聊天、看報、聽鳥叫、欣賞日出日落等等。讓我們每天體驗到所有愉快的事物──這是一項正向的休閒生活型態。而一個正向積極的休閒生活型態可以提升生活品質，逐步探討「緩慢休閒」的觀點。

三、研究方法

（一）研究對象

本研究採用行動研究課堂教學方式進行研究設計，採用問卷調查法收集數據並進行分析，採取立意取樣，以高雄市立空中大學的學生做為調查對象。本研究歷經2年時間，陸續收集226位學員資料，做為本文數據分析的基礎。

本文先以研究問卷──「緩慢休閒CAT自我檢核：如何填滿空閒時間？」讓樣本檢視自己閒適時間是如何填滿的？之後，透過6週、12小時的課堂學習，來調適「緩慢休閒」的知覺。課堂學習方式參照Jigsaw合作式的教與學（教育部，2013），並依據Jigsaw合作教學的五大策略原則：1. 正向信賴關係、2. 面對面的促進互動、3. 個人與團體的責任、4. 人際交往的技能、5. 團體的進行。擬定課堂學習之步驟如下：1. 先講授課程意涵、2. 學生閱讀相關資料、3. 團體討論、4. 分組報告、5. 自我檢核，形成緩慢休閒認知。最後，讓學員嘗試規劃自我的「緩慢休閒」。並

以文獻探討與樣本文件資料來界定緩慢休閒的意涵、目的與功能爲何？並由自我檢核來比較樣本從事「緩慢休閒」的體驗結果，並分析其差異性。

（二）研究架構

依據上述，檢視（check）自己閒適時間是如何填滿的？調適（adjust）是透過課堂的學習，來形成緩慢休閒認知。最後是嘗試（try）規劃自我的「緩慢休閒」。本研究以檢視－調適－嘗試（Check, Adjust, Try, CAT）爲研究的歷程，歷程注重自我的實踐與經驗分享，自我檢核對生活上所產生的影響，做爲未來緩慢休閒實踐與研究的建議。據此，本文研究架構圖如下：

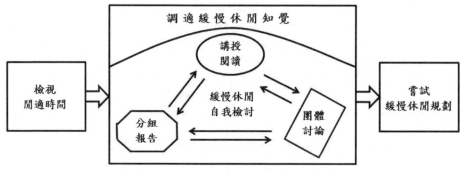

▲ 圖6-1　緩慢休閒研究架構圖

依據上圖，本研究架構圖說明如下：

1. 第一階段：「檢視休閒時間」屬本研究檢視部分，自己閒適時間是如何填滿的？爲期1週。

2. 第二階段：「調適緩慢休閒的知覺」經由講授閱讀、團體討論、分組報告等三個層面來進行緩慢休閒自我檢討。此三個層面，任兩個層面皆相互關聯，以雙箭頭表示。爲期4週。

3. 第三階段：「嘗試緩慢休閒活動」暨做好緩慢休閒規劃，屬本研究嘗試體驗與實踐部分。爲期1週。

（三）研究工具

　　本文之研究工具爲在歷程中設計的「緩慢休閒 CAT 自我檢核：如何填滿空閒時間？」。本檢核表以「奧斯本（Osborn）檢核表」的九大檢核方向（包括：用途？構想？特性？可增加？可減少？可代替？可以相反的方向做分析？可重新組合？）爲基礎（Osborn, 1963），每項中把簡短的文字或問題寫在卡片上製成檢核表，發展出檢視－調適－嘗試（CAT）的檢核表主軸，讓學員親自參與檢核如何填滿自己的空閒時間？調適自我緩慢休閒的知覺；進而嘗試規劃自己的緩慢休閒計畫。檢核表內容包括：第一階段自行寫出如何填滿空閒時間；第二階段休閒分類；第三階段質性描述自己的規劃。藉由檢核表收集、分析、順序處理（Gather, Analyze, Prioritize, GAP）的質化研究方法，重組樣本的行爲、活動方法，建構出整合型「緩慢休閒的規劃」。「緩慢休閒的規劃」的資料分析是以 Carney（1990）資料轉型（data transformation）的質性資料分析五階論：文字化、概念化、命題化、圖表化、理論化，來做資料分析依據。

四、結果與討論

（一）「檢視閒適時間」的研究過程與結果

　　「檢視休閒時間」屬本研究第一階段檢視部分，問卷題目是：「當您有閒暇時間的時候，您是如何填滿空閒時間的？」此部分「檢視」的進行：在開始課堂學習之前，讓學生先寫下自己平常是如何填滿閒暇的時間？本階段旨在瞭解樣本填滿空閒時間的方式，故填寫說明中，只要是自己曾經做過的活動，不論是固定性、經常性、偶而爲之的活動等等，皆可填寫。填寫資料摘要如下表：

表6-2　填滿閒暇時間的活動項目平均數摘要表

背景變項	背景資料	百分比 %	填滿休閒時間的活動項目平均數
性別	男	44.25%	男性＞女性
	女	55.75%	男性7.2項；女性6.7項
年齡	40（含）歲以下	40.32%	55歲以上＞41-54歲＞40歲以下
	41-54歲	32.26%	55歲以上8.1項　41-54歲6.9項
	55（含）以上	17.42%	40歲以下6.1項
家居情形	個人獨居	13.27%	與人同住＞個人獨居
	與人同住	86.73%	與人同住7.3項個人獨居6.6項
工作現況	工作中	71.23%	退休＞待業（或家管）＞工作中
	待業（或家管）	19.92%	退休8.4項待業（或家管）7.7項
	退休	8.85%	工作中5.3項

　　收集上述資料後，Marth（2000）認為要使問題解決或得到新的見解必須靠一些有用的工具技法來幫助，如「GAP（收集、分析、順序處理）質性研究方法的過程」，經GAP，本文讓同學參考別人的休閒活動項目，現場透過腦力激盪，加以分析，並順序整理活動項目，給於性質類似的活動，主題化命名分類描述如下表：

表6-3　填滿閒暇時間項目分類表

分類項目	填滿空閒時間的項目
旅遊玩樂	看電影、看電視、郊遊、烤肉、聽音樂、開車看海、線上遊戲、機車兜風、旅遊（國、內外）、定點旅遊、唱歌（卡拉OK）、朋友聚餐、釣魚（蝦）、上網……。
養生運動	慢跑、健身、瑜珈、騎腳踏車、經絡拍打、散步、快走、游泳、爬山、攀岩……。
藝文活動	看書、聽音樂會、書法、國畫、油畫、西洋畫、看展覽、下棋、聽演講、打麻將、跳舞表演、逛書店、玩樂器……。
社群服務	擔任志工，參加○○服務中心、學校活動、插花社團、社區巡守隊、義消、社區主委、LINE滑手機……。
成長學習	上空大、補習班、網路學習、短期遊學、看勵志書、聽演講、冥想、靜坐、反省……。
生活適應	照顧孫子（代間教育）、陪伴老人、孝順父母、睡覺、胡思亂想、復健、做家事（縫紉、烹飪）、種花、種樹（園藝）、大掃除……。
其他	逛市場、跳蚤市場、逛花市、發呆、無聊、養寵物、八卦、喝咖啡、聊是非、整理頭髮、吃早午餐、白日夢……。

　　上述的填滿閒暇時間的方式，共分為旅遊玩樂、養生運動、藝文活動、社群服務、成長學習、生活適應與其他七大類。填滿空閒時間的項目乃保留樣本自我檢視閒暇項目的認知，由表中也顯示出樣本對於閒暇項目分類上認知的差異，如「看書」、「聽演講」是否亦能屬於「成長學習」？「逛市場」、「跳蚤市場」、「逛花市」、「吃早午茶」……是否亦是旅遊玩樂等等。再透過研究主題（作業1週內繳回），再度收集可能從事的休閒項目，分析上述分類項目是否適當？

　　以「奧斯本（Osborn）檢核表」的九大檢核方向，提出看法及再次依順序整理。樣本經過1週的時間，經GAP質性研究方法，蒐集文獻資料，分析再整理，並給予主題化命名，所繳交的作業當中，答案較為細緻，除了上述觀點之外，有如下的發現：

1. 整理增加日常填滿閒暇時間的方式

　　參加社區活動，學校活動，新移民家庭服務中心活動（表演、文化交流、翻譯等等）、帶小孩、加班、打球、和家人一起出遊、陪家人在一起、教小孩、煮東西、和同學或同事去玩、喝茶、寫一些生活小故事、SPA、閒逛、為家人煮一餐美食、讀一本好書、學習新的知識、做一盤沙拉、泡一杯茶、買自己喜歡吃的東西、念英文、逛3C用品、打籃球、唱歌、看卡通影片。綜觀這些細項歸納出一個樣本重覆填答的比例的項目是：「家庭時間：陪家人在一起」，佔40.7%（92/226）。

2. 整理出在閒適時間，從事休閒的類型

　　休閒活動的種類太多，分類上難以窮盡與周延。因此，把休閒活動類型化，使它的解釋能力擴大，在討論休閒活動時，可以把同類性質的歸納進去，以瞭解其一般趨勢（文崇一，1990: 10）。有關休閒活動的分類，依據研究者的研究目的與需求不同而採用不同的方法，以往對休閒的分類有下列三種分析方法：研究者主觀分類、統計分析方法的因素分析（factory analysis）和多元尺度評定法MDS（multi dimension scaling）（陳彰儀，1989: 9）。

Scott 與 Willits（1998）提出成人休閒的類型為社交活動（socializing activities）、創意／藝術活動（creative／artistic activities）、學術活動（intellectual activities）、體育運動（spores activities）和組織參與（participation formal organizations）等五類。本文研究對象為空大學生，皆是成人，貼近成人休閒範疇，故本文以參酌上述成人休閒的類型分類，以研究樣本問卷資料內容與次數統計為主軸，做研究者主觀分析，歸納休閒的七大類型如下：

(1) 旅遊玩樂：如看電影、看電視、郊遊、烤肉、聽音樂、開車看海、線上遊戲、機車兜風、旅遊（國、內外）、定點旅遊、唱歌（卡拉 OK）、朋友聚餐、釣魚（蝦）、上網、看卡通影片、和同學同事去玩、和家人一起出遊、唱歌等等。

(2) 養生運動：如慢跑、健身、瑜珈、騎腳踏車、經絡拍打、散步、快走、游泳、爬山、攀岩、打球、泡一杯茶、喝茶、SPA 等等。

(3) 藝文活動：如看書、聽音樂會、書法、國畫、油畫、西洋畫、看展覽、下棋、聽演講、打麻將、跳舞表演、逛書店、玩樂器、寫一些生活小故事等等。

(4) 社群服務：如擔任志工，參加○○服務中心、學校活動、插花社團、社區巡守隊、義消、社區主委、LINE 滑手機、參加社區活動、新移民家庭服務中心活動（表演，文化交流，翻譯……）等等。

(5) 成長學習：上空大、補習班、網路學習、短期遊學、看（勵志）書、聽演講、冥想、靜坐、反省、讀一本好書、學習新的知識、念英文、煮東西等等。

(6) 生活適應：照顧孫子（代間教育）、陪伴老人、孝順父母、睡覺、胡思亂想、復健、做家事（縫紉、烹飪）、種花、種樹（園藝）、大掃除、帶小孩、教小孩、為家人煮一餐美食、做一盤沙拉、陪家人在一起等等。

(7) 其他：逛市場、跳蚤市場、逛花市、發呆、無聊、養寵物、八

卦、喝咖啡、聊是非、整理頭髮、吃早午餐、白日夢、買自己喜歡吃的東西、加班、閒逛、逛3C用品等等。

　　休閒的分類中的各項活動項目，主要採取研究樣本問卷資料內容的主觀認定，在休閒分類上採取主觀分析的方式，某些活動項目會在其他分類上，同時出現。如「看書」、「聽演講」同時屬於「藝文活動」與「成長學習」；「逛市場」、「跳蚤市場」、「逛花市」、「吃早午茶」……亦同時出現在「旅遊玩樂」與「其他」的分類上等等，如文崇一（1990）所述，休閒活動的種類太多，所以在這七大類型上的活動項目，仍會依據個人的認知上，繼續增加。

3. 歸類出休閒的「意涵」、「目的」、「功能」如下：

本文在文獻探討中，初步歸納「緩慢休閒」的意涵，茲分析再整理與主題化命名如下：

(1) 強調休閒的價值：休閒的價值在於身體的健康、內心愉悅的心靈成長，促進「身心靈」整體的全然健康狀態。——主題化命名為「心靈更新」。

(2) 注重忙與閒的平衡：平衡應是「自發性」的行為，忙是為生命歷程做準備，閒則是放鬆紓解日常生活的緊張與壓力。——主題化命名為「自發性」。

(3) 實踐「休閒」是基本人權：擁有基本人權，方能顯現「顯明的愉悅」：即從事一件事的當下，內心愉悅與享受，感到快樂（《牛津大字典》）。——主題化命名為「樂趣性」。

(4) 妥善應用休閒時間：歸納出休閒的本質在追求激發，過程既能學習，也能有所感動，有益未來發展。過程中知覺自由，沒有包袱。——主題化命名為「自由性」。

(5) 幸福感：幸福是「運命安吉，境遇順遂」。幸福可以是心裡的感受，追求的目標，狀態／（境遇）的描述或呈現。可以是當下的經驗，也可以是一段時間累積後的結果（王駿發等，2014: 5-7）。

「緩慢休閒」達成上述1-4項意涵，並持續參與謂之。——主題化命名為「幸福感」。

茲整理緩慢休閒的相關概念與主題化命名如下表：

表6-4　緩慢休閒的相關概念

意涵	目的	功能	主題化命名
1.強調休閒的價值	身體的健康、內心愉悅	促進「身心靈」整體的全然健康狀態	「心靈更新」
2.注重忙與閒的平衡	滿足個人喜好、需求	放鬆、紓解生活的緊張與壓力	「自發性」
3.實踐基本人權	擁有基本人權	顯現「顯明的愉悅」：一件事的當下，內心愉悅與享受	「樂趣性」
4.妥善應用休閒時間	有益未來發展，沒有包袱	追求激發，能學習，有感動	「自由性」
5.幸福感	運命安吉，境遇順遂	是當下的經驗，也是一段時間累積後的結果	「幸福感」

綜合填滿閒暇時間的項目類型與緩慢休閒的相關概念「意涵」、「目的」、「功能」、「主題命名化」，本研究歸納樣本主題化命名項目的資料，並參酌 Ellis 與 Witt（1994: 259-270）提出知覺自由的五個面向：休閒能力（perceived leisure competence）、休閒控制（perceived leisure control）、休閒需求（perceived leisure needs）、休閒涉入（depth of involvement in leisure）以及遊樂感（playfulness）五種。文獻探討中，亦提及休閒的定義有時間觀點、活動參與、與心靈狀態三個面向。據此，本文依順序重新整理，提出緩慢休閒的重要兩大構面：

1. 知覺自由（perceived freedom）：屬於知覺層面的心靈狀態與自我控制——包括「自由性」：自由時間，沒有包袱，屬於休閒能力面向。「自發性」：出自內心、自願自發。屬於休閒控制面向。

2. 活動感受（feeling of activities）：屬於活動層面的需求、實質參與身體感受——包括「樂趣性」：獲得內心的愉悅與滿足。屬於遊樂感

面向。「心靈更新」：促進「身心靈」整體的全然健康狀態。屬於休閒需求面向。「幸福感」：任何情境，運命安吉，境遇順遂，持續參與，追求幸福的感受。屬於休閒涉入面向。

本研究據此，茲整理緩慢休閒的意涵圖表化如下：

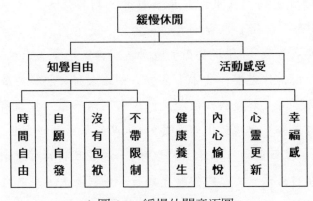

▲ 圖6-2　緩慢休閒意涵圖

由上圖緩慢休閒的意涵內容得知，休閒兩大因素內涵包括：1. 知覺自由：包括時間自由、自願自發、沒有包袱、不帶限制；2. 活動感受：包括健康養生、內心愉悅、心靈更新、幸福感。

本文針對上圖、文獻探討、以「奧斯本（Osborn）檢核表」的九大檢核方向，經 GAP 質性研究方法，蒐集文獻資料，分析再整理，本文定義「緩慢休閒」（discretionary leisure activities）為：「個人為追求幸福感，在時間自由、意識自主下，所從事身體健康、內心愉悅、心靈更新的休閒活動。」

（二）「調適緩慢休閒知覺」的過程與結果

1. 講授閱讀

課堂講授內容以「慢閒、放鬆、學習與感動」──高雄在地緩慢休閒為主題，並提供相關資料，供樣本閱讀，資料摘要如下：高雄市的藝文活動透過雜誌，媒體的行銷，讓市民有很好的休閒去處參考，更結合學校、

機關團體與民間社團，創造出市民藝文休閒的平台，讓民眾在社區內就能緩慢休閒、放鬆與學習，追求心靈的感動。例如，有民間文教基金會以複製品的方式帶進偏鄉、離島學校，透過學校、社區合作共構一個《游於藝》巡迴展平台。希望「用藝術啓發創意」，展覽包含「東方文化」、「西方藝術」、「環境藝術」：「東方文化」包含，劉其偉、宋代、南宋、富春山居等展。「西方藝術」包含，米勒、梵谷、夏卡爾、畢卡索、妮基、義大利文藝復興展等展。「環境藝術」包含，鳴蟲、遇見大未來等展。

透過與學校合作辦理「多才！多藝——義大利文藝復興展」藝術巡迴展，展出作品，有文藝復興三傑達文西、米開朗基羅、拉菲爾的作品：如達文西《蒙娜麗莎》與《最後的晚餐》、米開朗基羅的《創世紀》、《聖殤》及《大衛像》、拉菲爾的《草地上的聖母》，波蒂且利的《維納斯誕生》等文藝復興時期的巨作。文藝復興歷史之長、規模之大、成就之高、影響之深遠都是空前的。可說是「藝術盛宴中的盛宴」。藉由作品欣賞，能瞭解藝術巨人如何追求真與美的極致，如何挑戰不可能；心情放鬆的穿透歷史的縱深，探索學習這個孕育出眾多藝術巨人的偉大時代，提升藝術欣賞能力與藝術素養，以美學豐富生活，帶給自己心靈上的感動。

依據上述講授大綱，學員樣本再自行蒐集資料，做爲團體討論與分組報告的主題大綱，學員可以依據緩慢休閒相關資料，討論「在地遊學」——在地緩慢休閒的實踐，並在講授後，分組討論並提出報告，爲期4週。

2. 團體討論與分組報告

整理學員樣本分組報告主題：「在地遊學」——在地緩慢休閒的實踐。摘要如下：2010年高雄縣市合併後，市政府維持原有高雄縣27個鄉（鎮、市）改制爲區，加上原有高雄市11個區，共有38個行政區公所，政策上強調「一區一特色」，藉以拓展物流與精緻農業，提升農產品競爭力推展觀光活動，提升本市能見度及觀光，相關產業效益。合併後各項資源，如生態、文化、環境、地景、產業等更加豐富，山、海、平原、都會

間的人文，各有不同風味。藉由在地休閒與學童的在地遊學，一則讓民眾能更認識在地風情；另則促進的城鄉互動與交流，帶動當地經濟效益，也喚起在地認同感。

高雄市本土學習認證網彙整出具本土特色的六條「在地遊學」路線，這六條路線以產業、工藝、生態、歷史等大高雄在地的特色景點，提供學校的戶外教學參考，在地民眾，外地遊客都可以放慢腳步，來場深度、在地的旅程，藉此瞭解高雄在地的風俗民情。

六條「在地遊學」路線如下：

(1) 漫遊白砂崙──茄萣岡山之旅：行程包括 a. 白砂崙萬福宮、b. 親近二仁溪、c. 白砂崙自然濕地、d. 台灣滷味博物館、e. 綠環境館。

(2) 思慕西海岸──彌陀之旅：行程包括 a. 尋訪漯底山、b. 虱目魚丸製程、c. DIY 體驗、d. 皮影戲介紹。

(3) 舊鐵橋紅瓦情──大樹之旅：行程包括 a. 飯田豐二紀念碑、b. 九曲堂泰芳鳳梨會社、c. 木炭窯、竹寮取水站、d. 三和瓦窯、DIY 體驗、e. 舊鐵橋濕地。

(4) 晴耕雨讀原鄉人──美濃之旅：行程包括：a. 竹仔門發電廠、b. 客家文化之旅、c. DIY 體驗、d. 生態文學之旅。

(5) 穿越古代雙城──左營鳳山之旅：行程包括 a. 左營舊城、b. 大東文化藝術中心、c. 鳳山新城。

(6) 哈瑪星的前世今生──鼓山鹽埕之旅：行程包括 a. 打狗鐵道故事館、b. 武德殿、c. 打狗英國領事館官邸、d. 高雄市立歷史博物館、e. 駁二藝術特區。

除了這六條路線的規劃之外，配合在地的特色、物產、地理、生態、人文、歷史、民情、節慶等等。38 個行政區其實都可以規劃在地休閒與遊學「一區一特色」的路線。

3. 緩慢休閒自我檢討

本文緩慢休閒自我檢討，是依據 Jigsaw 合作教學的五大策略原則，擬定課堂學習之步驟：講授閱讀、團體討論、分組報告這三個層面，構成「緩慢休閒自我檢討」的要素，透過課堂學習，形成緩慢休閒認知，並自我檢核，進而調適「緩慢休閒知覺」。學員樣本的「緩慢休閒知覺」的調適，在於理解「緩慢休閒」的意涵、目的與功能。

「調適緩慢休閒的知覺」屬於 CAT 自我檢核第二階段，為期4週。4週的課堂中實施講授閱讀、團體討論與分組報告等三個層面。4週內的課後時間實施行動期中考（亦即學員必須親自履勘與學習），再於課堂中提出報告，行動期中考的在地遊學活動涵蓋了休閒類型的旅遊玩樂、藝文活動，與學習成長。「在地遊學」行動期中考檢核結果，統計如下表：

表6-5　「在地遊學」行動期中考檢核結果

「在地遊學」路線檢核	百分比 %	備註
1. 曾經到過這些路線	11.5%（26/226）	
2. 確實履勘與學習	54.0%（122/226）	
3. 未曾到過這些路線（只是課堂書面學習）	34.5%（78/226）	該分組有同學去過，即可完成報告
總計	100%	

學員表示若沒有參與課程的 CAT 自我檢核，難有機會從事在地旅遊的休閒活動。前後差異達42.5%（54%-11.5%）。

（三）「緩慢休閒規劃」對生活上的影響過程與結果

本文嘗試「緩慢休閒規劃」的資料分析，以 Carney（1990）資料轉型（data transformation）的質性資料分析五階論：文字化、概念化、命題化、圖表化、理論化，來做資料分析依據。資料分析、順序整理步驟如下：

1. 文字化：首先將分組報告蒐集學員們的分享資料，分列為32個段號，從 L1 至 L32，並將嘗試緩慢休閒方式內容「文字化」。整理嘗試緩慢休閒內容分類表如下：

表6-6 嘗試緩慢休閒內容分類表

段號	嘗試緩慢休閒方式內容	分類代碼
L1	早上至中午閒暇時間：會在家做做家事。	C1、C4、F4
L2	中午至晚上休息時間：沒有來學校上課時會去公司上班。	C1、C2、F4
L3	下班晚上至休息時間：晚飯後休息40分鐘，再去家附近跑跑步，跑完回家洗澡，看一下電視新聞或看看書。	C1、C3、F3
L4	睡覺前15分鐘：反省一下今天做了些什麼事情，明天開始做就要做好。	C2、C3、F4
L5	睡到自然醒，悠閒的吃早餐看報紙，喝咖啡。	C1、C2、F2
L6	開電腦收收信件，看看FB，選個影片或韓劇欣賞。	C1、C3、F2
L7	每週上個瑜珈課，與一堆女人聊天喝咖啡聊是非，運動兼聚會。	C1、F1、F2
L8	感覺累了就約個時間，做精油指壓，快活喔！	C1、F1、F4
L9	早上：星期一：吹陶、星期二：到橋頭十鼓打鼓。	C1、C3、F1
L10	星期三：到工作室作畫。	C3、F1
L11	星期四：彈烏克麗麗。	C3、F1
L12	星期五：和孫媳閒玩。	F2、F4
L13	中午：大多有空就打坐40分（因為有午睡習慣）。	C1、C3、F3
L14	下午：週一到週五上空大。	C4、F2、F3
L15	晚上：星期一、三、四：志工教筋絡拍打，跳蚤市場。	C4、F1、F2
L16	晚上5：30-6：30吃飯時間會與電視對話。	C3、C4、F2
L17	星期一、三、五：會從新光路走到新光碼頭（8：00-9：00）。	C1、F1
L18	假日會騎單車逛，晚上喜歡街頭藝人攤位找寶。旅遊，開車看海。朋友聚餐。	C1、F1、F2
L19	根據空閒時間的長短做安排活動。	C4、F2
L20	如果上早班：晚上會作畫，培養技術，洗滌心靈，或是打報告。	C4、F3
L21	會去圖書館看書，舉凡藝文類、小說類都可以讓我消磨一整早上，或是去高美館看展。	C1、C3、F3
L22	休息日做的事情就比較多，早上就會選擇勞力的事情，譬如：打掃房間、整理陽台等。	C1、C3、C4
L23	看書、聽音樂、再畫一下畫。晚上就會讓自己放空看看電影、電視等等。	C1、C3、F3

段號	嘗試緩慢休閒方式內容	分類代碼
L24	平時因為上班的關係閒暇時間較少，放假時不是回婆家就是忙小孩，所以只能利用自己休假時做些自己的事。	C4、F2
L25	空的時間會看看書，精神若還不錯的話，喜歡做的就是大掃除，不必強求一次就會都掃乾淨，即使清洗過碗杯盤或家裡的一個角落都能讓心情變不同。	C2、C3、C4、F4
L26	整理雜亂的家，煥然一新的感覺，整個心情都好起來，之後，喝一杯冰涼的水，坐在沙發上發呆，就是我閒暇時最大的享受。	C2、C3、F2、F4
L27	閒暇時間，最熱愛打壘球，常赴各區球場與他隊交誼，曾代表機關參加盃賽。	C2、F2、F4
L28	平時也喜愛從事爬山健身，與家人一同出遊。	C1、F1、F4
L29	運動的興趣甚多，常與親戚好友相邀於假日活動，不僅限於球類運動，其他如跑步、游泳亦有涉獵。	C3、C4、F1
L30	平日晚間則多為靜態的休閒，如看電視或上網發現新知等。	C3、F3
L31	白天上班勞累，僅可利用假日把握流汗運動的機會，若平日有休假，則會到都會公園走走。	C2、F1
L32	都市生活久了，利用時間讓身心放鬆，適度的動靜分明，可讓工作更有效率。	C2、C4、F3

▲ 圖6-3　旅遊玩樂——高雄 LOVE

▲ 圖6-4　養生運動——健身操

▲ 圖6-5 藝文活動──傳統的智慧

▲ 圖6-6 社群服務──志工導覽

▲ 圖6-7 成長學習── KLALA 新書發表

▲ 圖6-8 生活適應──田野農作

2. 概念化：依上表，緩慢休閒的意涵定義，將樣本嘗試緩慢休閒內容分類與概念化，整理分類代碼如下：時間自由－C1、自願自發－C2、沒有包袱－C3、不帶限制－C4；健康養生－F1、內心愉悅－F2、心靈更新－F3、幸福感－F4。

上表32項段落資料內容，整理緩慢休閒的內容概念化分類表如下：

表6-7　緩慢休閒內容概念化分類表

要素	概念	緩慢休閒內容
知覺 自由	時間自由－C1	做家事、沒課就上班（時間觀點）、跑步、看電視／看書、打坐……。
	自願自發－C2	沒課就上班（自由意志觀點）、看電視／看書……。
	沒有包袱－C3	收信件、上FB、作畫、放鬆……。
	不帶限制－C4	做家事、家人出遊、視時間長短安排、走路……。
活動 感受	健康養生－F1	精油按摩、瑜珈、打鼓、跑步、爬山……。
	內心愉悅－F2	悠閒喝咖啡、看影片、瑜珈、吹陶、打鼓、彈琴……。
	心靈更新－F3	打坐、作畫、放鬆、發呆……。
	幸福感－F4	睡到自然醒、精油按摩、家人相聚、家人出遊……。

3. 命題化：對照表6-3的內容：填滿閒暇時間項目分類包括：旅遊玩樂、養生運動、藝文活動、社群服務、成長學習、生活適應、其他；與表6-5緩慢休閒內容概念化的內容：時間自由－C1、自願自發－C2、沒有包袱－C3、不帶限制－C4；健康養生－F1、內心愉悅－F2、心靈更新－F3、幸福感－F4。將緩慢休閒內容的兩大要素命題化為：「知覺自由」與「活動感受」。

4. 圖表化：將文字化、概念化、命題化相關資料圖表化，正如圖6-2緩慢休閒意涵圖所示：休閒兩大因素內涵包括：(1)知覺自由：包括時間自由、自願自發、沒有包袱、不帶限制；(2)活動感受：包括健康養生、內心愉悅、心靈更新、幸福感。從這兩大要素分析，可以看出緩慢休閒的意涵、功能與目的。驗證了本研究的研究問題（二）緩慢休閒檢視－調適－嘗試（CAT）自我檢核的體驗結果為何？

5. 理論化：將上述文字化、概念化、命題化、圖表化的資料，定義「緩慢休閒」：「個人為追求幸福感，在時間自由、意識自主下，所從事身體健康、內心愉悅、心靈更新的休閒活動」。經歷這質性資料分析五階論，將「緩慢休閒」定義做為理論化的基礎。

體驗「緩慢休閒」後，在生活上有何影響？首先將學員們分組報告，分列為19個段號，從A1至A19，並將嘗試「緩慢休閒」在生活上的影響資料表內容「文字化」。再將文字內容概念化。資料分析如下：

表6-8 「緩慢休閒」在生活上的影響資料表

段號	「緩慢休閒」後，在生活上的影響	概念化
A1	放慢腳步；隨處可見的樹、花、草、天空，都可以停下腳步，感受一下悠閒的生活態度；原來現在可以知道並非一定要出遠門才能得休閒。平時心態改變才是重點。	慢 心態
A2	「閒」以前對我而言就是休息，放假時才有，可是慢閒不只有放假時才有，工作中也是可以有閒的時刻，怎麼調整自己心態很重要，不要讓自己只有工作跟下班，如何找到平衡才是重點。所以，休閒生活時也可以到不同的地方走走，體會跟平常生活不一樣的樂趣，不要只是跑電影院或逛百貨公司而已，到都會公園，或海邊走走也是不錯的選擇。	心態 平衡 樂趣
A3	其實我的休閒活動真的少之又少，我的工作幾乎讓我一放假就選擇在家休息，看看電視，做做家事等等。「緩慢休閒」讓我明白時間是給懂得生活的人於是放假後我開始上圖書館看書，到美術館看展覽，讓自己的心靈和精神得到完全放鬆。	心靈 放鬆
A4	只有在娛樂中才能真正生活，多數人會利用時間充實自己，會閱讀與進修，養成和緩的，能夠思考的嗜好，例如：園藝、繪畫開發出更多心靈與知性的力量生活將會更甜美，緩慢而文明把一件事做好從中獲得樂趣比凡事趕趕趕更重要，活得更快樂。	愉悅 樂趣
A5	休閒是件愜意的事，可是又常為了趕時間回工作崗位而匆促結束。「緩慢休閒」，讓我在安排下次或以後的休閒時程拉長，步調放慢，以達到充分放鬆的休閒目的。	慢 愉悅 放鬆
A6	空閒時看場好電影，陪女兒聊天是平日最大的享受。而每日遛狗欣賞一年四季不同的田園風光，不但可以觀察農民的耕種辛勤，也能瞭解平日都市人無法享受到鳥語花香悠閒恬適鄉村生活，得到喘息的機會。	享受 幸福感
A7	以後做運動時，要知道正確的動作，及部位，並能配合生活作息，做較深層的運動，如拉筋骨、深呼吸、有氧動作，相信我能持之以恆的。	運動 健康
A8	會開始重新看待工作與生活之間的平衡，將休閒生活對心靈和幸福當作提升生活的目標，好好享受大自然的恩惠，感恩的心如此溫暖而豐富的心靈就慢活精神，我就會認真的去學習、實踐。	平衡 慢 心靈

段號	「緩慢休閒」後，在生活上的影響	概念化
A9	在生活步調快速的大都會城市生活，其生活壓力相對而生，然而在城市中的文化與藝術，經常為市民所遺忘，甚至於在生活中，有時快到忽略了身旁的美好事物。對我而言「緩慢休閒」能讓我在生活中，細細的感受生活中的一草一木，並用心的觀賞城中一切文化及藝術美好的事物，更讓生命有更多深刻的體悟，進而昇華。	愉悅 心靈 生命
A10	我對我的休閒生活向來都是採取輕鬆、休閒、不趕時間、不趕行程、定點的、單一的休閒活動，在未來的休閒生活上仍然會採取此種模式。	放鬆 自由
A11	之前工作因為需要輪班，所以能夠休息的時間不固定也不長，總是用這段時間來補眠，最近幾年有了較正常的上班節奏，所以也有了較長的休息時間，因此有了新的活動可以從事，就是品茗，慢慢的研究如何泡茶，而其中的步驟也是緩慢的，能夠讓我盡量在這段時間放鬆身心，也趁此機會讓我有了新的休閒活動，並認識了如何「品茗」。	慢 放鬆 品茗
A12	在緩慢休閒中體會自得其樂，鬧中取靜，悟出：花費一生汲汲營營追求的人生價值，不是逞一時的驕縱、占有的浮泛得意，而是無所求的付出愛與回心，其間所獲得將會是更深刻的喜滿。	愉悅 樂趣 人生
A13	在生活上，首先要先心無罣礙，這是難度較高的一個境界，要心無雜念的來做每件事，需要有所修行與悟性才有可能實踐，但會學著將日常生活的腳步放慢下來，提醒自己以悠閒的心境來進行每件事情。	心態 慢 悠閒
A14	很久沒留意過春天、秋天，單調的日子，不經意的誰從身邊走過。放慢腳步，沉澱心情，隨遇而安，不管帶著什麼樣的心，緩緩伸展，慢慢懶腰，利用休閒時光學習慢活，享受人生。	沉澱 悠閒 人生
A15	慢閒是我人生當最享受的事情，例如看電影，聽音，泡茶，這一些都能讓我放下雜念，慢閒能讓我心靈平靜也是每天會去做的。	心靈 享受
A16	本人認為應用心感受四季的變換，外出休閒時不要太匆忙，要放慢腳步領會四周的景色及造物者的鬼斧神工。	慢 享受
A17	出國旅遊我不再選擇走馬看花的行程，盡量定點、可以長時間悠閒，享受真正的愉悅休閒。	慢 享受
A18	在休閒活動裡讓我發現：走一步，停下來。看著美麗的事物還真是一種不同的享受。	慢 享受
A19	休閒時光，大都跟朋友一起相聚，而緩慢休閒讓我對休閒活動的轉變，在晚餐後跟家人一起散步聊天也是不錯的選擇。	心態 相聚

整理概念化的詞句為:「慢、自由、沉澱、心態、心靈、放鬆、平衡、悠閒、樂趣、愉悅、享受、生命、人生、品茗、相聚、運動、健康、幸福感」。此概念化詞句對照緩慢休閒 CAT 自我檢核閒適時間的兩大構面的相關性歸類如下:

1. 知覺自由:「慢、自由、沉澱、心態、放鬆、悠閒、平衡、相聚」。
2. 活動感受:「心靈、樂趣、愉悅、享受、生命、人生、品茗、運動、健康、幸福感」。

本文依據樣本規劃緩慢休閒活動後的概念化詞句,歸納出緩慢休閒在生活上的影響趨勢,以做為規劃緩慢休閒的參考:

趨勢一:時間自由、自願自發:放慢腳步,隨意而行,不受時間、行程的影響。

趨勢二:沒有包袱、不帶限制:讓自己的心情放鬆,在工作與休息之間取得平衡。

趨勢三:心靈沉澱、內心愉悅:讓自己心靈沉澱,品茗人生的價值與生命的意義。

趨勢四:內心滿足、享受樂趣:具備悠閒的態度、愉悅的心情,享受過程的樂趣。

趨勢五:健康養生、全然健康:促進身體與心靈的整體健康、促進保健養生功能。

趨勢六:心靈更新、幸福感受:增加朋友家人相聚機會、滿足需求,提升幸福感。

樣本問卷顯示 CAT 檢核前,並無樣本完全理解緩慢休閒上述概念化詞句,但對於休閒都有自己的概念。上課前有關休閒活動,有近半數的學員想做卻沒有做(或做不到),上課後表示想做或願意做者有增加的趨勢。對照第一階段「檢視休閒時間」部分,學員樣本在填滿自己閒適時間的項目,能夠寫出的項目,平均區間在 5.3-8.4 項之間。在 6 週之後第三階段的「嘗試緩慢休閒活動」暨做好緩慢休閒規劃的資料中,確能夠瞭解緩慢休閒的六大趨勢,以「緩慢休閒」的兩大層面「知覺自由」與「活動感受」,來調適自我知覺。並依此做出緩慢休閒規劃的形式如表6-7。

五、結論與建議

（一）結論

1.「緩慢休閒」的意涵

本研究以「奧斯本（Osborn）檢核表」爲基礎發展出檢視—調適—嘗試（CAT）的檢核表，探討「緩慢休閒」的多面效果與特性。藉由檢核表收集、分析、順序處理（GAP）的質化研究方法，重組「緩慢休閒」的面向行爲、活動方法，建構「緩慢休閒」在生活上影響趨勢的規劃。

本文將質性資料完成文字化、概念化、命題化、圖表化、理論化的五階論。圖表化結果歸納出「緩慢休閒」的兩大層面爲「知覺自由」與「活動感受」。層面內涵爲：「知覺自由」：包括時間自由、自願自發、沒有包袱、不帶限制；與「活動感受」：包括健康養生、內心愉悅、心靈更新、幸福感。再綜合圖6-1緩慢休閒的意涵、功能與目的。本文定義「緩慢休閒」爲：「個人爲追求幸福感，在時間自由、意識自主下，所從事身體健康、內心愉悅、心靈更新的休閒活動」。視爲「緩慢休閒」理論化的基礎。

2.「緩慢休閒」體驗的檢核結果

課堂講授內容以「慢閒、放鬆、學習與感動」——高雄在地緩慢休閒爲主題，並提供相關資料，依據講授大綱，學員爲期4週的蒐集資料，團體討論與分組報告，討論「在地遊學」——在地緩慢休閒的實踐的六條在地遊學路線如下：(1) 漫遊白砂崙——茄萣岡山之旅；(2) 思慕西海岸——彌陀之旅；(3) 舊鐵橋紅瓦情——大樹之旅；(4) 晴耕雨讀原鄉人——美濃之旅；(5) 穿越古代雙城——左營鳳山之旅；(6) 哈瑪星的前世今生——鼓山鹽埕之旅。藉由在地遊學的休閒方式，讓民眾認識在地風情，隨時、隨機、隨地都可以很悠閒，增進幸福感。

除了這六條路線的規劃之外，配合在地的特色、物產、地理、生態、人文、歷史、民情、節慶等等。提出建議高雄市38個行政區，都可以規劃在地休閒與遊學「一區一特色」的路線。

樣本背景變項在填滿閒暇時間的活動項目平均數分析，結論如下：

(1) 性別上：填滿休閒時間的活動項目平均數，男性＞女性。（男性7.2項；女性6.7項）

(2) 年齡上：55歲以上＞41-54歲＞40歲以下。（55歲8.1項；41-54歲6.9項；40歲6.1項）

(3) 居家情形上：與人同住＞個人獨居。（與人同住7.3項；個人獨居6.6項）

(4) 工作情況上：退休＞待業（或家管）＞工作中。（退休8.4項；待業7.7項；工作中5.3項）。

填滿閒暇時間項目包括：「旅遊玩樂、養生運動、藝文活動、社群服務、成長學習、生活適應、其他」。與緩慢休閒內容概念：「知覺自由、活動感受」相互呼應。「緩慢休閒」關鍵詞句：「慢、自由、沉澱、心態、心靈、放鬆、平衡、悠閒、樂趣、愉悅、享受、生命、人生、品茗、相聚、運動、健康、幸福感」。

3.「緩慢休閒」在生活上的影響趨勢

歸納出緩慢休閒在生活上的影響趨勢如下：

趨勢一：放慢腳步，隨意而行，不受時間、行程……的影響。

趨勢二：讓自己的心情放鬆，在工作與休息之間取得平衡。

趨勢三：讓自己心靈沉澱，品茗人生的價值與生命的意義。

趨勢四：具備悠閒的態度、愉悅的心情，享受過程的樂趣。

趨勢五：促進身體與心靈的整體健康、促進保健養生功能。

趨勢六：增加朋友家人相聚機會、滿足需求，提升幸福感。

（二）建議

1. 在研究範圍上：由於本研究係以高雄市為例，立意樣本又以高雄市空大學生為調查對象，不包括其他縣市，在結果的推論上有其限制，建議後續研究可以考慮將其他縣市納入研究範圍考量，讓緩慢休閒能全國一體適用。

2. 在研究對象上：只有高空大學生，因此意見蒐集的廣度上仍會受到限制，建議未來研究可以加入各行各業的人士，將使研究結果更臻正確。

3. 在研究方法上：未來可以加入焦點團體座談及德懷術問卷調查，讓緩慢休閒的理論更完整。

4. 除了「緩慢休閒」之外，藉由檢核表收集、分析、順序處理（GAP）的質化研究方法、「奧斯本（Osborn）檢核表」的九大檢核方向與本研究檢視－調適－嘗試（CAT）的檢核方式，更可以嘗試更多元的慢活內涵。體驗高雄在地文化，享受現有的休閒平台，並提供建議給市政府，做為市民休閒建設的參考。

5. 現階「緩慢休閒」的理論基礎都由休閒理論衍生而來，現階段較缺乏「緩慢休閒」的單一領域的理論，建議未來能繼續質性資料分析五階論：文字化、概念化、命題化、圖表化、理論化，從事更廣泛的樣本資料分析。朝建構理論的方向做研究，讓理論與實務結合。

▲ 圖6-9　台西海上生活館

樂齡行動實踐作業

樂齡休閒（休閒教育＋緩慢休閒）

教育部 1989.4.26 訂頒「休閒教育實施計畫」，休閒教育分為五大系列：

1. 體能性：包括田徑、體操、國術、游泳、划船、登山等知能之教育活動。
2. 知識性：包括閱讀、朗誦、寫作、電影及研究知能之教育活動。
3. 娛樂性：包括棋藝、橋藝、攝影、釣魚、觀劇、唱歌、旅行及遊覽等知能之教育活動。
4. 藝術性：包括音樂、繪畫、雕塑、刺繡、舞蹈、縫紉、插花及烹飪等知能之教育活動。
5. 服務性：包括環境清潔、整理花園、種花種菜、飼養動物、協助孤兒或老人、生產勞動及其他社會服務項目等知能的教育活動。

本章節歸納休閒的七大類型：旅遊玩樂、養生運動、藝文活動、社群服務、成長學習、生活適應與其他七大類。

請依據上述 2 項的定義，擬出屬於您自己的樂齡休閒類別，與休閒項目：

樂齡休閒類別	休閒項目	您的最愛（1-3 項）

第二篇

樂齡運動──
養生篇

要活就要動：慎選適合自己年齡的養生運動

一、前言

　　所謂要活就要動，就是說活動活動，不管您當下是幾歲，只要您還活著，人活著就要動，有能力還能動者，就代表您還有活力。適當運動的益處，經科學的證實，不但有預防骨質疏鬆，還可以幫助骨骼維持一定的密度，延緩骨質疏鬆的時程。因為人口高齡化的原因，研究證實，女性到了90歲的年齡，會自然流失50%的鈣質，增加骨質疏鬆的危險性，男性亦不例外。日常生活中肉體的勞動，是有強化骨骼及使體內鈣質消耗在正確之處的功效。而重量軸承訓練又稱「負重運動」（weight-bearing exercise），例如：走路、跑步、上下臺階、地板俯臥撐和牆壁俯臥撐等，皆可以改善骨骼強度和對骨質疏鬆患者產生保護的作用。任何讓您彎腰或活動關節的運動，皆對預防骨質疏鬆有所幫助，因此，慎選運動方式與種類，應考慮個人的喜好、年齡、性別、時間、場地、運動夥伴及運動的類型等等。

　　其次是，防止心血管疾病。一般而言，大部分的人，心血管在20至80歲之間會逐步老化，而且可能達到一半以上對健康危害的程度。而適度的運動能讓此一現象的衰老減緩，順利減低膽固醇和血壓的控制，進而使罹患心血管疾病的機率減少至三分之二。規律的有氧運動與伸展及緩和的柔軟運動，如：瑜珈、動態與靜態的伸展，都可以有效的達到上述功能，只要規律持續3個月就可以達到預期的效果。

　　再者，活化生長荷爾蒙，最重要的是抗衰老荷爾蒙，就是我們的成長荷爾蒙。成長荷爾蒙會在30至50歲時分泌逐漸減少，導致肌肉萎縮和脂

肪堆積。但只要您能一天就算只運動 15 分鐘，也夠刺激腦下垂體，去製造此青春荷爾蒙。適當的運動亦可紓解壓力，讓有能力活動的人，看起來年輕許多，保持健康老化，進而健康長壽，甚至保持勻稱的身材至終老。

根據美國針對 5 千多位百歲人瑞做的研究報告，顯示他們唯一的共同點就是每天的活動量都很大，此一現象，值得大家三思。運動能使人變年輕不是夢，其簡單的理由是，有適當運動的人，體內之淋巴腺系統能有效率的運作，所以毒素和廢物能很快代謝排出體外，縮短停留在身體裡面的時間；肺部和心臟也能有效運轉，細胞會始終保持活化，含氧量充足，血液循環順暢。因此，運動可促進血液循環，並將細胞所需要的養分供給到位、廢料適時排出體外，維持體內之精密而有效的運作。適度的運動能紓解壓力，經證實 20 至 40 分鐘的有氧運動能有助於腦中分泌腦內啡（endorphins），而此一快樂的物質能有助於減緩或抑制疼痛，其功效有類似止痛用的嗎啡效果。此一物質，還可以停留在血液中至少 2 小時之久。這也就是爲何許多壓力過重的徵兆及沮喪、憤怒情緒狀態，都可在運動後 20 分鐘消除的原因。然而，規律的運動不僅可以紓解壓力，增強情緒療癒的能力，還可以使人看起來更有精神與對睡眠有一定程度的益處。總而言之，請您特別多多關注運動的好處。

二、終身運動

人的一生，歷經不同階段與歷程，隨著年齡的增長與需求，所需的運動方式、運動種類、運動型態、運動頻率、運動時間與運動量，當然會有不同。唯一不變的是，要活就要動。本文所要強調的是，針對一般中老年人，甚至於是高齡者，對各運動種類與方式的建議，而不是爲青壯年訓練或競技運動而寫。希望能在整體社會高齡化的趨勢當中，本文能發揮效用，有益樂齡學習者參考。

根據《遠見》雜誌特刊，《帶著爸媽去旅行》的作者王一芝的論述：「瑞典、丹麥、芬蘭等北歐國家的老人們，直到死亡前 2 週才臥床，走完

人生相比，臺灣還有很大的努力空間。」事實上，我國自古以來，唯有讀書高的觀念，可謂根深蒂固，更有勤有益，戲無功偏見。因此，在我國士大夫階級概念作祟之下，運動似乎一直沒有受到應有的重視。但是，由於全球化與電腦資訊科技傳播發達的結果，反觀時下的運動風氣鼎盛，各種運動設施、運動中心建立，如雨後春筍一般。另一方面，政府決策官員也意識到規律運動的重要性。因此，我國教育部體育署署長何卓飛認為：「對超高速高齡化的臺灣而言，不能只著眼在編列更多預算，打造完美的長照體系，預防醫學的觀念也十分重要，想要降低住院率及縮短臥床到離世的時間，就必須讓老年人擁有健康的身體。」更推展適時之體適能檢測，時時監控健康，將運動的益處與正確概念普及全民。讓全民遠離憂鬱症、老年失智症、心臟病、癌症及糖尿病之苦，降低全民健保費用支出。

　　根據英國倫敦大學的研究指出，運動能提高老年人的健康七倍，而且運動開始的時間永遠不嫌晚，就算老年才開始運動，也能提高健康三倍。在政策的宣導下，有愈來愈多臺灣人也認同運動能減緩老化的觀念。根據體育署 2013 年所做的「運動城市調查」顯示，有近六成 65 歲以上的臺灣銀髮族，養成規律運動的習慣。體育署全民健康組從 2014 年 9 月開始，全面在各縣市舉辦體適能檢測活動，尤其還針對 65 歲以上的銀髮族，進行包括心肺耐力、肌耐力、柔軟度、平衡及協調性等項目檢測。檢測過後，除了能夠充分瞭解自我體能狀況外，每位受測銀髮族也都會收到屬於自己的一份運動處方，建議他該從事何種運動，或是怎麼樣地運動，才能對健康有明顯好處。因此，現代的養生觀念，有一句名言：「世上沒有長壽不老之藥，唯有養生之道。」這是多麼貼切的話語啊！

三、運動與健康的關聯性

　　許多科學家、哲學家、文學家、醫學家、心理學家，其中六位最具代表性人物，也都認為一個人要有健康，就必須運動：

（一）懷特說：「對人的生命最大威脅是以車代步，而不是交通事故。」

（二）伏爾泰說：「生命在於運動。」

（三）戈費朗特說：「世界上沒有懶人能長壽。凡是長壽的人，一生總是積極運動的。」

（四）蒂素說　：「運動的作用，可以代替藥物，但所有藥物，不能代替運動。」

（五）亞里斯多德說：「最易於使人衰竭，最易於損害一個人的，莫過於長期不從事體力運動。」

（六）馬約翰說：「運動是健康的源泉，也是長壽的秘訣。」

以上各家名言印證了運動即是良藥的觀念（exercise is medicine）。因此，若要健康長壽，適時、適當的慎選適合個人的運動項目與型態，是非常必要的。

四、養生運動的定義

根據鄭建民（2009）博士論文對養生運動的定義：「養生運動泛指以保健為目的中低強度之中國傳統養生術、氣功、香功、太極拳、平甩功、觀音舞、健身操、導引、吐吶術等等，此為長期而規律柔順的運動，並非是劇烈之競技或登山、游泳等運動。」因此，本文要推薦的養生功法包含大家在公園裡可能看過的，有些應該有似曾相似的感覺。但是，筆者建議的功法，是個人在研究養生運動議題中，曾經用心研究與多所著墨過的功法，在嚴謹的科學驗證下所整理而出，推薦給一般普羅大眾做為養生保健的參考。而這些功法，除了推薦給樂齡的學習者之外，也建議任何對養生功法有興趣的人，不分年齡與性別，皆可以修練。

其次，要向大家介紹氣功養生運動的溯源。中華民族具有深遠的養生運動的歷史，而氣功文化是深具民族特色的保健運動，及預防醫學的代表之一。氣功是中國古時的調身、調息、調心構成的自強養生術，可增強

控制生命活力「氣」（Qi）的方法。《周易》提出：「氣」是構成萬物的本源（李邦正，1990），運用此方法加以修練，可以達到健康長壽、提高智力與腦力、開發潛能的目的。由於各類功法與種類繁多，不論任何流派，其最終目的均在於「精、氣、神」的鍛鍊，尤其注重以「氣」爲中心的鍛鍊，這些流派於近代統稱爲「氣功」（星野稔，1994）。氣功養生運動的修練對衛生保健之預防效果與否，可根據本身的年齡、體質、條件差異，來慎選其中的靜功、動功、動靜結合功練習。透過不同的功法持續修練，以期達到疏通經絡、調和氣血、平衡陰陽、扶正祛邪、增強體質之作用。

　　氣功的名稱，在醫、武、道、佛、儒等門派中甚爲龐雜，諸如性功、定功、靜功、玄功、內功、內養功、養生功、吐納、導引、行氣、修道、坐禪、煉丹等名稱，皆屬氣功的前身。根據考證，「氣功」一詞由來與戰國時期的一種哲學──「氣論」有密切關係，認爲宇宙萬物的生長變化都是氣的作用，而逐漸成爲中醫和養生的主導思想（謝煥章，1991）。《孟子》開始提出「養浩然之氣」；《荀子》提到「治氣養生之術」；在《靈樞》中把養生的一些內容稱爲「行氣」。戰國時期的文物──《行氣玉佩銘》就是以氣命名的練功銘文；晉朝道士許遜曾在《淨明宗教錄》中有〈氣功闡微〉之記載；清朝出版的《元和篇》中有〈氣功補輯〉一章；1934 年杭州祥林醫院出版，董浩著的《肺癆病特殊療養法─氣功療法》；1955 年中國的唐山市開設了一家最早的氣功療養院。1957 年，中國北戴河氣功療養院院長劉貴珍[1] 將氣功的臨床實驗予以科學上的體系化，並出版《氣功療法實踐》[2] 一書，對「氣功」兩字做了較完整的解釋。

1　劉貴珍，現代醫家（1902-1983年）。河北威縣人，因患潰瘍病及肺結核住院療養，以氣功鍛鍊而治癒，因而鑽研氣功，並提倡以氣功強身治病，籌建北戴河氣功療養院、唐山氣功療養院等。長年開展氣功療法，整理內養功、強壯功、保健功等功種，並著《氣功療法實踐》一書行世。2015年12月16日，取自http://big5.wiki8.com/liuguizhen_12273/。

2　此書介紹了內養功等15種功法，均係作者多年臨床實踐、療效顯著者。書中對氣功療法的特點、要領、注意事項及對練功姿勢、呼吸、意識、練功反應等問題，闡述較詳。並對內、婦、五官科58種疾病敘述了氣功與針藥按摩之綜合療法。1982年再版時做了較大的改動、充實。2015年12月16日，取自http://www.twwiki.com/wiki/%E3%80%8A%E6%B0%A3%E5%8A%9F%E7%99%82%E6%B3%95%E5%AF%A6%E8%B8%90%E3%80%8B。

　　爲了向世界各國擴展氣功的研究成果，氣功之英譯前後有 Breathing Exercise、Deep Breathing Exercise、Chinese Yoga、Spirit Kung Fu、Qigong 或 Chi Kung 等譯名，以便有興趣研究者能容易接受並發揚光大（謝煥章，1991）。陳兵（1991）指出，自1986年起，「氣功」一詞的定義即是：「通過內向性運用了意識的鍛鍊（調心），增強對自身生命運動的調節、控制和運用的能力，以達到身心和諧（內環境）、天人合一（外環境）。」將傳統氣功的觀念提升至「修養之道」。基於此，「練功必須以心意爲主導，乃氣功諸家之圭臬」是氣功鍛鍊之實質。

▲ 圖1-1

照片提供者：李洪滋教授，北京市首都體育學院退休教授。

五、氣功養生運動文獻剖析

　　鄭志明（2002）之研究臺灣地區養生修行團體調查報告中提及，氣功團體的興衰在於宗師，也在於功法，由於功法種類變化甚多，難以做比較，而修行民眾各因其因緣追隨名師，導致門派林立。氣功宗師的崛起與功法的流傳，被認爲是社會的集體的文化共業。氣功團體的發展，宗師的魅力主要是仰賴殊勝的功法，以簡單易學的功法吸引群眾。除了對宗師的

▲ 圖1-2　李洪滋[3] 教授於2007年，受筆者之邀，參訪國立高雄應用科及大學生物
　　　　能量研究室，探討氣功與經絡的相關學說。

崇拜感情之外，功法是否滿足民眾的需要是很重要的因素。將其興衰之影
響因素歸納三點：（一）功法大多來自宗師的神聖體驗；（二）功法是對應
著眾生的需求；（三）功法是濟世救人的工具。綜合其結論認為，氣功之
所以歷久不衰，其原因是滿足了人們起死回生與延年益壽的生存願望。這

3　李洪滋，健身養生專家，1930年3月生，遼寧瀋陽人，1952年12月畢業於中國醫科大學醫療系，
教授，博士研究生導師，前北京體育師範學院保健康復系主任。係中國老教授協會理事兼體育
科學專業委員會主任、國家體委對外交流中心客座教授、北京市錢幣學會理事、中國首屆體育
收藏展覽會副主任、海內外多家學術團體兼任理事長、顧問、常委、編委等。現任首都體育學
院運動醫學教授、博士生導師，中西醫結合主任醫師。畢生從事運動醫學、臨床與康復醫學、
中醫養生學的醫療、教學、科研。曾任中國體育總會冬季運動協會委員，現任中國老教授協會
理事、兼體育科學專業委員會主任委員，北京市老年人體育協會醫學顧問。發表論文100餘篇，
主編《運動與健康》一書。學術專著：李洪滋（2004）。**運動與健康**。北京市：化學工業出版
社。李洪滋（2008）。**運動與健康（第二版）**。北京市：化學工業出版社。2015年12月16日，取
自百度百科，https://translate.google.com.tw/translate?hl=zh-TW&sl=zh-CN&u=http://baike.baidu.com/
view/1767352.htm&prev=search。

也就是說明了為什麼截至目前為止，許多養生功法不斷的推陳出新，以往皆為口傳心授的功法，現在正一一被挖掘出來，新興的修練團體也越來越多的原因。

鄭建民（1997）在探討中老年人習練香功前後之血液生化分析中，以志願受試者做為期半年的香功習練，並做前後血液的生化分析，探討習練香功對人體之肝、腎、血脂肪、血糖等指數的影響。依分析數據顯示，香功對人體肝臟有正面的影響，對三酸甘油脂（triglyceride）亦有降低的作用，其餘項目並不顯著。結論認為，習練香功可能會使肝功能指數恢復正常水準，且相對的降低指數，並加速肝病患者肝功能的恢復。此外，習練氣功可能使人體酵素活性改變，免疫力增強，這就是練氣功能健身的證明，特別對老年人及殘障、病弱者最有益處。

其實，筆者本身1983年就讀國立臺灣師範大學體系的第一年新生體檢，就被檢出是B型肝炎帶原者，但一直無法復原，而成為終身的帶原者。個人之所以熱衷做系列的追蹤研究香功功效的原因無他，就是先要解決個人本身的問題，以親身做為驗證的實驗樣本持續研究。終於在2010年B型肝炎表面抗原由陽性轉為陰性，這是個人長期練功與規律作息及正常飲食配合的結果，也證實了個人1997年期的系列研究結論：「習練香功可能會使肝功能指數恢復正常水準，且相對的降低指數，並加速肝病患者肝功能的恢復。」如表1-1、表1-2、表1-3、表1-4及表1-5所述。由佑康診所美式專業健診中心的檢驗當中，表1-1鄭建民2009年4月23日肝功能檢查表、表1-2鄭建民2009年4月23日B型肝炎表面抗原抗體檢查表、表1-3鄭建民2010年4月7日肝功能檢查表，及表1-4鄭建民2010年4月7日B型肝炎表面抗原抗體檢查表得知2010年之檢驗是轉變的關鍵點。距1983至2010年，歷時27年的歲月，算是長時間的修練結果。

表1-1　鄭建民2009年4月23日肝功能檢查表

佑康診所.美式專業健診中心
URL:WWW.YCHP.COM.TW　E-mail:ychp@ychp.com.tw

姓　名 :鄭建民	公司:高應大教職	(二)生化檢查			參考值
健診號碼 :B5851124	部門:體育室			單位	
性　別 :男		(1)肝功能檢查			
年　齡 :		麩草酸轉氨基酵素 (GOT):	23.00	U/l	<35
健診日期 :98/04/23　[團體報到日]		麩丙酮轉氨基酵素 (GPT):	25.00	U/l	<40
健診序號 :1124		鹼性磷酸酵素 (ALP):	36.00	U/l	35-130
一般體格檢查		總蛋白量 (TP):	7.40	gm/dl	6.0-8.2
		白蛋白量 (ALB):	4.70	gm/dl	3.5-5.5
身　高(公分) :		球蛋白量 (GLO):	2.70	gm/dl	2.0-3.6
體　重(公斤) :		白蛋白／球蛋白 :	1.74		1.0-2.5
理想體重(公斤) :		直接膽紅素量 (DBIL):	0.16	mg/dl	<0.5
理想體重超出率 (%) :		膽紅素總量 (TBIL):	0.74	mg/dl	0.5-1.5

表1-2　鄭建民2009年4月23日B型肝炎表面抗原抗體檢查表

(四)肝炎篩檢

＊B型肝炎表面抗原 (HBsAg): 陽性　38.73　陰性

B型肝炎表面抗體 (HBsAb): 陰性　2.26　陰性

C型肝炎抗體 (Anti HCV): 陰性

表1-3　鄭建民2010年4月7日肝功能檢查表

佑康診所　美式專業健診中心
URL:http://www.ychp.com.tw　E-mail:ychp@ychp.com.tw

姓　名 :鄭建民	公司:高應大教職	(二)生化檢查			參考值
健診號碼 :B7820005	部門:體育室			單位	
性　別 :男	ID:S120302243	(1)肝功能檢查			
年　齡 :50	X光:0004	麩草酸轉氨基酵素 (GOT):	24.00	U/l	<35
健診日期 :99/04/07　[團體報到日]		麩丙酮轉氨基酵素 (GPT):	24.00	U/l	<40
健診序號 :0005		鹼性磷酸酵素 (ALP):	49.00	U/l	35-130
一般體格檢查		總蛋白量 (TP):	7.40	gm/dl	6.0-8.2
		白蛋白量 (ALB):	4.30	gm/dl	3.5-5.5
身　高(公分) :		球蛋白量 (GLO):	3.10	gm/dl	2.0-3.6
體　重(公斤) :		白蛋白／球蛋白 :	1.39		1.0-2.5
理想體重(公斤) :		直接膽紅素量 (DBIL):	0.15	mg/dl	<0.5
理想體重超出率 (%) :		膽紅素總量 (TBIL):	0.81	mg/dl	0.5-1.5

表1-4　鄭建民2010年4月7日B型肝炎表面抗原抗體檢查表

(四)肝炎篩檢

B型肝炎表面抗原 (HBsAg): 0.43　陰性

B型肝炎表面抗體 (HBsAb): 2.86　陰性

C型肝炎抗體 (Anti HCV): 陰性

表1-5　鄭建民2012年8月31日B型肝炎表面抗原抗體檢查表

和醫醫事檢驗中心專業檢查機構　地址：高雄市三民區吉林街33號

健康一生檢驗報告　128/85/84

姓名：鄭建民　　　電話：　　　　　檢查日期：101.08.31

項目	中文名稱	檢驗數值	參考數值	單位
肝功能檢查				
GOT	天門冬氨酸轉化酵素	38	5-40	U/L
GPT	氨基丙酮酸轉氨酵素	39	5-40	U/L
ALK-P	鹼性磷酸酵素	70	42-141	U/L
T.P	總蛋白	7.4	6.6-8.7	gm/dl
Alb	白蛋白	4.2	3.5-5.0	gm/dl
Glo	球蛋白	3.2	2.4-3.6	gm/dl
A/G	蛋白質比值	1.31	1.0-2.0	g/dl
D-BIL	直接膽紅素	0.2	0.0-0.5	mg/dl
T-BIL	總膽紅素	1.0	0.0-1.2	U/L
r-GT	酒精性肝炎檢查	41	0-50	U/L
B型肝炎檢查				
HBsAg	B型肝炎表面抗原檢查	0.037(-)	0.00-1.00	COI
HBsAb	B型肝炎表面抗體檢查	0.082(-)	0.00-1.00	COI

　　筆者為了確認檢查是否正確，於是在2012年8月31日換了一家和醫醫事檢驗中心專業檢查機構，再次做一次肝功能之評估，結果如表1-5所示，筆者已確認B型肝炎表面抗原及抗體檢查已呈現陰性。一般而言，B型肝炎帶原者，大部分的人會終身帶原，無法復原，但因為筆者相信習練香功會有所改善，以1994年到2010年，約有16年的練功功齡，能對B型肝炎表面抗原成陰性反應，也是一種正向的結果，藉此篇幅分享讀者。

　　在太極拳的研究中Lan（1998）以38位年齡58至70歲的老年人為研究對象，實施12個月的太極拳訓練，其中20位（9位男性與11位女性）為太極拳組，每週練習4.6±1.3次；另外18位（9位男性與9位女性）為控制組。結果在12個月的太極拳訓練後，太極拳組在柔軟度方面有顯著地提升，其中太極拳組男性軀幹前屈角度增加11度。太極拳組女性軀幹前屈角度增加8.8度，控制組則皆無顯著改變。Lan（1999）的另一研究，以9位平均年齡55.7±7.1歲，冠狀動脈繞道手術後16.7±2.8週的男性病人為太極拳組，施以1年的太極拳訓練，運動強度約48-57%的最大心跳率，平均每週練習3.8±1.5次。另外11位平均年齡57.2±7.7歲，冠狀動脈繞道手術後16.4±3.1週的男性病人為控制組，進行相同運動強度的走路運動，平均每週運動1.7±1.1次。結果在1年的太極拳訓練後，太

極拳組的最大攝氧量顯著地增加10.3%，控制組則稍微減少1.5%，心跳率在兩組則皆無顯著改變與差異。Lan等人（2000）以平均年齡61.1±9.8歲的15位男性與17位女性為研究對象，實施6個月的太極拳訓練。男性平均每週練習3.8±1.2次，女性平均每週練習4.1±1.3次。結果在6個月的太極拳訓練後，男性膝向心伸肌肌力增加15.1%至20.0%，膝離心伸肌肌力增加15.1%至23.7%，膝伸肌肌耐力增加9.6%至18.8%。女性膝向心伸肌肌力增加13.5%至21.8%，膝離心伸肌肌力增加18.3%至23.8%，膝伸肌肌耐力增加10.1%至14.6%。Wang等人（2001）以10位平均年齡69.9±1.5歲，有定期練習太極拳，平均拳齡11.2±3.4年的男性為太極拳組，10位平均年齡67.0±1.0歲的坐式生活型態男性為控制組，比較兩組在最大運動負荷下的循環功能表現。結果顯示太極拳組在皮膚血流、皮膚溫度與最大攝氧量皆顯著高於控制組。但在心跳率與平均血壓上，兩組無顯著差異。Wong等人（2001）以25位（8位男性與17女性）66至74歲，有規律練習太極拳2至35年的老年人為太極拳組。另外14位（4位男性與10女性）66至76歲，坐式生活型態的老年人為控制組，施以平衡能力測試。實驗結果顯示太極拳組在身體盡量前傾及後仰（forward-backward weight-shifting）的最大距離表現明顯優於控制組。

　　呂萬安（2004）在其太極拳、外丹功對成年人自律神經活性的效應研究中認為，太極拳與外丹功是兩種普遍流行於東方國家的養生運動，被認為是適合老年人與慢性病人的運動。研究數據顯示，太極拳的短期效應是提升副交感神經的活性，並使得交感神經的活性下降。而外丹功的短期效應是提升副交感神經的活性，長期效應是增加交感神經的活性，而不影響副交感神經的活性。研究結果顯示，此兩種運動都具有抗老化與促進健康的效應，值得推薦給中老年人做為養生運動。王鐘賢（2004）回顧過去有關養生運動與藥物對老年人循環功能的影響中指出，中國傳統養生運動「太極拳」為一中等強度之有養運動，對老年人健康體適能（包括：心肺功能、肌力、柔軟度、身體組成）、微循環、與血管內皮細胞功能皆有顯著的助益。同時可預防老年人心血管疾病之發生，進而提升健康的維護。

　　由以上文獻綜合分析發現，傳統養生運動之各類氣功中，如太極拳、外丹功與香功已引發許多學者在此領域中的持續研究。其之所以歷久不衰，其原因是滿足了人們起死回生與延年益壽的生存願望。同時也驗證了氣功養生運動對中老年人或術後恢復期的病人，無論對男性或女性生理上之人體酵素活性改變、免疫力增強、老年人健康體適能、軀幹前屈角度增加、膝向心伸肌肌力膝與離心伸肌肌力增加、皮膚血流、皮膚溫度與最大攝氧量的增加等多方面的適應與調整，並保持身體動態的平衡，尤其香功修練能使 B 型肝炎表面抗原由陽性轉為陰性的結果感到興奮不已。

六、養生時辰的相關研究

　　鄭懌、曾佑任（1997），Jeng 與 Hsiou（1999）指出：生物學家發現生命有節律現象，生物體內的自生電磁場必定會受到周圍外在電磁場的影響而產生交互作用。有關地磁場與人體之間的交互作用中，有許多現象告訴我們地磁場確實與生命節律有關，但理論上卻很難證明和解釋。

　　以中國人對磁場最早的認識，在古代的象數學中，用陰陽五行、八卦、天干地支等不同的符號，推演出多種週期的流年、月、日等循環。目前我們並不清楚地磁場與人體確實的交互作用過程，但藉由近代地磁場測量的精確數據分析地磁場在時間域（time domain）及頻率域（frequency domain）中的變化，來判斷地磁場變化與古人時辰觀念的相關性。從時間域與頻率域的分析上，初步發現上述養生或練功擇時法所認定的時辰（子、丑、寅、卯）在時間域的磁場分析上為較平靜的時段，也是太陽干擾地球磁場較小的時段；而頻率域分析結果顯示此時辰為地磁場主頻率出現較清晰的時段，原因也是因為沒受到太陽干擾。

　　目前雖沒有證據顯示自然變動的磁場對人體有什麼害處，但大多數研究者皆同意人體順著一個穩定的地球雙磁場調息養生或治療疾病，可得較佳的功效。劉寶海、郭利生（1992）、鄭魁山（1992）等人認為，中國人對一天的時間以十二時辰劃分，養生功法的實踐是分年、季、月、日四個

時序。在道家養生法及傳統醫學中「子午流注」的理論皆有多處論及經脈氣血流注規律及擇時練功的方法。一般的養生鍛鍊則選在日中、日出、日沒、夜半；即子、午、卯、酉四個時辰。綜合養生理論或實驗藥例大致可歸納子（23-1 時）、丑（1-3 時）、寅（3-5 時）、卯（5-7 時）等時辰對人體調理、養生較佳的時辰。這與氣功鍛鍊的理論中，有多人主張在子時與丑時練功最佳有異曲同工之妙。

星野稔（1994）指出，《黃帝內經·素問》遺篇刺法論篇中認為：患有慢性腎臟病的人，應該於早晨寅時（3 點到 5 點）向南定神，藉著意念屏息，不使吐氣，而後吸氣七次。其次，引頸如吞嚥硬物般的吸氣。反覆七次之後，嚥下舌下湧起的大量唾液，長期修練有助於改善體況。又認為練氣功的人像在與樹木對話似地佇立樹下，人體中的自律系統器官，似乎與植物可以做某種有益的對話。此外，練功最佳的時間是在早晨或晚上睡前及中午飯前亦很好。中國氣功大師將內臟疾病與氣功治病時間的關係編成如下歌訣：「肺寅大卯胃辰宮，脾巳心午小未中，申膀酉腎心包戌，亥焦子膽丑肝通。」以下是具體說明氣功治病的最佳練功時間表：肺病者上午 3 點到 5 點（寅）；大腸病者上午 5 點到 7 點（卯）；胃病者上午 7 點到 9 點（辰）；脾病者上午 9 點到 11 點（巳）；心臟病者上午 11 點到下午 13 點（午）；小腸病者下午 13 點到 15 點（未）；膀胱病者下午 15 點到 17 點（申）；腎臟病者下午 17 點到 19 點（酉）；心包病者下午 19 點到 21 點（戌）；三焦病者下午 21 點到 23 點（亥）；膽病者下午 23 點到上午 1 點（子）；肝病者上午 1 點到 3 點（丑）。陳秀甘（1996）談到氣功的功效時提出，治療疾病的人，於寅時（3-5 時），面向南方，做七次吸、停、吐的方式，對改善病患病情有所助益。因為中醫的「時間的流注」中所提之概念，認為天體運行會影響人體的氣血循環及人體節律——「生物時鐘」。

鄭建民（1997b）發現，香功修練效果會因修練時段與修練次數而影響結果；鄭建民（1998）進而再探討性別與修練香功時段及頻率對人體肝腎功能指數的影響。以志願受試者為 9 位男性與 7 位女性，隨機分

派成卯時早上一次組、卯申酉早午（早上及午後）二次組，及申酉（午後）一次組等三個組別。其平均年齡分別為60.6±6、63.7±11 及 63.5±10 歲，參與為期6個月的香功實驗。實驗前、後對14 項血液生化值進行分析，以比較性別與修練時段及頻率之組別的差異及對生理的影響。經三因子一般線性模式分析，得到以下結果：（一）性別之間無顯著差異（p ＞ .05）；（二）不同時段修練一次組，其生化指數無顯著差異（p ＞ .05），唯有白蛋白（albumin）指數會因修練時段及頻率交互影響而有差異（p ＜ .05），其餘 13 項指數均未達顯著差異（p ＞ .05）。由此歸納，修練香功之時段及頻率可能影響血液之白蛋白組成。若每日能修練二次，對增進健康保健效果較為顯著。

由以上文獻發現：養生時辰除對經絡循環的重要性外，但是時間的流注與生理各變項的科學評估數據呈現與驗證乃需要更多的科學研究來支持，而且傳統十二經絡的時辰差異，會因自然節律變化，而有所適應性的調整。研究證明，功法的修練，性別間無差異，但會因修練的時辰與修練頻率與次數影響結果，因此不同功的修練功效，也需要更多實驗來驗證。

七、香功的相關研究

中國香功是氣功與特異功能相結合的佛教禪密宗功法，由田瑞生於1988 年5 月8 日上午8 時正式傳授，並更名為「中國佛法芳香型智悟氣功」，簡稱「智悟氣功」。後來改稱「中國芳香智悟氣功」，簡稱「中國香功」，或「香功」（田淑芳，1996、1997；林淑貞，1996、1997；孫振強，1994；黃紅瑛，1995；趙才萱，1993）。其基本概念如下：

（一）練功應有的認知

(1) 全身放鬆、(2) 不帶意念、(3) 心情愉快、(4) 動作自在，收效大方。

（二）練功的五字真諦

(1) 信是基礎、(2) 練是條件、(3) 德是根本、(4) 悟是關鍵、(5) 傳是天職。

（三）練功的注意事項

(1) 重病者不可練此功，待病情好轉後始可修練。

(2) 不能同時修練兩種功法，因功法氣路不同，混練易出偏。

(3) 飯前飯後20分鐘，生氣、過度疲累、地震、打雷、空氣污濁、高壓電線下10公尺內、天明前、天黑後、刮大風、大霧時，不能在室外練功。

(4) 室內練功應燈光明亮，避免風扇下、過堂風處練功。練功後應避免立即喝冰冷飲、沖涼水澡。

(5) 修練本功法使人的精神生理各系統，進行整體調整，逐步達到最佳狀態，練功過程中有麻、漲、涼、熱、蟻行、沉、浮、輕、重、疼痛等氣感效應及打哈欠、打嗝、流淚、流汗發抖、放屁、腹瀉等氣沖末稍神經或排病氣的正常現象，堅持練功即可逐步好轉。

(6) 每一動作大致在36至54次之間，練功時不可想自己的病灶。

(7) 練功中，若因故突然中斷時，應先收功，否則會造成氣滯，或使人不適，嚴重者出偏，所以確實做好收功。

(8) 練功時，氣在體內自然運行，各系統正進行調節，若受驚嚇，不可中途停頓，應堅持繼續練功，慢慢使心情平靜，恢復常態，以避免驚動造成氣滯或出偏。

(9) 女性在月經期間可繼續練功，孕婦在6個月後應停練。本功法與運動不相礙，但在練功一段時間內，不要做劇烈運動，更不要在氣功態下做甩手動作。

(10) 練功時，全身放鬆，不帶意念，心情愉快，團體共練時，氣氛活潑愉快；配合音樂練功時，應似聽非聽，不刻意欣賞或數拍子。

(11) 練功不到一定層次，有些「現象」很難理解，要遇好不喜，遇惡不怕，不要回顧，亦莫追求，更不要到處去講說玄虛，否則易出偏。

(12) 有意練功，無意成功，順乎自然，不可急躁追求，堅信不移，堅持久練，功到自然成。

在許多學者研究，如趙才萱（1993）對於香功能袪病強身的報導在天津市病例選編中，例舉諸多病症經由修練香功因而有所改善或痊癒。至於其機制原因為何，有待更多的研究來證實。李繼芬等人（1994）之研究發現，腫瘤患者在參與聽完香功發表會後使尿素氮（BUN）、血糖均升高，但都在正常範圍內，尿素氮為何升高，其機制不明。其血清中之唾液酸在氣功前為 0.45mg/ml 高於正常值，而氣功後為 0.34mg/ml 降為正常值之低限（血液唾液酸之範圍為 0.33-0.44mg/ml）。患者之白血球數量升高，可能氣功對人體機能的調節作用有關。袁加莉等人（1995）之研究發現，香功對大氣中之總懸浮顆粒物（TSP）和氨氣（NH_3）有降低之作用。亦即，在非發功狀態下，大氣中之 TSP 的平均含量為 35.4mg/m^3，發功狀態下為 15.9mg/m^3。發功狀態較非發功狀態下，大氣中 TSP 的平均含量降低約 55.1%。非發功狀態下，大氣中氨的平均含量為 0.039mg/m^3。發功狀態下為 0.025mg/m^3。發功狀態較非發功狀態下，大氣中氨的平均含量降低 35.9%。

這研究顯示，在香功的氣功態下，對某固定空間，大氣中氨的平均含量產生影響。鄭建民（1997）以中老年人為對象，為期 6 個月的研究，探討修練香功前後之 17 項血液之生化分析。結果發現，在 17 項目當中有 10 項達到顯著差異（$p < .05$）。依次是麩草轉氨基酸（glutamicoxaloacetic transaminase, GOT）、麩丙酮轉氨基酸（glutamic pyruvic transaminase, GPT）、總蛋白質（total protein）、球蛋白（globulin）、白蛋白／球蛋白比率（Albumin /Globulin ratio, A/ Gratio）、直接膽紅素（d-bilirubin）、總膽紅素（t-bilirubin）

及膽道酵素（γ-glutamyltranspeptidase, γ-GPT）、尿酸（uricacid）、三酸甘油脂（triglyceride）。在此 10 項當中，除了膽道酵素（r-GPT）、尿酸指數升高之外，其餘指數顯著的降低，且皆在正常值之內。研究發現，修練香功可能會使中老年人肝功能指數恢復正常水準，且相對的降低，並加速肝病患者肝功能的恢復。此外，修練氣功亦可能使人體酵素活性改變，免疫力增強。

鄭建民（1997a）在性別差異與習練香功次數對肝腎機能影響之探討中發現，在 14 項血液生化值當中有 9 項達顯著差異，可能對肝功能之改善有正面的幫助，但對腎功能之影響不顯著。研究結果經統計分析發現，性別差異不會影響氣功修練的功效，但練習次數之多寡可能會影響血液成分的改變。鄭建民、宋靜宜（1997）探討香功修練時段與次數對血液生化指數的影響中發現，修練時段與次數可能交互影響血液中之白蛋白成分的改變，對血壓調整有所幫助。進一步分析的結果發現，修練次數多寡直接影響修練的效果，性別與修練時段無顯著差異。

蘭中芬、張學詩（1997）於香功對人體免疫力的影響研究指出，未練香功的正常人與修練香功的人白血球總數及分類均無顯著差異；但 T 細胞酸性酯酵素染色陽性率有顯著不同。初學者、練功 1 年者、練功 2 至 3 年以上者的 T 細胞酸性酯酵素染色陽性率均明顯高於未練香功者（p＜.001）。研究顯示，練香功可明顯提高人體細胞免疫力。鄭建民等人（2000，2001，2002，2004）於修練香功者的生物能測量值分析系列研究當中，研究者發現，修練香功前、後，其手足穴位生物能量值有顯著的提升，且男性高於女性，整體而言，修練香功對足厥陰肝經、足太陰脾經及足少陽膽經穴位良導值皆有明顯的調整作用，對整體血液循環系統與消化系統及情緒之穩定，健康促進有正面的影響，而生物能量值可以做爲健康診斷輔助的參考。

研究者間接推論，氣功的修練對心理與生理調整及生活品質之提升皆有實質上的助益。鄭建民等人（2006）之研究，51 名受試者分成實驗組 25 名（男：5，女：20），平均年齡、身高、體重、BMI 及功齡分別爲

56.72±8.46 歲，159.16±5.85 公分，58.75±4.58 公斤，23.91±1.61 及 3 個月，對照組26 名（男：11，女：15），為 56.65±9.78 歲、161.38±4.54 公分、63.73±7.91 公斤、24.48±2.88。藉由超音波血流計及生理變項測量，探討其對人體生理的效應與相關發現，短期至少 3 個月從事養生運動對耳溫、心縮壓、舒張壓及平均指尖血流速及峰值有顯著影響。耳溫與安靜心跳成正相關，與心縮壓、舒張壓成負相關。

　　由以上文獻歸納出香功之應有的認知、練功的五字真諦、練功的注意事項，並從1988 至 2006 年近 20 年間修練香功的相關研究有可能使血液組成改變，對人體血壓可能有調節作用。其次是，香功對大氣中之總懸浮顆粒物（TSP）和氨氣（NH_3）可能有降低之作用，同時在練功場所可以測出氣場的存在。修練香功的同時，可測出腦波的改變，亦可能散發出某種香味。而在香功修練上，性別與修練時段之間則無顯著差異。整體而言，香功的修練對人體血液循環系統、消化系統、情緒之穩定與改善及調整等健康促進有正面的影響。至於對人體預防保健有實質上的助益如自律神經的影響、自我認知的評估仍需更多方面的研究與探討的必要。

八、氣功與腦波的相關研究

　　劉國隆等人（1989）研究發現，北京中醫學院對練功時中樞神經系統的功能狀態，做了詳細的研究，他們認為人體一切功能均受中樞神經系統之控制，因此研究中樞神經系統之行為對「氣功」的本質極為重要。他們用聲音、閃光、觸覺刺激的方法來刺激神經末端之感受器，然後測量這些神經信號送進大腦之誘發反應。結果測量這些神經信號送進大腦之誘發反應，發現當師父練功時，這些神經信號在大腦受到不同程度的抑制。

　　李嗣涔（1989）於臺大電機系的實驗發現，當學佛與學道不同門派的師父在練功時，腦 α 波之變化可以粗分為兩類，佛家的「禪坐」（即靜坐）與道家的「放空」等功法相當接近，都是在靜坐中，或者是腦中什麼也不想（放空），或者是數息或守竅（坐禪），集中意念數自己的呼吸或

是想身體某一部位如丹田。這些功法對腦的影響就是大幅降低 α 波的振幅，愈是高段的師父，壓抑 α 波之能力就愈強，甚至把整個 α 波都去掉了。這種狀態是人體巨觀細胞系統的一個全新的狀態，與「清醒」及「睡眠」兩個人體最常見的狀態均不同，因此定義為「入定態」，代表了身體所處的一種氣功功能態（簡稱「氣功態」）。

另外一種練功法即道家及佛教密宗的練法，也就是練丹田，練任督及大小週天的功法，這時師父腦內 α 波振幅大幅度的增加，從兩倍到五倍都有，這種狀態定義為「共振態」，是有別於「入定態」的另一種「氣功態」。所謂「共振態」係發現用與腦 α 波相同頻率的閃光或快速思想來刺激大腦，而讓腦 α 波振幅大幅增加的話，是可以引發氣感，造成氣集丹田或行氣打通任脈之結果，而氣感又可以激發 α 波，因此產生共振的現象。另外中央研究院物理研究所的實驗顯示，α 波之變化可能受到血管脈波之影響，因此到底是 α 波還是脈波造成了「共振態」，還有待進一步的研究。

張惠民（1989）認為，中國醫學很早就談到心與身的關係。《黃帝內經·素問》敘述人致病的內因是「內傷七情」，即喜則傷心，怒則傷肝，思則傷脾，恐則傷腎，悲則傷肺；防治的原則是「精神內守，病安從來」；具體的方法之一是氣功療法，從西方的實驗心理學中找到了相對應的客觀指標，諸如放鬆訓練、情緒控制、專注；生理指標如血壓、指溫（體溫）、內分泌、唾液、膽汁、性激素分泌等等。崔玖（1989）在《氣功的現代醫學觀》中指出，氣功鍛鍊的放鬆、入靜、調息等，其在神經系統方面的作用可能是抑止中樞神經而促進自律神經的自我調節的功能，一方面可以誘致心境的平和及情緒的改善，一方面可能調整各個臟腑共振頻率的偏差。氣功在循環系統方面的作用，可能是因為調息可以達到按摩內臟的效果，因而導致血流經脈的方向做重新分佈，而使末稍血管擴張，促進了微循環的改進及組織血流量的增加，局部溫度增高，並能產生「氣」。這可能是為什麼古書所載的「氣為血之師，血為氣之母」的原因，也是氣功調和氣血作用的具體表現。

　　嚴震東、曹恆偉（1990）研究氣功師與常人之生理參數發現，氣功師在氣功狀態下較特殊的生理參數變化有：(1) 發功手之手指溫度下降，手指血流明顯變小。(2) 血壓和心跳明顯上升。(3) 心跳速率及脈搏均受到呼吸顯著的影響。(4) 氣功師可以明顯影響一些「敏感」的人。

　　李嗣涔（1990）認為，自主神經中樞所在部位腦幹則明顯處於激發的狀態。這一事實不僅可以解釋前面所量到的現象，如手溫變化，內臟蠕動，即「大腦靜，內臟動」和「靜中求動」的理論，同時也為解釋氣功練到高深時所產生之「視而不見，聽而不聞」的現象提供了神經生理學的基礎。臺大醫院腦神經室所做的類似實驗顯示，練功10年以上的師父，其腦神經誘發電位與一般人有顯著的不同，腦神經的另一個重大反應是腦自發電位（腦波）的變化。腦波是一位德國科學家貝克（Berg）於1929年所發現。他的測量方法很簡單，只要放兩個電極在頭顱上，就可以量到大約只有10個微伏左右的電壓變化。當被測試的人張開眼睛時，這些電壓的振幅很小，頻率大約在13到35赫茲，叫做 β 波。但只要一閉眼，幾乎瞬間就會出現5到10倍振幅，頻率在8到13赫茲的波動，叫做 α 波。林浩雄、李嗣涔（1991）研究氣功師練氣時的腦 α 波振幅變化的同時，發現氣功師可以分別經由副交感或交感神經控制血管之鬆緊，促使流向手掌之血液增多或減少而導致溫度上升或下降之結果。

　　李嗣涔、張楊全（1991）在氣功的實驗的過程中，也發現道家高段師父練功時也是進入「入定態」，與「佛家坐禪」的高段師父結果非常類似，顯示道家的練功法是先練「共振態」，再進入「入定態」，而佛家坐禪，一開始就是練「入定態」，兩者殊途而同歸，最後境界似乎是相同的。李嗣涔（1991）研究發現，氣功在幾千年歷史的發展上起伏不定，原因是氣功之「氣」是看不見、摸不著的東西，讓沒有練過的人感到很玄虛，其次是氣功的門派繁多，滲雜了不少得道升天，見神見鬼等神秘色彩，加上宣傳過頭例如「氣功能治百病」，給人們留下不好印象，產生反感。

　　自19世紀末年，西風東漸以後，凡是不能用近代科學解釋的傳統習俗，都被視為「不科學」、「迷信」而遭到忽視、排斥的命運，中醫與氣功

在20世紀前70年當中，正遭逢惡劣的環境。直到1971年初，由於中國大陸開發出「針灸麻醉」的新麻醉技術，使病人在開刀手術當中還能與醫生談話，因而震驚了西方醫學界，並刺激全世界開始從事積極的研究，使「針灸」登上世界醫學的殿堂。這表示傳統醫學能歷經數千年而不衰，是有它的道理存在。

在氣功的研究方面，在1950年代，蘇聯人已學習了我國的氣功，並將其廣泛的運用到醫院、療養院改善各種慢性病。而在1960年代末，加拿大及美國根據氣功放鬆的原理與現代電子儀器結合，研製生物回饋療法，並將其納入到「控制論」的研究範圍，同一時間，西方也發展出「超覺靜坐」（Transcendental Meditation），雖然超覺靜坐的名稱與「氣功」不同，但實際修練的方法與氣功入定是類似。至於針對氣功做大規模且系統化研究，則開始於1978年。

王唯工、崔玖（1992）針對練習氣功者對脈波與腦波之影響之研究發現，血液的分配是由頻率來調變的，在受測者躺下放鬆後，發現脈波頻譜會呈現系統性變化，其中，高頻部分會增加。不同受試者間其細部頻譜變化型式相異，但同一受試者做重複測試則有類似的變化型態。他們同時對受測者的腦波探討，計算腦波睡眠紡錘波（頻率範圍12.4-14.6 Hz）之百分比。發現脈波頻譜的變化為腦波變化之必要條件。孟貴榮（1993）指出，美國哈佛大學醫學院於1985年9月，請清華大學氣功科研協會做了《氣功外氣對液晶雙折射效應影響》論文報告，受到美國科學家的高度重視。這也是中國氣功科學研究走向世界的一次有助益的嘗試。

崔玖等人（1993）在有關生物能場對正常細胞之影響研究中指出，氣功外氣所產生之能量對細胞之生理產生巨大影響。「殺傷」意念使細胞膜結構改變，細胞質及細胞核之流動性產生改變，不利於細胞之生化合成反應及呼吸效應。相反的「和平」意念所產生之能量，細胞較能接受，促使DNA合成增加，引起細胞之分裂。陳在頤（1994）與孟貴榮（1993）指出，大陸清華大學氣功科技協作組於1986年與氣功師嚴新合作，對不同距離發功後的信息水進行激光拉普曼譜測試，發現均有別於普通水的激

光拉曼譜。王貴芳（1994）之研究探討氣功對腦波影響，採用練同樣一種功法為實驗組，完全沒有練功者為對照組，比較練功對於 α_1、α_2、β、θ、δ 波的影響。電極置於 Fp1、Fp1、F3、F4、C3、C4、P3、P4、O1、O2、F7、F8、T3、T4、T5、T6、Fz、Cz、Pz；另外兩個導聯為心電圖和呼吸圖，總共21導。參考電極置於左、右耳垂。電極電阻為 30kΩ，時間常數為0.3秒。根據臨床 δ（0.25-4.0）、θ（4.0-8.0）、α_1（8.0-10.0）、α_2（10.0-14.0）、β（14.0-31.0）五個頻段劃分標準，分別計算出各頻段的功率畫出頻率分段圖，再以圖形下之面積加以積分所得值（P），比較練功前後增減百分率（R）。其研究發現實驗組與對照組之練功前後功率增減百分率（R），同時皆有增加和減少現象。因此腦波分析時，可以明顯看出各波之練功前後百分率改變之趨勢。結果顯示，練功中 θ 波 R 增加最為明顯。練功時間效應，隨著練功時間增加，θ 波 R 亦增加，其以練功中第三階段比較其他時段，增加最為明顯，腦部區域以 F3、F4、C3、C4、P3、O1、O2、F8、T3、T4、T5、Fz、Pz 等十三區域增加達顯著差異（$p < 0.05$）。氣功對 δ 波 R 之影響主要是造成明顯增加，實驗組練功中第三階段 R 明顯增加，與對照組做比較時僅有 F8 一個區域有明顯增加。

　　研究者認為，氣功對於 α_1、α_2、β 波之效應，並非產生於練功中，主要在於練功後，造成明顯減少。氣功對 α_1 波 R 之影響，實驗組練功後 R 明顯減少，與對照組練功後 R 減少做比較，具統計學上差異（$p < 0.05$）者有：Fp2、F3、F4、C3、C4、P3、F8、T3、T5、Fz、Cz 等十一個區域。若以時間效應來看，以練功後階段比較其他時段，除 Fp1、C3 外，全部腦部十七個區域皆有明顯減少且達顯著差異（$p < 0.05$）。氣功對 α_2 波 R 之影響，實驗組練功後與對照組做比較且達顯著差異（$p < 0.05$）者有：C3、P4、O1、O2、T6、Fz 等六個區域；若以時間效應來看，以練功後階段比較其他時段，除 T3 外全部腦部十八個區域皆有明顯減少達顯著差異（$p < 0.05$）。氣功對 β 波 R 之影響且達顯著差異（$p < 0.05$）者有：Fp1、Fp2、F3、F4、C4、O1、F7、T3、T5、T6、Fz 等

十一個區域；以時間效應來看 Fp2、F3、C3、C4、P3、P4、O1、F8、T3、Fz、Cz、Pz 等十二個區域皆有明顯減少且達顯著差異（$p < 0.05$）。陳榮洲等人（1997）研究天帝教正宗靜坐氣功法門，以練正宗靜坐功法為實驗組，完全沒有練功者為對照組，比較練功對於腦波 α_1、α_2、β、θ、δ 波的影響。以練功前後功率增減百分率，分析練功對於各腦波的影響及腦電活力係數效應。其研究顯示，實驗組與對照組練功功率百分率，皆有增加和減少現象，因此腦波分析時，分功率增加和功率減少兩部分。結果以 θ 波功率百分率增加最為明顯，尤其在練功第30分鐘階段。練功對於 α_1、α_2、β 波之效應，並非產生於練功中，主要在於練功後，功率百分率明顯減少，而腦電活力係數練功後亦明顯減少。李嗣涔（1997）、李德新（1996）、謝煥章（1991）、陳在頤（1992，1994，1995）及林厚省（1997）認為，修練氣功可以影響到大腦中自主神經的總樞紐下視丘，因而可以控制血管通透性及增加末稍血流量，改善血液循環。大陸的研究也顯示，練氣功時有「氣到血到」的現象，也就是微循環隨著氣所到之處而產生局部改善的現象。

　　由於全身每一部分的細胞，每秒鐘都需要一定量的紅血球，運送足夠的養分，帶走新陳代謝後所產生的廢物，才能保持活力。長期從事靜態辦公的人，缺乏適度的運動，以致身體部分血液循環不良，日積月累下來，自然細胞抵抗力弱，容易產生疾病。因此每天修練氣功，可把足夠的血液送到身體的每一部分，自然細胞活力增加，抵抗力增加。此外，氣功的鍛鍊能刺激副交感神經，讓胃腸蠕動及消化液分泌增加，從而增加食慾，提高消化功能。自主神經自然調適內臟及內分泌，修復整個身體，促進了身體的健康。因此，氣功鍛鍊可以幫助放鬆，消除緊張狀態，能疏通經絡，調和氣血；能提高神經系統協調能力；能降低身體新陳代謝的速率，將多出的能量用做修補身體，抵抗疾病；能按摩內臟，改善消化及吸收能力，能增加營養之傳送及循環能力。凡此種種都能達到防病治病，健康長壽的目的。

　　豐東洋等人（2004）以實驗組與控制組各15位受試者爲研究對象，探討氣功對放鬆及情緒影響之腦波研究發現，在腦 θ 波頻率時，氣功組與控制組在組間、情境及電極有主要效果；在腦 α 波頻率時，氣功組與控制組在組間、與電極有主要效果，組別與電極有交互作用；在腦 β 波頻率時，氣功組與控制組在電極有主要效果，在組別與電極有交互作用；氣功組與控制組的額葉 α 波一側化在組別有主要效果。該研究結果呈現 α 波及 β 波資料，說明了氣功組在「放鬆」的表現上優於控制組，θ 波及 α 波一側化資料，顯示氣功組在「正面情緒」的表現上優於控制組。張楊全（2004）認爲，影響腦波因素有：個人之生理因素改變及心理因素（如受周遭環境氣氛及人、事、物）、日夜作息改變、血糖、體溫高低或檢測時段不是受測者生理時鐘的最佳狀況。

　　由以上之文獻回顧發現：氣功的生理反應變項中，包括腦 α 波振幅變化、手指血流量、手掌之血液增多或減少而導致溫度變化、心跳速率及脈搏、血液的分配是由頻率、自律神經的自我調節機轉、氣功外氣所產生之能量對細胞之生理產生巨大影響、「共振態」與「入定態」的定義、專注、α 波及 β 波資料與放鬆有關、θ 波及 α 波一側化資料則與正面情緒有關、練功後腦部各個區域 α、β 與 θ 波之變化率；生理指標如、血壓、指溫（體溫）、內分泌、唾液、膽汁、性激素分泌等。影響腦波的因素包括：個人之生理因素改變及心理因素（如受周遭環境氣氛及人、事、物）、日夜作息改變、血糖、體溫高低或檢測時段不是受測者生理時鐘的最佳狀況。以上之氣功相關文獻足資爲修練者的參考。

九、結語

　　根據個人的年齡與性別及功法喜好與需求，選擇適合個人的氣功養生運動。配合規律的修練，以3個月爲一階段，再進行評估是否對自己有幫助，再來決定是否持續修練同一功法，切記，不要同時練習二種以上的功法，以免造成不良的反應與走火入魔的危險。

參考文獻

王一芝（2015）。要活就要動！結合觀光帶動銀髮運動風。遠見雜誌特刊，帶著爸媽去旅行。2015 年 12 月 15 日，取自 http://www.gvm.com.tw/Boardcontent_25775.html。

王唯工（2002）。氣的樂章。臺北市：大塊文化。

王唯工、崔玖（1992）。練習氣功對脈波及腦波之影響。中華醫學工程學刊，12(1)，107-115。

王貴芳（1994）。氣功對腦波影響之分析（未出版之碩士論文）。中國醫藥學院：臺中市。

王鐘賢（2004）。養生運動與藥物對老年人循環功能的影響。長期照護雜誌，8(4)，398-407。

田淑芳（1996）。如何練中國香功。載於中國香功協會（編），1996 香功日誌（17-28 頁）。臺北市：中國香功協會。

田淑芳（1997）。修練香功的要點。載於林淑貞（編著），神奇的香功（74-79 頁）。臺北市：商周。

呂萬安（2004）。太極拳、外丹功對成年人自律神經活性的效應（未出版之博士論文）。國立陽明大學傳統醫學研究所，臺北市。

李邦正（1991）。周易與氣功（七）。中華易學，10(11)，39-42。

李嗣涔（1989）。以刺激法導引氣感之產生。國立台灣大學工程學刊，46，117-125。

李嗣涔（1990）。氣功態及氣功外氣之紅外線頻譜。國立台灣大學工程學刊，49，97-108。

李嗣涔（1991）。氣功的科學觀。科學發展月刊，19(8)，1055-1059。

李嗣涔（1997）。氣功與人體潛能。科學月刊，28(3)，188-197。

李嗣涔、石朝霖（1993）。人體潛能者之腦波特徵及電磁現象。中醫藥雜誌，4(2)，125-136。

李嗣涔、石朝霖（1994）。氣功與心靈潛能之研究。體育學院研究報告，計畫編號：8203，未出版。

李嗣涔、張楊全（1991）。由腦 α 波所定義的兩種氣功態。中醫藥雜誌，2(1)，30-46。

李德新（1996）。氣血論。臺北市：志遠書局。

李繼芬（1994）。香功對癌症病人血清唾液酸的作用。載於李國出（主編），千位高知話香功（第一輯）（43-45 頁）。北京：中國工人出版社。

林厚省（1997）。氣功學。臺北市：林鬱文化事業有限公司。

林浩雄、李嗣涔（1991）。氣功態之分類及外氣的性質。行政院國家科學委員會研究報告，計畫編號：NSC-79-0412-B002-203。

林淑貞（1996）。中國香功田瑞生大師開示。載於中國香功協會（編），1996 香功日誌（1-16 頁）。臺北市：中國香功協會。

林淑貞（1997）。神奇的香功。臺北市：商周。

孟貴榮（1993）。中華神功第一人──嚴新。臺北市：氣功文化出版社。

星野稔（1994）。氣功自然療法。臺北市：創意力文化事業有限公司。

袁加莉等人（1995）。香功帶功錄像對空氣中 TSP 及 NH_3 含量的影響初探。中華奇人神功（108-111 頁）。陝西科學技術出版社。

孫振強（彙編）（1996）。中國佛法芳香型智悟氣功。台北市：孫振強。

陳在頤（1992）。氣功對醫療保健功效的探討。中華體育，23，77-83。

陳在頤（1994）。氣功科研的過去與未來。中華體育，30，81-87。

陳在頤（1995）。氣功與體育。中華體育，35，1-7。

陳兵（1991）。佛教氣功百問。高雄：佛光文化公司出版。

陳秀甘（譯）（1996）。中國氣功健康法。臺北市：青春出版社。

陳榮洲、蔡輝彥、李采娟、王貴芳（1997）。天帝教正宗靜坐的腦波研究。中醫藥雜誌，8(3)，137-154。

崔玖（1989）。氣功研究的現代醫學觀。科學月刊，20(10)，789-791。

崔玖（1996）。**練氣功者心臟血管系統生物能測量值之分析**。國立體育學院國術研究中心研究成果報告書。

崔玖、王唯工（1993）。**人體生物能在臨床診斷之研究——練氣功者心臟血管測量值之分析**。行政院國家科學委員會研究報告，計畫編號：NSC-80-0412-B010-71R，未出版。

張明（2015）。運動與健康。2015 年 12 月 15 日，取自 http://www.mkhc.org.tw/crate_men_download_file.php?sn=2。

張惠民（1989）。**中華氣功精英叢書 (1)**。臺北市：曉園出版社有限公司。

張楊全、陳榮基（1994）。**氣功修練者生理指標之長期監視**。行政院國家科學委員會研究報告，計畫編號：NSC81-0412-B002-01。

黃紅瑛（編著）（1995）。**中華奇人神功**。西安：陝西科學技術出版社。

趙才萱（1993）。**香功**。天津市：天津市職工氣功協會芳香智悟功委員會。

鄭志明（2002）。台灣地區養生修行團體調查報告。二十一世紀雙月刊，**27**，121-126。

鄭建民（1997a）。中老年人習練香功前後之血液生化分析。**中華民國大專院校 86 年度體育學術研討會專刊（下）**，501-514。

鄭建民（1997b）。性別差異與習練香次數對肝腎機能影響之探討。**大專體育**，**33**，57-65。

鄭建民（2000）。**修練香功者的生物能測量值分析**。行政院國家科學委員會研究報告，計畫編號：NSC 89-2320-B-151-001-M08。

鄭建民（2001）。香功修練前後 24 穴位生物能分析。**高應科大體育**，**創刊號**，90-100。

鄭建民（2001）。**修練香功者的生物能測量值分析**（摘要）。論文發表於中華民國體育學會九十年度第二次體育學術論文發表會，臺北市，國立臺灣師範大學。

鄭建民（2002a）。香功教學效果之穴位生物能量分析。**高應科大體育**，**1**，63-71。

鄭建民（2002b）。香功修練者的經穴生物能量與季節性的關係研究。**高雄應用科技大學學報**，**32**，583-622。

鄭建民（2006）。第五屆華人運動生理學與體適能學者學會年會學術研討會（SCSEPF 2006）心得報告。國立高雄應用科技大學研發處國合組補助。2015 年 12 月 16 日，取自 http://140.127.119.11/website/CONGRESSINFO/2006%20SCSEPF960905OK/ 2006%201024%2029%E4%B8%AD%E5%9C%8B%E5%A4%A9%E6%B4%A5% 205thSCEEPF%20data/%E9%84%AD%E5%BB%BA%E6%B0%91%E5%87%BA%E5%B8%AD%E4%B8%AD%E5%9C%8B%E5%A4%A9%E6%B4%A52006SCSEPF%E5%AD%B8%E8%A1%93%E7%A0%94%E8%A8%8E%E6%9C%83%E5%A0%B1%E5%91%8A951201OK.pdf。

鄭建民、宋靜宜（1997）。香功修練時段與次數對血液生化指數的影響。**國立高雄科學技術學院學報**，**27**，435-460。

鄭建民、宋靜宜（2001）。人體經穴生物能檢測值與時辰的關係初探。**高雄應用科技大學學報**，**31**，577-599。

鄭建民、吳文智、蔡金玲（2006）。香功修練者的皮膚血流與經穴生物能量值的相關。**高應科大體育**，**5**，1-12。

鄭魁山（1992）。**子午流注與靈龜八法**。臺北市：千華出版社。

鄭懌、曾右任（1997）。地磁變化與養生時辰。**科學月刊**，**18**(3)，218-223。

劉國隆、崔榮慶、牛欣、彭雲艷（1989）。氣功態及外氣效應神經機制的實驗研究。載於胡海昭、吳祈耀（編），**氣功科學文集第 I 輯**（12-29 頁）。北京：北京理工大學出版社。

劉貴珍（1957）。**氣功療法實踐**。河北人民出版社出版。

劉寶海、郭利生（1992）。**子午流注與氣功健生**。臺北市：千華出版社。

謝煥章編著（1991）。**氣功的科學基礎**。臺北市：養生氣功文化出版事業有限公司。

豐東洋、洪聰敏、黃英哲（2004）。氣功對放鬆及情緒影響之腦波研究。**台灣運動心理學報**，**5**，19-42。

蘇茲・葛蘭（2015）。**扭轉歲月之輪：我的抗老計劃書**。臺北市：信實文化行銷。

嚴震東、曹恆偉（1990）。**氣之定量分析及對人體影響之研究**。行政院國家科學委員會研究報告，計畫編號：NSC-78-0412-B002-180。

蘭中芬、張學詩（1997）。香功對人體免疫力的影響。**甘肅氣功會刊**（Ⅰ），**17**，11-12。甘肅省：甘肅省氣功科學研究會。

Berger, H. (1929). First human EEG paper: Über das elektrenkephalogramm des menschen. *Archiv fur Psychiatrie und Nervenkrankheiten, 87*, 527-570.

Jeng, Y., & Hsiou, Y. F. (1999). Geomagnetic evidence for the time selecting concept of traditional Chinese health promotion: Is a stable geomagnetic dipole field beneficial to human health? *IEEE Engineering in medicine and biology, July / August*, 94-99.

Lan, C., Lai, J. S., Chen, S. Y., & Wong, M. K. (1998). 12-month Tai Chi training in the elderly: Its effect on health fitness. *Medicine and Science in Sports and Exercise, 77*(6), 612-616.

Lan, C., Lai, J. S., Chen, S. Y., & Wong, M. K. (1999). The effect of Tai Chi on cardiorespiratory function in patients with coronary artery bypass surgery. *Medicine and Science in Sports and Exercise, 31*(5), 634-638.

Lan, C., Lai, J. S., Chen, S. Y., & Wong, M. K. (2000). Tai Chi Chuan to improve muscular strength and endurance in elderly individuals: A pilot study. *Archives of Physical Medicine and Rehabilitation, 81*(5), 604-607.

Wang, J. S, Lan, C., & Wong, M. K. (2001). Tai Chi Chuan training to enhance microcirculatory function in healthy elderly men. *Archives of physical medicine and rehabilitation, 82*, 1176-1180.

Wong, A. M., Lin, Y. C., Chou, S. W., Tang, F. T., & Wong, P. T. (2001). Coordination exercise and postural stability in elderly people effect of Tai Chi Chuan. *Archives of Physical Medicine and Rehabilitation, 82*, 608-612.

2 香功：
初級香功、中級香功簡介

一、修練香功者的生物能測量值分析[1]

　　香功，原名中國香功，是氣功與特異功能相結合的佛教禪密宗功法，由田瑞生於 1988 年 5 月 8 日上午 8 時正式傳授，並更名爲「中國佛法芳香型智悟氣功」，簡稱「智悟氣功」。後來改稱「中國芳香智悟氣功」，簡稱「中國香功」，或「香功」。在正常情況下，一般人自修自練、自我保養，往往都對健康有益，並能達到高齡長壽。然而，最大的問題在於練功者往往過於自信，在成名之後，處理太多他人的問題、發功治病、邀約講演、訪問交流、演講示範、奔波勞碌以至於疲於奔命，自己能修練維持健康的時間太少，消耗太多體力與功力，更受到他人的業障（氣場能量）干擾，造成沒辦法及時排除，長期累積負面能量，身體就會受到影響導致混亂，免疫力減弱，因而導致病源累積。因此，特別提醒，人畢竟還是人，任何大師亦是凡人，在練功養生與事業發展的時候，也同時必須兼顧作息規律與正常飲食，更要注意生活起居，以免體力過度流失，造成無可彌補的後果，這是寫在本文章之前，以供修練者之參考。

　　圖 2-1 是俄國人阿德蒙柯（V. G. Adamenko）和中國氣功師的實驗。實驗中，以俄製 ARDK 儀器，檢測氣功師發功爲病人調理的穴位阻抗檢測。結果顯示：第一曲線爲病人調理前的身體左右穴位阻抗差（較大），而第二曲線爲病人被調理後之身體左右穴位阻抗差（縮小範圍）；第三曲線爲氣功師爲病人調理後，其個人身體左右穴位阻抗差變大，相較於第四

1　感謝科技部經費補助，計畫編號：NSC89-2320-B-151-001-M08。

曲線為氣功師為病人調理前之左右穴位阻抗值幾乎沒有差異。此一實驗揭示，氣功師若為病人調理（灌氣），病人會有所改善（身體左右阻抗值降低），但氣功師本身會因為發功為人治病，而使本身能量流失，而造成身體左右阻抗值差異增大，造成本身之不平衡。這也提醒，病人本身會受氣功師影響，氣功師亦會因為人治病而導致本身能量流失而受病人干擾導致其身體的不平衡。所

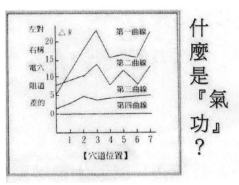

▲ 圖2-1　阿德蒙柯（V.G. Adamenko）和中國氣功師的實驗圖示

資料來源：黃廣吉、黃郁琇、黃祥哲（2006）。科技與人生。臺北市：聯經。

以，氣功師不能因為修練而自傲，隨意為人治病；相反的，氣功師的責任是要教導一般人從事氣功養身運動，讓一般人有正確的認知，經由自我修練而達到健康，而不是靠氣功大師的加持而得到功力或健康。以上所示，希望修練者必須引以為戒。

　　在科學化的研究歷程當中，氣功與中國經絡理論有密不可分的關係。如前所示，香功屬於氣功的動功之一，當然離不開經絡理論。1957 年日本京都大學生物系教授中谷義雄博士發表了良導絡理論，已被證實與經絡理論相吻合，更受到世界醫界的重視（賴逢甲，1985a）。經、脈及穴道在臨床上有反射及控制內臟病變之效應，所以若人體內臟器官或組織細胞發出各種不同種類之作用電勢，則其與經脈及穴道間必有相對應關係（賴逢甲，1985b）。根據中國經驗醫學累積「病應十二原穴」及日本中谷義雄博士幾十年「良導絡」臨床研究，發現內臟諸器官的疲勞狀態、興奮、弛緩、障礙等，都會顯示在末稍神經（十二原穴）。皮膚上容易通電流的部位（良導點），交感神經的興奮高，皮膚交感神經興奮則電阻會減少。它不是代表皮膚上交感神經的走向，而是皮膚上交感神經具有連絡性的一個系統。經、脈、穴道探測之方法，有表面電阻法、波感法、熱感法等等；

於臨床上頗具意義。當人體內臟產生病變時，在體表上會產生各種反射現象。因此，透過良導絡系統可檢測出體表的電阻變化，進一步判斷人體內臟的狀態（賴逢甲，1986）。若能以良導表分析值做爲研究變項，進行香功修練者生物能測定值分析研究。研究者想瞭解的是，長期修練香功到底對人體健康情況，是否可從良導絡檢測系統之皮膚電阻看出端倪？藉由良導絡檢測工具，檢測修練香功者與未修練的對照組之經絡 24 穴位代表點（如圖 2-2）的感傳現象良導值的變化，經統計分析，進而評估對身體健康促進的影響，以做爲香功修練的科學正確認知與預防保健參考。

良導絡代表測定點

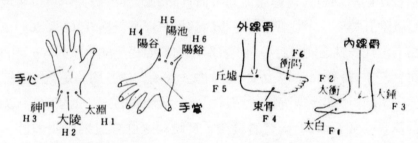

▲ 圖 2-2　24 穴位量測點示意圖（H：表示手的代表測定點；F：代表足的代表測
　　　　　定點；L：代表左側；R：代表右側）。

資料來源：（曾章元，1996）。

在國科會生物能場系列研究中，崔玖等人（1988，1989，1990，1993，1996）及陳國鎭（1997）已將中醫經絡學說科學根據：經絡之物理特性做了具體研究，並研究經絡之電導性質之方向性及時辰性。同時榮民總醫院亦用測量皮膚電阻及電磁變化的測量儀，針對不同年齡、不同性別的健康人及病人做有系統的測量（崔玖、鍾傑，1989，1990）。因當時之氣功修練者之科學與醫學之研究資料不多，但是時下修練香功者爲數不少。香功修練者對身體健康促進的相關研究資料，必須有系統的研究。

　　鄭建民（2000）在修練香功者的生物能測量值分析研究當中，以穴檢儀及良導絡系統為研究工具（曾章元，1996），針對修練香功者與未修練者共46名，做為期6個月的比較與研究。分為實驗組26名與對照組20名，實驗組以每天早晚修練初級功與中級功二次為原則，對照組則不做任何實驗處理。所有受試者必須做實驗前測後，接著每月檢測一次，總計檢測七次良導值進行統計分析，並截取前、中、後三次檢測資料進行統計分析。根據中古義雄的良導絡理論，利用表面電阻測定法，經由A/D轉換界面與微電腦相結合，再加上人工智慧，可自動統計、平均、分析、判斷其經絡之興奮、弛緩狀態，藉由良導表值分析，研判修練香功者生物能值對健康促進的影響。經獨立樣本 t 考驗（t-test）統計處理，做為整體評估香功的修練對人體健康促進有何具體的影響。研究結果可發現，除了足厥陰肝經、足太陰脾經及足少陽膽經有顯著差異外（p＜.05），其他經絡穴位代表點之前後良導值，實驗組與對照組無顯著差異（p＞.05），受試者基本資料統計如表2-1。在 RF2（太衝穴位）屬於足厥陰肝經之良導值，對照組與實驗組前後6個月三次之量測值的差（後減前），以 t-test 統計處理，如表2-2。研究者發現，實驗組之肝經良導值明顯低於對照組（p＜.05）（如表2-2及圖2-3）。故，本研究推論，香功修練對足厥肝經絡有調整作用。這與先前鄭建民之研究相吻合（鄭建民，1997a；鄭建民，1997b；鄭建民、宋靜宜，1997），意味著香功的修練對血液中肝功能指數 SGOT、SGPT 有降低且達正常範圍內，然而，本研究之良導值由56.12降至46.62且在正常範圍之內。其調整之機轉為何，有待進一步的探討。

表2-1　受試者基本資料統計表

性別	人數	年齡／歲（平均數 ± 標準差）	最小值	最大值
女	16	43.90 ± 12.98	27.00	60.00
男	30	41.00 ± 14.19	25.00	72.00

表 2-2　RF2（太衝穴位）t-test 考驗統計表

組別	N	前後差值 M ± SD	最小值	最大值	t 值	Prob > |T|
對照	20	10.40 ± 21.96	-24.00	72.00	2.41	0.02*
實驗	26	-9.50 ± 33.81	-90.00	67.00		

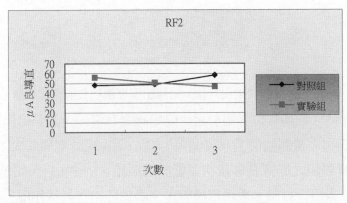

▲ 圖 2-3　RF2（太衝穴位）對照組與實驗組良導值比較圖

　　關於 RF4（太白穴位）屬足太陰脾經之良導值，對照組與實驗組前後 6 個月三次之量測值的差（後減前），以 t-test 統計處理，如表 2-3。研究者發現，實驗組之脾經良導值明顯低於對照組（p ＜ .05）（如表 2-3 及圖 2-4）。故，本研究推論，香功修練對足太陰脾經絡有調整作用。在中國傳統醫學裡，脾主意與志，對情緒不安、煩躁、失眠及消化系統等皆有調整作用。

表 2-3　RF4（太白穴位）t-test 考驗統計表

組別	N	前後差值 M ± SD	最小值	最大值	t 值	Prob > |T|
對照	20	7.15 ± 20.16	-24.00	58.00	2.24	0.029*
實驗	26	-7.26 ± 23.32	-83.00	34.00		

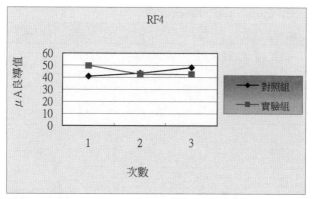

▲ 圖2-4　RF4（太白穴位）對照組與實驗組良導值比較圖

　　關於 LF5（丘墟穴位）屬於足少陽膽經之良導值，對照組與實驗組前後 6 個月三次之量測值的差（後減前），以 t-test 統計處理如表 2-4。研究者發現，實驗組之膽經良導值明顯低於對照組（p ＜ .05）（如表 2-4 及圖 2-5）。故，本研究推論，香功修練對足少陽膽經絡有調整作用。依中國傳統醫學的觀點，膽為正中之官，與肝相表裏經，儲存膽汁，故與消化系統有明顯的關聯。

表2-4　LF5（丘墟穴位）t-test 考驗統計表

組別	N	前後差值 M ± SD	最小值	最大值	t 值	Prob ＞ |T|
對照	20	0.40 ± 25.10	-40.00	43.00	2.06	0.04*
實驗	26	-19.03 ± 38.50	-103.00	43.00		

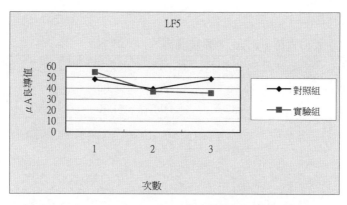

▲ 圖2-5　RF5（丘墟穴位）對照組與實驗組良導值比較圖

　　整體而言，研究者發現，修練香功對足厥陰肝經、足太陰脾經及足少陽膽經穴位良導值皆有明顯的調整作用，進而對整體血液循環系統與消化系統及情緒之穩定與改善及調整等健康促進有正面的影響。研究者間接推論，氣功的修練對心理與生理調整及生活品質之提升皆有實質上的助益（王唯工、崔玖，1992；毛齊武，1995；李嗣涔，1991；李嗣涔，1997；林浩雄、李嗣涔，1991；Tsai *et al.*, 1995）。此研究發現，做爲提供對香功科學正確認知與修練者衛生保健常識的參考。

參考文獻

王唯工、崔玖（1992）。練習氣功對脈波及腦波之影響。**中華醫學工程學刊**，12(1)，107-115。

毛齊武（1995）。**以數位影像處理技術及電磁理論探討人體之先天氣**。行政院國家科學委員會研究報告，計畫編號：NSC-84-2213-E006-101。

李嗣涔（1991）。氣功的科學觀。**科學發展月刊**，19(8)，1055-1059。

李嗣涔（1997）。氣功與人體潛能。**科學月刊**，28(3)，188-197。

李嗣涔、張楊全（1991）。由腦 α 波所定義的兩種氣功態，**中醫藥雜誌**，2(1)，30-46。

林浩雄、李嗣涔（1991）。**氣功態之分類及外氣的性質**。行政院國家科學委員會研究報告，計畫編號：NSC-79-0412-B002-203。

崔玖、李茂昌、鍾傑、張寅（1988）。**中醫經絡學說科學根據：經絡之物理特性**。行政院國家科學委員會研究報告，計畫編號：NSC77-060-B010-29。

崔玖、鍾傑（1989）。**人體生物能在臨床診斷之研究二——肺癌及糖尿病患者測量值之分析**。行政院國家科學委員會研究報告，計畫編號：NSC77-0412-B010-35。

崔玖、鍾傑（1990）。**人體生物能在臨床診斷之研究三——人體內農藥及清潔劑殘毒的測試**。行政院國家科學委員會研究報告，計畫編號：NSC78-0420-B010-45。

崔玖、王唯工（1993）。**人體生物能在臨床診斷之研究——練氣功者心臟血管測量值之分析**。行政院國家科學委員會研究報告，計畫編號：NSC-80-0412-B010-71R。

崔玖（1996）。**練氣功者心臟血管系統生物能測量值之分析**。國立體育學院國術研究中心研究成果報告書。

曾章元（1996）。**經絡測定儀與良導絡研究模擬**。高雄市：中醫微電腦自動化研究室。

陳國鎮（1997）。信步走入經絡的世界。**科學月刊**，28(3)，200-207。

鄭建民（1997a）。中老年人習練香功前之血液生化分析。**中華民國大專院校86年度體育學術研討會專刊（下）**，頁501-514。

鄭建民（1997b）。性別差異與習練香功次數對肝腎機能影響之探討。**大專體育**，33，57-65。

鄭建民、宋靜宜（1997）。香功修練時段與次數對血液生化指數的影響。**國立高雄科學技術學院學報**，27，435-460。

鄭建民（2000）。**修練香功者的生物能測量值分析**。行政院國家科學委員會研究報告，計畫編號：NSC 89-2320-B-151-001-M08。

賴逢甲（1985a）。**良導絡理論的研究**。南投縣：日新文化出版社。

賴逢甲（1985b）。**良導絡臨床指引**。南投縣：日新文化出版社。

賴逢甲（1986）。**良導絡測定診斷法**。南投縣：日新文化出版社。

Tsai, T. J., Lai, J. S., Lee, S. H., Chen, Y. M., Lan, C., Yang, B. J., & Chiang, H. S. (1995). Breathing coordinated exercise improves the quality of life in hemodialysis patients. *Journal of the American Society of Nephrology, 6*, 1392-1400.

二、〈中老年人習練香功前後之血液生化分析〉[2]

摘要

本研究旨在探討習練香功對中老年人血液生化分析的影響。9 位男性與 7 位女性，男性平均年齡 68.11 ± 7.35 歲，女性平均年齡 55.71 ± 7.27 歲志願參加爲期六個月的香功實驗研究。實驗前、後各抽血進行生化分析。結果經相依樣本 t 考驗發現，在 17 個項目當中有 10 項有顯著差異（p＜.05）。

依次是麩草轉氨基酸（GOT）、麩丙酮轉氨基酸（GPT）、總蛋白質（total protein）、球蛋白（globulin）、白蛋白、球蛋白比率（A/G ratio）、直接膽紅素（d-bilirubin）、總膽紅素（t-bilirubin）及膽道酵素（r -GPT）、尿酸（uric acid）三酸甘油脂（triglyceride）。在此 10 項當中，除了膽道酵素（r-GPT）、尿酸（uric acid）指數升高之外，其餘指數顯著的降低，且皆在正常值之內。本研究發現一致性的結果是，習練香功可能會使中老年人肝功能指數恢復正常水，且相對的降低，並加速肝病患者肝功能的恢復。此外，習練氣功可能使人體酵素活性改變，免疫力增強，這就是練氣功能健身的證明。特別對老年人及殘障、病弱者最有益處。

（一）緒論

1. 問題背景

中國香功是氣功與特異功能相結合的一種袪病強身的修練功法。在氣功

---

2 本研究得以順利完成，要感謝陸軍官校李武忠老師，及高雄縣香功協會郭麗香小姐的協助；高雄縣台明醫事檢驗所所長夫婦全程幫忙，才能如期完成，更要感謝所有參與本研究的志院願受試者的配合，在此一併致上筆者由衷的謝忱。

的六大門派中，是屬於佛教精華禪密宗的上乘功法。相傳2,500年前爲蓮花
生大士所創，原名「渡仙功」、「善功」，歷代單傳，不立文字，全憑師傅口
授心傳。歷代傳人爲唐朝河南省洛陽陳河村人陳禕，法號玄奘、俗稱唐僧；
南宋浙江省天台縣李修緣，法號道濟，俗稱濟公。南宋至今7、800年來，
仍然單線傳遞，從未公開。隨時間穿流，半世紀前，悟空法師雲遊至洛陽東
郊古窯洞之田宅，爲當時身患重疾，無力就醫的田瑞生持印施治，佈氣躬療
而康復。繼傳以「渡仙功」，並諄諄告誡，恆修精進，半百年後，當可出山
濟世。田氏先後拜洛陽白馬寺主持方丈海法及淨嚴大法師爲師，法號釋加
開，精研佛學，篤信佛教。田瑞生大師研尊師節，於1988年5月8日上午8
時正式傳授，並更名爲「中國佛法芳香型智悟氣功」，簡稱「智悟氣功」。後
來改稱「中國芳香智悟氣功」，簡稱「中國香功」，或「香功」。

　　由於香功自1988年5月發表以來，距今8年多，習練的人數在逐漸
增加當中，在國外就有900多萬人學練。在國內香功的形勢也很好，在臺
灣省就有二十多家大小報紙先後介紹香功。特別是《聯合國月刊》第500
期55頁專題介紹香功，聯合國衛生組織下屬亦成立了中國香功俱樂部
（林淑貞，1996；孫振強，1994；黃紅瑛，1995；趙才萱，1993）。

　　研究者習練香功1年8個多月以來，對香功產生濃厚的興趣與相當的
好奇，更存在著更多的疑惑，但仍然堅持練功，並從事香功的科學研究。
研究者曾於1996年3到5月間，以年輕女性3人，年齡在19至20歲之
間，做爲期3個月的研究。受試者經觀看錄影帶及動作講解後，各自保持
每日練習初級功一至二次，結果發現，受試者有熱、漲、麻、重、流淚、
排氣、打呵欠、手心流汗、小腿麻如蟻行狀、腳底熱漲等氣感。經二次抽
血檢驗後，肌肝酸（creatinide）與尿酸（uric acid）在實驗後顯著升高（p
< .05）。尿素氮（BUN）則有1人上升，2人降低，但未達顯著水準（p
> .05）（鄭建民，1996）。

　　李繼芬等人（1994）之研究發現，腫瘤患者在聽完香功發表會後使
尿素氮（BUN）、血糖均升高，但都在正常範圍內，但尿素氮爲何升高，
其機制不明。其血清中之唾液酸在氣功前爲0.45mg/ml高於正常值，而氣

功後爲 0.34mg/ml 降爲正常值之低限（血液唾液酸之範圍爲 0.33-0.44mg/ml）。患者之白血球數量升高，可能氣功對人體機能的調節作用有關。

袁加莉等人（1995）之研究發現，香功對大氣中之總懸浮顆粒物（TSP）和氨氣（NH_3）有降低之作用。亦即，在非發功狀態下，大氣中之 TSP 的平均含量爲 35.4mg/m^3，發功狀態下爲 15.9mg/m^3。發功狀態較非發功狀態下，大氣中 TSP 的平均含量降低約55.1%。非發功狀態下，大氣中 NH_3 的平均含量爲 0.039mg/m^3。發功狀態下爲 0.025mg/m^3。發功狀態較非發功狀態下，大氣中 NH_3 的平均含量降低35.9%。

在1991至1992年間，陸祖蔭等人以純水紫外吸收譜線爲基準對信息水做實驗測量，以觀察純水在氣場中的相對紫外吸收譜線是否發生變化，來判斷氣場是否客觀存在。實驗證明，純水經氣功師發功以後，其紫外吸收譜發生明顯變化。同時亦證明，香功報告會的氣場的存在。在群體練香功處，同樣可以測出氣場，且氣場的範圍至少大於圓圈半徑一倍以上（孫振強，1996）。

1986年中國清華大學氣功科技協作組與氣功師嚴新合作，對不同距離發功後的信息水進行激光拉普曼譜測試，發現均有別於普通水的激光拉曼譜（陳在頤，1994）。近幾年來，對於香功能祛病強身的報導與傳言甚多。諸如天津市病例選編中，例舉之偏癱就有中風、腦血栓、腦溢血；腫瘤、聾啞、糖尿病、心血管疾病、高血壓、低血壓、高血脂、靜脈栓塞、心臟病。神經系統疾病如神經衰弱、失眠、偏頭痛、脊椎神經痛。呼吸系統疾病如氣管炎、哮喘等。骨關節系統疾病，消化系統疾病如膽結石、胃病、膽囊炎、便秘、腹瀉。泌尿系統疾病如腎炎、尿失禁、尿道炎、遺尿。眼、耳、鼻、咽喉、口腔疾病如視神經萎縮、白內障、近視眼、老花眼、鼻出血。皮膚病、婦科疾病，戒煙等。其他如辟谷（辟穀）、白髮長出黑髮、減肥等等。經由習練香功因而有所改善或痊癒（趙才萱，1993）。

在講求科學證據的時代裡，未經科學證明爲有效者，很難取得大家的相信。因此之故，筆者想借此一研究，激起國內外對香功研究有興趣的同好，做更多、更深入的探討。本研究旨在探討香功對人體之肝臟機能、腎

臟機能、血脂肪及血糖的影響。經前後半年的習練香功，再以抽血進行各變項的生化分析，探究血液各變項指數的變化之可能因素，再推演香功爲何能袪病強身，增進免疫能力的原理。

2. 研究目的
探討中老年人習練香功前後半年之血液生化反應及對身體的影響。

3. 研究假設
中老年人習練香功前後血液之生化分析指數有顯著差異。

4. 名詞操作性定義
香功：本研究之香功是指田瑞生先生於1988年5月正式公開傳授之中國佛法芳香型智悟氣功；簡稱中國香功或香功。即練功發功時能周身飄香，練者或鄰近者可以聞到陣陣香味而著稱。香功分爲初級功與中級功，初、中級功法各有15個動作，即15個特殊密碼，亦稱爲15個手印。而這15個手印是按照特定的信息程序編排，具有規範性與連續性，不允許刪改或增減。

5. 研究範圍
本研究以志願的受試者男性9人女性7人，做爲期6個月，每日練一至二次，並以實驗前後之肝、腎、血脂肪與血糖功能指數爲範圍。實驗之前，受試者之練功功齡爲15至36個月之間。

6. 研究限制
本研究之志願受試者於爲期6個月實驗期間，一切飲食爲個人平日之飲食，不做特別規範。

（二）研究方法與步驟

1. 對象
本研究以高雄縣香功協會志願參加實驗之會員爲對象，受試者基本資料如表2-5：

表 2-5　受試者基本資料表

性別	變項	N	平均數	標準差	最小值	最大值
男性	年齡（歲）	9	68.11	7.35	52.00	78.00
	身高（公分）		167.55	4.03	162.00	175.00
	體重（公斤）		69.00	8.26	57.00	82.00
	功齡（月）		26.44	6.46	16.00	36.00
女性	年齡（歲）	7	55.71	7.27	44.00	66.00
	身高（公分）		155.28	5.61	150.00	164.00
	體重（公斤）		60.28	5.99	55.00	73.00
	功齡（月）		21.00	3.87	15.00	24.00

2. 實驗時間

本研究自中華民國85年4月25日至11月12日止，包括實驗前、後之抽血，為期6個月。

3. 實驗地點

中華民國臺灣省高雄縣立中正公園（高雄縣立國父紀念館旁）。

4. 實驗器材

本實驗之血液生化分析器材如下：

(1) 美製 BECKMAN CX7 型濕式自動血液生化分析儀。

(2) 日製 SP-4410 型乾式自動血液生化分析儀。

全程委由高雄縣台明醫事檢驗所完成所有肝、腎機能與血糖、血脂肪之檢驗分析。

5. 實驗程序

(1) 實驗前之準備事項

徵求受試者之同意並解釋香功的起源與本實驗的研究方向，使受試者瞭解本實驗之注意事項與配合事宜。受試者同意後即填寫受試者志願切結書，並做實驗前之抽血檢驗（抽血前必須禁食8小時以上）。

(2) 實驗前血液生化分析項目

肝機能：總蛋白質（total protein）、白蛋白（albumin）、球蛋白（globulin）、白蛋白、球蛋白比（A/G ratio）、麩草轉氨基酸（GOT）、麩丙酮轉氨基酸（GPT）、膽道酵素（r-GPT）、鹼性磷酸酵素（alkaline phosphatase, ALK-p）麝香草酚濁度試驗（TTT）、直接膽紅素（direct-bilirubin, d-bilirubin）、總膽紅素（total bilirubin, T-Bilirubin）。

腎臟機能：尿素氮（BUN）、肌肝酸（creatinine）、尿酸（uric acid）。

血脂肪：總膽固醇（total cholesterol）、三酸甘油脂（triglyceride）。

血糖：血糖（sugar A. C.）。

(3) 香功習練實驗設計流程

本實驗之香功習練以初級功與中級功連續做完為一次，初級功做完後即緊接著中級功法，做完後只做一次收功動作。本實驗以配合錄音帶集體習練為原則，受試者隨機分派在每日只做一次與二次之組別進行練習。初級功除預備式外，共15個動作；中級功15個動作，最後做一次收功動作。

(4) 實驗後之血液生化分析項目：同 (2)。

6. 資料處理

本研究之實驗前、後血液各變項資料處理，以相依樣本 t-test，檢測實驗前後是否有所差異。本研究之統計軟體以 SAS 6.01 版處理，α 值皆定為 0.05。

（三）結果

在 17 項血液生化分析當中，實驗後有 10 項達顯著差異（$p < .05$），其餘 7 項未達顯著差異水準（$p > .05$）。本研究各變項之數值，皆以實驗後之值減去實驗前之值，再做相依樣本 t 考驗，結果如表 2-6、表 2-7、表 2-8：

表2-6　受試者習練香功前之血液各變項資料表

	B1	B2	B3	B4	B5	B6	B7	B8	B9	B10	B11	B12	B13	B14	B15	B16
GOT	29	24	24	24	23	36	23	26	45	18	80	40	17	23	26	30
GPT	30	20	26	28	23	35	24	27	45	21	100	36	20	26	28	32
TTT	3.0	1.8	1.6	1.6	1.6	1.8	1.7	1.8	2.6	1.5	6.2	2.6	1.5	1.4	1.8	2.1
ALP	7.0	6.8	9.2	10.2	7.1	7.8	15	9.2	7.8	7.8	41	4.7	5.0	15	7.2	7.8
TPR	7.6	6.8	8.0	7.8	7.9	7.8	8.1	8.0	7.2	7.5	8.2	8.1	7.3	7.5	8.0	7.7
ALB	4.4	4.4	4.4	3.9	4.5	4.7	4.7	5.3	4.5	4.4	4.7	4.9	4.3	4.1	4.8	4.4
GLO	3.2	3.4	3.6	3.9	3.4	3.1	3.4	2.7	2.7	3.1	3.5	3.2	3.0	3.4	3.2	3.3
A/G	1.37	1.29	1.22	10.0	1.32	1.51	1.38	2.47	1.66	1.42	1.34	1.53	1.43	1.20	1.50	1.33
DBI	0.43	0.44	0.31	0.36	0.32	0.36	0.35	0.43	0.36	0.31	0.46	0.52	0.34	0.32	0.44	0.62
TBI	1.2	1.7	0.5	0.3	0.9	1.1	0.9	1.01	0.8	0.8	1.2	2.0	0.6	0.5	1.2	1.6
RGP	15	13	27	13	21	20	15	32	10	22	610	13	13	22	17	16
TCH	221	270	273	161	207	287	235	207	200	200	214	228	196	280	182	242
TG	124	116	248	112	172	80	76	160	156	86	112	164	176	204	340	76
UA	8.8	5.9	5.3	4.7	6.5	6.5	4.7	6.5	5.9	5.9	4.7	5.9	5.9	8.2	8.8	5.9
SUG	93	74	73	70	87	95	132	70	142	85	91	60	70	87	77	68
BUN	20	17	18	12	18	24	18	18	21	25	33	12	16	23	29	21
CRE	1.0	1.1	1.1	1.0	1.3	1.0	1.0	1.0	1.2	1.1	1.9	1.0	1.0	1.1	1.2	1.2

註：B序號代表習練香功前之16位受試者。

表2-7　受試者習練香功後之血液各變項資料表

	A1	A2	A3	A4	A5	A6	A7	A8	A9	A10	A11	A12	A13	A14	A15	A16
GOT	18	21	24	22	18	23	23	21	27	18	19	26	17	21	16	19
GPT	22	16	25	22	21	23	24	22	16	13	17	15	17	13	14	18
TTT	1.6	1.6	1.8	1.7	1.5	1.9	1.7	1.6	1.5	1.5	1.5	1.7	1.5	1.7	1.4	1.6
ALP	12.5	7.6	10.3	9.8	8.4	8.8	12	10.2	8.3	7.9	7.8	7.8	7.6	10.6	8.8	7.4
TPR	6.6	7.1	7.3	7.1	7.1	7.1	7.7	7.5	7.4	7.2	7.9	7.6	7.1	7.2	7.3	7.0
ALB	4.1	4.6	4.8	4.6	4.6	4.4	4.8	4.7	4.7	4.3	4.4	4.6	4.3	3.9	4.4	4.0
GLO	2.5	2.5	2.5	2.5	2.5	2.7	2.9	2.8	2.7	2.9	3.5	3.0	2.8	3.3	2.9	3.0
A/G	1.64	1.84	1.92	1.84	1.84	1.63	1.65	1.68	1.74	1.50	1.26	1.53	1.54	1.18	1.52	1.33
DBI	0.33	0.26	0.28	0.26	0.27	0.26	0.40	0.30	0.30	0.30	0.30	0.35	0.31	0.29	0.34	0.32
TBI	0.81	0.72	0.76	0.73	0.74	0.70	0.80	0.80	0.90	0.80	0.50	1.50	0.60	0.60	1.10	1.00
RGP	30	34	36	31	35	33	40	43	28	32	26	35	39	43	33	19
TCH	225	185	230	215	125	245	250	285	240	185	235	240	180	205	190	210
TG	90	98	140	56	74	65	88	112	70	93	80	140	174	144	107	116
UA	8.0	6.0	8.0	7.0	7.0	6.0	8.0	6.0	6.0	7.0	7.0	6.0	5.0	9.6	7.8	7.7
SUG	76	82	84	86	83	88	108	84	126	91	78	78	71	92	83	102
BUN	16	20	21	18	17	18	22	15	25	18	43	10	18	23	20	21
CRE	1.0	1.3	1.2	1.2	1.1	1.2	1.0	1.0	1.3	1.2	2.3	1.0	1.0	1.1	1.2	1.1

註：A序號代表習練香功後之16位受試者。

表2-8 習練香功前後血液各變項前後差值 t 考驗表

變項	N	平均數	標準差	t 值	Prob > |T|
GOT	16	-9.68	14.87	-2.60*	0.02
GPT	16	-13.56	20.63	-2.70*	0.02
TTT	16	-0.54	1.21	-1.79	0.09
ALP	16	-1.42	8.76	-0.65	0.52
TPR	16	-0.47	0.37	-5.13*	0.0001
ALB	16	-0.07	0.34	-0.87	0.39
GLO	16	-0.44	0.43	-4.06*	0.001
A/G	16	-0.44	0.43	-4.06*	0.001
DBI	16	-0.09	0.08	-4.49*	0.0004
TBI	16	-0.23	0.38	-2.41*	0.02
RGP	16	17.06	5.23	13.03*	0.0001
TCH	16	-9.93	47.95	-0.82	0.42
TG	16	-46.06	64.45	-2.85*	0.01
UA	16	0.75	1.40	2.14*	0.04
SUG	16	0.37	15.23	0.62	0.54
BUN	16	0.00	5.07	0.00	1.00
CRE	16	0.06	0.14	1.77	0.09

註：血液各變項之代表符號如下：

GOT：麩草轉氨基酸	GPT：麩丙酮轉氨基酸	TTT：麝香草酚濁度試驗
ALP：鹼性磷酸酵素	TPR：總蛋白質	ALB：白蛋白
GLO：球蛋白	A/G：白蛋白、球蛋白比率	DBI：直接膽紅素
TBI：總膽紅素	RGP：膽道酵素	TCH：總膽固醇
TG：三酸甘油脂	UA：尿酸	BUN：尿素氮
CRE：肌肝酸	SUG：血糖	

（四）討論

本研究發現，習練香功半年後，在肝功能指數計有麩草轉氨基酸（GOT）、麩丙酮轉氨基酸（GPT）、總蛋白質（total protein）、球蛋白（globulin）、白蛋白、球蛋白比率（A/G ratio）、直接膽紅素（d-bilirubin）、總膽紅素（t-bilirubin）及膽道酵素（r-GPT）等達統計上之顯著差異（p < .05）。除了膽道酵素（r-GPT）指數升高之外，其餘肝功能指數顯著的降低，但皆在正常值之內。這是否與免疫能力增強有關有待進一步探

討。尚有麝香草酚濁度試驗（TTT）、鹼性磷酸酵素（ALK-P）、白蛋白（albumin）等肝功能指數實驗前後無顯著差異。

在腎功能方面，尿酸（uric acid）於實驗後顯著升高（p＜.05）。其餘尿素氮（BUN）、肌肝酸（creatinine）皆無顯著差異。這與李繼芬等人（1994）之研究尿素氮（BUN）升高不一致，其機制爲何仍然有待探討。在血脂肪方面，三酸甘油脂（triglyceride）於實驗後顯著降低（p＜.05）。這顯示香功對減肥方面有相當正面的影響，因爲此一指數代表人體對脂肪的代謝有關。而總膽固醇（total cholesterol）無顯著差異。血糖（sugar）在實驗前後亦無顯著差異（見表2-8）。

一般而言，麩草轉氨基酸（GOT）、麩丙酮轉氨基酸（GPT）指數上升可能是急慢性肝炎、脂肪肝、酒精性肝障礙或過度運動傷害的徵兆。鹼性磷酸酵素（ALK-p）指數上升是肝膽疾病、骨疾病、黃膽的跡象。膽道酵素（r-GPT）指數上升乃是酒精性肝障礙、急慢性肝炎、肝硬化、藥物中毒的現象。總蛋白質（total protein）、白蛋白（albumin）指數上升可能是嚴重脫水現象，下降時，可能顯示營養不良、腎衰竭、外傷、手術等。球蛋白（globulin）指數上升可能是慢性肝炎，下降有可能是免疫不全症或蛋白質流失。直接膽紅素（d-bilirubin）數值上升，有可能是阻礙性黃膽、肝炎、重症肝炎或肝硬化。間接膽紅素（ind-bilirubin）數值上升，有可能是溶血性黃疸、溶血性貧血或中毒性肝炎。麝香草酚濁度試驗（TTT）指數上升可能是慢性肝炎現象。而習練香功後，對肝功能指數的變化有進一步探討的必要。

至於腎臟功能方面，尿素氮（BUN）指數升高可能是腎功能不全、尿毒症、乏尿、大量攝取高蛋白物質所致。低值時，可能是妊娠、攝取低蛋白食物或尿崩。肌肝酸（creatinine）值高可能是各種腎障礙或尿路阻塞；低值時，可能是肌肉疾病、長期臥床或多尿。尿酸（uric acid）值高與痛風、肥胖、妊娠中毒或腎功能障礙有關。總膽固醇（total cholesterol）指數過高時可能是原發性、家族性之影響心臟血管病變，或續發性高血脂症、內分泌疾病或肝膽道疾病。值低時，有可能是家族性低血脂症、續發

性低血脂症或營養不良。血糖由胰島素分泌所控制，若長期胰島素分泌不足，則血糖指數升高，導致糖尿病（林春輝，1990）。

由以上分析數據顯示，習練香功之成效不受飲食規範影響。雖然腎臟功能、血脂肪及血糖之指數會受飲食因素所影響，但在本研究中，飲食因素不在考慮範圍。相對的，在肝功能指數的變化方面，本研究發現一致性的結果是，習練香功可能會使肝功能指數恢復正常水準，且相對的降低。本研究之受試者當中有幾位指數超出正常範圍甚多，但實驗後（約半年）其指數皆恢復正常範圍。這與陳在頤（1995）所提，練氣功除了可促使胃蠕動而增進胃功能外，對胃液、唾液、膽汁也有調節作用，並能加速肝病患者肝功能的恢復相吻合（見表2-6、表2-7）。

受試者在練功的過程當中有熱、漲、麻、重、流淚、排氣、打呵欠、手心流汗、腿麻如蟻行狀、腳底熱漲或皮膚紅潤等氣感，乃是練功引起末稍血管通透性增強的反應。此外，練功後血液中的白血球對細菌的吞噬能力提高，吞噬指數增高值達99%，故可提高機體的免疫能力。再者，練氣功可提高機體內對醣類的調理機能，加速肝醣合成。皮質素、生長激素量降低，使蛋白質更新率減緩，酵素活性改變，免疫力增強，這就是練氣功能健身的證明（陳在頤，1995）。

以現代醫學的觀點而言，練氣功可以增加肺活量，經常做擴胸運動可避免肋軟骨變硬和胸部肌肉萎縮，亦可減緩肺組織的衰退，預防肺氣腫與氣管炎的發生。練功時促進胃腸蠕動，保持排便通暢，是預防消化性疾病的良方，而且對心臟血管、神經肌肉、內分泌、免疫等系統的機能都有調節作用。練氣功可減少動脈硬化、高血壓、神經衰弱，關節障礙及癌症等疾病的發生，所以特別對老年人及殘障、病弱者最有益處（陳在頤，1992）。

在國內以研究氣功著稱的臺大電機系教授李嗣涔出：「氣功是我國流傳的一種保健強身、益壽延年的醫療保健運動，是古代人民與大自然和疾病博鬥過程中，運用大腦意識的作用，對身體實行自我調節的經驗總結。氣功和我國傳統醫學把脈、針灸、中藥形成完整的醫療體系。海峽兩案科

學家分別對氣功師做實驗，發現練氣時，手掌及臉部的溫度有變化，如果發放氣替人治病，手掌溫度會上升，紅外線強度大增。另外在發功時手掌和肚臍下的氣海穴都測到高於常人十倍的低頻震波。」（李嗣涔，1991）有關氣功的科學，尚待更多專家學者的參與研究，方能使氣功的未來更有發展的空間並造福人群。然而，香功自1988年發表以來，已遍及世界五十幾個國家和地區，相信爾後會有更多的研究陸續提出，以饗氣功的先進與愛好者。

（五）結論

本研究以志願受試者做爲期半年的香功習練，並做前後血液的生化分析，嘗試探討習練香功對人體之肝、腎、血脂肪、血糖等指數的影響。依上述分析數據顯示，香功對人體肝臟有正面的影響，對三酸甘油脂（triglyceride）亦有降低的作用，其餘項目並不顯著。本文對爾後香功之追蹤研究提供了另一個方向，香功對人體機能的影響有必要做更深入的探討。本研究依據結果與討論得到以下結論：習練香功可能會使肝功能指數恢復正常水準，且相對的降低，並加速肝病患者肝功能的恢復。此外，習練氣功可能使人體酵素活性改變，免疫力增強，這就是練氣功能健身的證明。特別對老年人及殘障、病弱者最有益處。

參考文獻

田淑芳（1996）。如何練中國香功。載於中國香功協會（編），**1996 香功日誌**（17-28 頁）。臺北市：中國香功協會。

李武忠（1996）。淺談香功辟穀。**香功專輯**（24-28 頁）。台中市體育會香功委員會。

李國欣（主編）（1994a）。香功對癌症病人血清唾液酸的作用（一）。**千位高知話香功**（43-44 頁）。中國工人出版社。

李國欣（主編）（1994b）。香功對癌症病人血清唾液酸的作用（二）。**千位高知話香功**（45 頁）。中國工人出版社。

李嗣涔（1991）。氣功的科學觀。**科學發展月刊，19**(8)，1055-1059。

林春輝（1990）。消化與泌尿。**醫學保健百科全書**。臺北市，光復書局。

林淑貞（1996）。中國香功田瑞生大師開示。載於中國香功協會（編），**1996 香功日誌**（1-16 頁）。臺北市：中國香功協會。

袁加莉等人（1995）。香功帶功錄像對空氣中 TSP 及 NH_3 含量的影響初探。**中華奇人神功**（108-111 頁）。陝西科學技術出版社。

陳在頤（1992）。氣功對醫療保健功效的探討。**中華體育，23**，77-83。

陳在頤（1994）。氣功科研的過去與未來。**中華體育，30**，81-87。

陳在頤（1995）。氣功與體育。**中華體育，35**，1-7。

孫振強（1994）。香功歷史及田大師瑞生。**立報**，第 17 版。

孫振強（彙編）（1996）。中國香功氣場的測量。**中國佛法芳香型智悟氣功**（209-219 頁）。

黃紅瑛（1995）。中國香功概述。**中華奇人神功**（12-14 頁）。陝西科學技術出版社。

趙才萱（1993）。中國香功。**香功**（5-6 頁）。天津市職工氣功協會芳香智悟功委員會。

趙才萱（1993）。典型病例──香溢津城福臨萬家──天津市病例選編。**香功**（89-128 頁）。天津市職工氣功協會芳香智悟功委員會。

趙才萱（1993）。中國香頁功概念。**香功**（28-35 頁）。天津市職工氣功協會芳香智悟功委員會。

三、初級功法及動作圖解

預備動作

全身自然放鬆，面帶笑容，雙腳自然分開，與肩同寬，平行站立，雙手心相對約距 20 公分，在胸前開合 5-10 次。如圖 1-9 所示。

▲圖1　　　　　　▲圖2　　　　　　▲圖3

▲圖4　　　　　　▲圖5　　　　　　▲圖6

▲圖7　　　　　　▲圖8　　　　　　▲圖9

第一節　八字飄香

第一個動作：金龍擺尾。

如圖1-1-1至1-1-6所示。

雙手合一，指實掌虛，十指向前，左右擺動36次（一左一右為一次）。

注意：上身不動，擺小臂帶動上臂。

▲ 圖1-1-1

▲ 圖1-1-2

▲ 圖1-1-3

▲ 圖1-1-4

▲ 圖1-1-5

▲ 圖1-1-6

第二個動作：玉鳳點頭。

如圖 1-2-1 至 1-2-9 所示。

雙手合一置於胸前，指實掌虛，十指向上、向下擺動到小腹處上下來回
36 次（一上一下為一次）。

注意：不要單獨擺手腕。

▲ 圖 1-2-1

▲ 圖 1-2-2

▲ 圖 1-2-3

▲ 圖 1-2-4

▲ 圖 1-2-5

▲ 圖 1-2-6

▲ 圖 1-2-7

▲ 圖 1-2-8

▲ 圖 1-2-9

第三個動作：八字飄香（原名佛塔飄香）。

如圖1-3-1至1-3-9所示。

雙手心相對約距20公分，在胸前開合5次，再向上向下，劃（划）八字形31次。

注意：手向上時，高不過肩，兩手手心相對約距20公分，手向下分開時，手臂不可伸直，掌心不可向外翻，約與跨同高。

▲ 圖1-3-1

▲ 圖1-3-2

▲ 圖1-3-3

▲ 圖1-3-4

▲ 圖1-3-5

▲ 圖1-3-6

▲ 圖 1-3-7

▲ 圖 1-3-8

▲ 圖 1-3-9

第四個動作：雙手撫琴（原名菩薩撫琴）。

如圖 1-4-1 至 1-4-6 所示。

雙手心向下，十指向前，在胸前開合 36 次（一開一合為一次）。

注意：上臂基本不動，兩手臂展開，不可伸直，合攏指尖不可相撞。

▲ 圖 1-4-1

▲ 圖 1-4-2

▲ 圖 1-4-3

▲ 圖 1-4-4

▲ 圖 1-4-5

▲ 圖 1-4-6

第五個動作：缽盂雙分。

如圖1-5-1至1-5-6所示。

雙手心向上，十指向前，在胸前開合36次（一開一合爲一次）。

注意：上臂基本不動，兩手臂展開，不可伸直，合攏指尖不可相撞。

▲圖1-5-1

▲圖1-5-2

▲圖1-5-3

▲圖1-5-4

▲圖1-5-5

▲圖1-5-6

第二節 手轉乾坤

第一個動作：風擺荷葉。

如圖1-6-1至1-6-6所示。

雙手側掌，掌心相對，約20公分寬，在胸前來回擺動36次（一左一右爲一次）。

注意：左右各45°水平，小臂帶動大臂。

▲ 圖 1-6-1　　　　　　▲ 圖 1-6-2　　　　　　▲ 圖 1-6-3

▲ 圖 1-6-4　　　　　　▲ 圖 1-6-5　　　　　　▲ 圖 1-6-6

第二個動作：左轉乾坤。

如圖 1-7-1 至 1-7-6 所示。

雙手側掌，掌心相對，約20公分寬，自右向左逆時針畫立圓呈橢圓形，左右長，上下短，旋轉36次。

注意：高不過肩，低不過小腹，不能偏向，十指不要向上。

▲ 圖 1-7-1　　　　　　▲ 圖 1-7-2　　　　　　▲ 圖 1-7-3

▲ 圖1-7-4

▲ 圖1-7-5

▲ 圖1-7-6

第三個動作：右轉乾坤。

如圖1-8-1至1-8-6所示。

雙手側掌，掌心相對，約20公分寬，自左向右順時針畫立圓呈橢圓形，左右長，上下短，旋轉36次。

注意：與左轉乾坤方向相反，其餘均相同。高不過肩，低不過小腹，不能偏向，十指不要向上。

▲ 圖1-8-1

▲ 圖1-8-2

▲ 圖1-8-3

▲ 圖1-8-4

▲ 圖1-8-5

▲ 圖1-8-6

第四個動作：搖櫓渡海。

如圖 1-9-1 至 1-9-9 所示。

雙手心向下，與胸同高，手向下抓提畫圓如搖櫓狀 36 次（一抓一提為一次）。

注意：手前伸時掌心向下，臂不可伸直，雙手虎口相對。

▲ 圖 1-9-1

▲ 圖 1-9-2

▲ 圖 1-9-3

▲ 圖 1-9-4

▲ 圖 1-9-5

▲ 圖 1-9-6

▲ 圖 1-9-7

▲ 圖 1-9-8

▲ 圖 1-9-9

第五個動作：法輪常轉。

如圖 1-10-1 至 1-10-6 所示。

雙手心向下，右手在上，左手在下，內外勞宮相對，約 10 公分寬，雙手
上下交替向前，呈橢圓形推出時兩手相距約 10 公分，旋轉 36 次。

注意：兩手始終對準胸口，不可偏開。

▲ 圖 1-10-1

▲ 圖 1-10-2

▲ 圖 1-10-3

▲ 圖 1-10-4

▲ 圖 1-10-5

▲ 圖 1-10-6

第三節　普渡眾生

第一個動作：達摩盪舟。

如圖 1-11-1 至 1-11-6 所示。

雙手心向下，右手在上，左手在下，內外勞宮相對相距約 10 公分，先左
後右，擺動 36 次（一左一右為一次）。

注意：右手心與左手臂始終相對，擺動時上身勿動。

▲ 圖 1-11-1　　　　　　▲ 圖 1-11-2　　　　　　▲ 圖 1-11-3

▲ 圖 1-11-4　　　　　　▲ 圖 1-11-5　　　　　　▲ 圖 1-11-6

第二個動作：雙風貫耳（原名佛風貫耳）。

如圖 1-12-1 至 1-12-3 所示。

雙手心相對，置於腹前，自下向上，向兩耳貫氣 36 次。

注意：貫氣時，掌心對準兩耳不能貼耳，落下時，兩手不可後甩。

▲ 圖 1-12-1　　　　　　▲ 圖 1-12-2　　　　　　▲ 圖 1-12-3

第三個動作：金光耀眼（原名耀眼佛光）。

如圖 1-13-1 至 1-13-3 所示。

雙手心相對，成鴨嘴形，自下向上，向兩眼貫氣36次。

注意：不可戴眼鏡，切不可手觸眼部。

▲ 圖 1-13-1　　　　　　▲ 圖 1-13-2　　　　　　▲ 圖 1-13-3

第四個動作：交叉擺掌（原名普渡衆生）。

男如圖 1-14-1 至 1-14-3 所示；女如圖 1-14-4 至 1-14-6 所示。男左手在裡，右手在外，交叉於腹前，向兩邊來回擺動36次；女右手在裡，左手在外（雙手同時左右擺動爲一次）。

注意：擺動幅度，兩邊各45°即可，手不能外翻。

▲ 圖 1-14-1　　　　　　▲ 圖 1-14-2　　　　　　▲ 圖 1-14-3

▲ 圖 1-14-4

▲ 圖 1-14-5

▲ 圖 1-14-6

第五個動作：雙手合十（原名童子拜佛）。

如圖 1-15-1 至 1-15-3 所示。

雙手合一，指實掌虛，十指向前上方，放在胸前約 1 分鐘，30°-45° 斜向胸前。

注意：心臟病、高血壓患者雙手低些。

▲ 圖 1-15-1

▲ 圖 1-15-2

▲ 圖 1-15-3

收功

雙手緩慢放下，再握空掌慢慢上提，與肩同高，同時用鼻自然吸氣，然後再慢慢放下至臍後，手指慢慢伸展開，同時用口緩緩呼氣，搓手浴面。並搓病處。如圖 1-16-1 至 1-16-9 所示。

注意：高血壓患者，手提高不過壇中，吸氣與呼氣要深、長、細、勻。

▲ 圖 1-16-1

▲ 圖 1-16-2

▲ 圖 1-16-3

▲ 圖 1-16-4

▲ 圖 1-16-5

▲ 圖 1-16-6

▲ 圖 1-16-7

▲ 圖 1-16-8

▲ 圖 1-16-9

中級功功法及動作圖解

預備式

全身自然放鬆，面帶笑容，雙腳分開與肩等寬，平行站立。如圖2-1至
2-3所示。

▲ 圖2-1

▲ 圖2-2

▲ 圖2-3

第一個動作：俯掌擺胯（原名韋馱獻杵）。

如圖2-1-1至2-1-3所示。

雙手心向下，十指相對，位於胸前，同時屈膝擺胯，先左後右擺動36
次。

注意：上身不動。

▲ 圖2-1-1

▲ 圖2-1-2

▲ 圖2-1-3

第二個動作：推掌運氣（原名濟公運氣）。

如圖 2-2-1 至 2-2-3 所示。

雙手掌心向下，十指向前，位於胸前，兩手左右交替，呈三角形，同時屈膝擺胯先左後右擺動 36 次。

▲ 圖 2-2-1

▲ 圖 2-2-2

▲ 圖 2-2-3

第三個動作：雙手移物。

如圖 2-3-1 至 2-3-6 所示。

雙手心相對，約 20 公分寬，手指向前，位於胸前，先左後右，類似移物狀，同時屈膝擺胯，屈左膝，雙手往左移，屈右膝，雙手往右移 36 次。

▲ 圖 2-3-1

▲ 圖 2-3-2

▲ 圖 2-3-3

▲ 圖 2-3-4　　　　　　▲ 圖 2-3-5　　　　　　▲ 圖 2-3-6

第四個動作：兩手畫葫（原名哆羅畫葫）。

如圖 2-4-1 至 2-4-6 所示。

雙手在右胸前，掌心向下，右手在前，左手中指對右手腕下，十指向右前側，前伸後拉，如畫葫蘆狀，順時針方向，同時屈膝擺胯，屈左膝，雙手外伸，屈右膝，雙手沿弧線向內運動 36 次。

▲ 圖 2-4-1　　　　　　▲ 圖 2-4-2　　　　　　▲ 圖 2-4-3

▲ 圖 2-4-4　　　　　　▲ 圖 2-4-5　　　　　　▲ 圖 2-4-6

第五個動作：玉女纏絲（原名龍女纏絲）。

如圖2-5-1至2-5-6所示。

雙手重疊於腹前，屈左膝，左手陰掌由外側下按，右手側掌抹腹上提，屈右膝，右手陰掌由外側下按，左手側掌抹腹上提，上下交替，呈抹旋狀，同時屈膝擺胯36次。

▲ 圖2-5-1

▲ 圖2-5-2

▲ 圖2-5-3

▲ 圖2-5-4

▲ 圖2-5-5

▲ 圖2-5-6

第二節　提僧獻藝

第一個動作：龍女採蓮。

如圖2-6-1至2-6-6所示。

雙手心向下，約10公分寬，十指向前位於腹前，雙手掌根同時下按，同時屈膝擺胯先左後右擺動36次。

▲ 圖 2-6-1

▲ 圖 2-6-2

▲ 圖 2-6-3

▲ 圖 2-6-4

▲ 圖 2-6-5

▲ 圖 2-6-6

第二個動作：伏虎貫氣（原名羅漢伏虎）。

如圖 2-7-1 至 2-7-6 所示。

雙手呈虎爪狀，左手在小腹前，右手在右腹側，左右交替。同時屈膝擺胯先左後右擺動 36 次。

▲ 圖 2-7-1

▲ 圖 2-7-2

▲ 圖 2-7-3

▲圖2-7-4

▲圖2-7-5

▲圖2-7-6

第三個動作：左右晃棍（原名棍僧獻藝）。

如圖2-8-1至2-8-6所示。

雙手握空拳，如握棍狀，約10公分寬，位於腹前，左右水平拉動，同時屈膝擺胯先左後右擺動36次。

▲圖2-8-1

▲圖2-8-2

▲圖2-8-3

▲圖2-8-4

▲圖2-8-5

▲圖2-8-6

第四個動作：雙手插掌（原名天王插掌）。

如圖2-9-1至2-9-6所示。

雙手掌心向內，約10公分寬，四指併攏，拇指向內拉開，位於腹前，雙手同時下插，左右交替，同時屈膝擺胯先左後右擺動36次。

▲ 圖2-9-1　　　　　　▲ 圖2-9-2　　　　　　▲ 圖2-9-3

▲ 圖2-9-4　　　　　　▲ 圖2-9-5　　　　　　▲ 圖2-9-6

第五個動作：老翁擺掌（原名老僧擺掌）。

如圖2-10-1至2-10-9所示。

雙手重疊，掌心對肚臍，男左手在裡（圖2-10-1至2-10-4），女右手在裡（圖2-10-5至2-10-9）約5公分寬，同時以胯帶身，先右後左胯擺動36次。

注意：雙膝勿屈。

▲ 圖 2-10-1　　　　　　▲ 圖 2-10-2　　　　　　▲ 圖 2-10-3

▲ 圖 2-10-4　　　　　　▲ 圖 2-10-5　　　　　　▲ 圖 2-10-6

▲ 圖 2-10-7　　　　　　▲ 圖 2-10-8　　　　　　▲ 圖 2-10-9

第三節　金剛運氣

第一個動作：合掌畫弧（原名羅漢禮佛）。

如圖 2-11-1 至 2-11-9 所示。

雙手十指交叉，掌根分開，先上後下，同時以胯帶身，左右擺動 36 次。

注意：右胯，雙手向上不過喉，左胯，雙手向下不過小腹，上下都不挨身。

▲圖2-11-1   ▲圖2-11-2   ▲圖2-11-3

▲圖2-11-4   ▲圖2-11-5   ▲圖2-11-6

▲圖2-11-7   ▲圖2-11-8   ▲圖2-11-9

第二個動作：天女獻花（原名飛天獻花）。

如圖 2-12-1 至 2-12-3 所示。

雙手心相對，約 20 公分寬，十指向上，位於喉前，左右擺動。同時以胯帶身擺動。擺胯，手往左應向右胯，手往右應向左胯擺動 36 次。

注意：擺動時手心始終相對。

▲ 圖 2-12-1　　　　　▲ 圖 2-12-2　　　　　▲ 圖 2-12-3

第三個動作：天女散花（原名飛天散花）。

如圖 2-13-1 至 2-13-6 所示。

動作由天女獻花接續，雙手心相對，約 20 公分寬，十指向下，位於腹前，左右擺動，同時以胯帶身擺動。擺胯，手往左應向右胯，手往右應向左胯擺動 36 次。

▲ 圖 2-13-1　　　　　▲ 圖 2-13-2　　　　　▲ 圖 2-13-3

▲ 圖 2-13-4

▲ 圖 2-13-5

▲ 圖 2-13-6

第四個動作：空拳運氣（原名金剛運氣）。

如圖 2-14-1 至 2-14-6 所示。

雙手呈鴨嘴形，右手貫腹時，左手在左側，右胯，左手貫腹時，右手在右側，左胯，同時以胯帶身擺動，與手反方向擺動36 次。

▲ 圖 2-14-1

▲ 圖 2-14-2

▲ 圖 2-14-3

▲ 圖 2-14-4

▲ 圖 2-14-5

▲ 圖 2-14-6

第五個動作：三聖打坐。

如圖 2-15-1 至 2-15-3 所示。

雙手呈抱球狀，十指相對相距約 10 公分，位於腹前，先左後右，再中，保持中的姿勢 1 分鐘。

注意：雙手向左，屈左膝，雙手向右，屈右膝。雙手居中，屈雙膝。

▲ 圖 2-15-1

▲ 圖 2-15-2

▲ 圖 2-15-3

收功

雙手緩慢放下，再握空掌慢慢上提，與肩同高，同時用鼻自然吸氣，然後再慢慢放下至臍後，手指慢慢伸展開，同時用口緩緩呼氣，搓手浴面。並搓病處。如圖 2-16-1 至 2-16-9 所示。

注意：高血壓患者，手提高不過壇中，吸氣與呼氣要深、長、細、勻。

▲ 圖 2-16-1

▲ 圖 2-16-2

▲ 圖 2-16-3

▲ 圖 2-16-4

▲ 圖 2-16-5

▲ 圖 2-16-6

▲ 圖 2-16-7

▲ 圖 2-16-8

▲ 圖 2-16-9

排病氣

如圖 3-1 至 3-9 所示。

牌病氣是防病治病的重要方法之一，其方法如下：

1. 全身放鬆，面帶笑容，雙腳與肩同寬站立，雙手上舉至於頭頂離頭約 10 公分，手心向下，十指相對（相距約 10 公分），雙手向左、向前、向右、向後順時針旋轉 20 圈，然後雙手指尖下垂，從面前下插，沿體下滑同時彎腰過膝為止（首具身體約 5 公分），在雙手下滑時應自語或默念「病氣、濁氣下降，入第三尺」。

2. 動作要連續做三次，每晚睡前在床前或臥室內做，如晚間練功，應與排病氣相距 30 分鐘，如圖 3-1 至 3-9 所示。

▲ 圖3-1　　　　　▲ 圖3-2　　　　　▲ 圖3-3

▲ 圖3-4　　　　　▲ 圖3-5　　　　　▲ 圖3-6

▲ 圖3-7　　　　　▲ 圖3-8　　　　　▲ 圖3-9

Chapter 3 平甩功、觀音舞簡介

　　「氣功」是現代的名詞，它原先稱為「導引術」、「養生術」、「吐納術」，是古人透過與大自然的互動所體證出來的養生哲學與實踐。而平甩功是一種簡易的「氣功」。由李鳳山師父首創，流行傳播於社會之中。在有關平甩功的功效方面有以下之敘述：平甩功能讓氣血到達四肢末梢，排出不潔之氣。可練出韌性和彈性。鬆中帶沉，不心浮氣躁；動靜合一，自然集中。無需大量的「動」，只要規律的運作，便能深入五臟六腑。

　　平甩功特點有以下說明：

1. 平甩功屬於細水長流型的氣功，在動作上講究寧可慢不要快。

2. 平甩功只需方圓場地即可練習。

3. 簡單易學，調和陰陽，不會走火岔氣。

4. 易進入身心平穩的狀態，可提高鍛鍊者的學習興趣。

5. 練後見效極快，可達循環、排毒、補充與平衡的效果。

6. 簡單，所以容易養成每日練功的習慣，此為學習任何功夫的基本條件。

7. 在遭遇任何瓶頸時，平心靜氣，平甩功可助一臂之力，突破障礙。

　　平甩功的反應：五感，剛開始練平甩功，可能會出現痠、痛、麻、癢、脹，這五種排毒效應的感受。

1. 痠：甩時，在關節、腰部、頸部、背部、手或胳臂可能會產生痠的現象，可能是平時累積疲勞的緣故。當人們長期過勞或緊張會造成元氣受損，身體的抵抗力也會減弱透過平甩可以迅速擺脫這種累積。

2. 痛：出現痛感，是因為累積太久，以至於某些部位已經全然不通或幾乎已經不通了。沒有鍛鍊的人，在一般的循環下，每次氣血流經那些不通的地方便會自動躲開，久而久之便形成了阻礙，於是礙久便成了所謂的癌。礙有兩種現象一種是身體的阻礙，一種是心理的罣礙，身體與心理的罣礙必須一起調整才能見其功效。

3. 麻：麻的現象有兩種，一是打通的過程中遇到原本有阻礙的地方，因為氣的打通所以產生了痠麻的感覺。若沒有去疏通便會一直堵住，到最後就會變成痛。另一種是麻木不仁，此現象相當危險，因為氣血若不能通過就會變成瘀血，瘀血久了便會腐壞，這時若是碰上細菌、病毒感染也易變成癌。

4. 癢：感覺到癢，那是因為氣到了，這種癢不是由身體外所引起的，而是完全由身體裡面所產生的。搔也搔不到的癢，這是好事，表示練功有進展。

5. 脹：此感覺出現在身體末梢，這代表了回流不夠好，身體若是不暢通，心就不暢通，身暢而後心暢，心暢而後身更暢，身心是互相呼應的。一般人身體要是出了毛病，情緒自然低落，這樣便會使生命力降低，抗體衰弱，免疫功能下降。

平甩功的調整：任何功法都不能練老，在練平甩時我們要時時反觀內省，不斷的自我檢查、自我調整。

1. 注意兩腳是否平行，身體是否平衡。

2. 注意呼吸是否始終保持內外平衡。

3. 注意是否練出氣達末梢的感覺，如此才能跟五臟六腑互相呼應。

4. 注意練習所產生的五感，去體會我們身體的健康程度。

5. 注意速度，避免過快，才能形成一定的慣性，勿心浮氣躁，使精神和神經系統達到最完美的平衡。

平甩功的境界：在練功中，我們的六根，眼、耳、鼻、舌、身、意，會出現特殊的現象，當我們專注鍛練時可能會達到渾然忘我，六根皆忘的狀態，這時只要不慌亂、不胡思亂想，自然就空中生妙定中生慧。

平甩功法動作解說：如圖1-9所示。

1. 雙腳與肩同寬，平行站立。

2. 雙手舉至胸前，與地面平行，掌心朝下。

3. 兩手前後自然甩動，保持輕鬆，不要刻意用力

4. 甩到第5下時，微微屈膝一蹲，輕鬆彈2下。

5. 培養心境：不取巧、不求快、不貪功。

6. 腳踏實地，呼吸自然。

7. 雙手在前面始終擺平，微微舒指，高度不過肩。

8. 身形中正，左右平衡。

9. 蹲的時候，保持膝蓋彈性，視個人放鬆狀況，可高蹲亦可低蹲。

10. 速度和緩，保持規律。

11. 每回至少甩10分鐘（約500下），一日甩三回。若能一次持續甩到30分鐘以上，效果更好。

12. 練完之後，慢慢喝杯溫開水，更有助氣血循環，氣機穩定。

13. 注意兩腳是否平行，身體是否平衡。

14. 注意呼吸是否始終保持內外平衡。

15. 注意是否練出氣達末梢的感覺。

16. 注意從練功所產生的「五感」。

17. 注意速度，避免越甩越快，才能形成一定的慣性。

▲圖1　　　　　▲圖2　　　　　▲圖3

▲圖4   ▲圖5   ▲圖6

▲圖7   ▲圖8   ▲圖9

本篇將會以平甩功研究為主軸，說明簡易功法的益處，其次是將觀音舞納入養生功法之一。而將平甩功與觀音舞一起討論的原因是，此二種養生功法有一種共同的特點，那就是屈膝運動。因為有類似的運動方式，所以將以〈十分鐘平甩功前、後30分鐘之氣場能量監測分析：高齡女性個案研究〉[1]為科學研究代表，以增加閱讀的有趣性。

摘要

本研究旨在探討10分鐘平甩功（PSG）運動前後30分鐘之人體氣場氣輪分析。經由非侵入性檢測人體氣場攝錄系統監測，運動前至運動後30分鐘之人體氣場及氣輪的變化情形。方法：個案為70歲女性，身高

1 感謝科技部計畫經費補助，計畫編號：NSC 102-2410-H-151-026。

158 公分，體重 51 公斤，在室溫 25℃ 及相對濕度 60% 環境，進行 10 分鐘平甩功運動後，持續監測 30 分鐘身心靈的變化。透過手部反饋偵測儀量測，包含電子設計自動化、手部皮膚導電率及溫度等多樣綜合分析、即時的生物反饋數據，進行整合式生物反饋數據分析、處理，反應出個人獨特的情感能量特質、活力、氣場影像；同時能展現受測者特有的生物能量場、情緒狀態、人格特質及健康狀態。資料經微軟視窗 Excel 2007 相依樣本 t 檢定統計處理，顯著水準訂為 $\alpha = .05$。結果：資料顯示，平甩運動 10 分鐘後，氣場大小由 80 增加至 90，維持 10 鐘；在 15 分鐘後降至 80，至 20-30 分鐘時降至 70。運動後 15 分鐘，氣輪能量以太陽叢輪（C3）增加幅度 800% 最大，其次是眉心輪（C6）700% 次之，第三為海底輪（C1）75%。結論：10 分鐘平甩運動能使氣場範圍增加及提升氣輪能量，氣場能量與相關健康議題之間，有必要做後續之系列研究與探討。

一、研究背景

人體氣場攝錄系統（Power AVS）已經普遍地應用在許多健康領域的研究當中，例如水晶療癒與芳香精油、按摩前後的氣輪與氣場分析。此一評估系統，整合了生物反饋醫學、色彩心理學及能量醫學 3 項技術，透過手部反饋偵測儀量測，包含電子設計自動化、手部皮膚導電率及溫度等多樣綜合數據，進行整合式生物反饋數據分析反應出個人獨特的情感能量特質、活力、氣場影像、展現受測者特有的生物能量場、情緒狀態、人格特質及健康狀態（鄭建民、李來福、莊宜達，2013）。然而，過去許多氣功的科學研究當中，應用了許多複雜的檢測儀器，如良導絡之應用研究，鄭建民等人（2001）和鄭建民（2002a，2002b，2002c）以經穴生物能量值為變項，探討修練香功之經穴生物能值與時辰、季節及性別的關係進行分析研究；鄭建民與黃新作（2004）進行 3 年太極拳運動訓練的生物能量分析研究；何宗憲（2000）研究慢性肝病患者的穴位電性表現，比較慢性

肝病患者之穴位電性表現及與健康正常人之差異。鍾宜榛、鄭建民、吳秋明、蘇錦茂、洪肇欽（2012）探討平甩功之生物能量分析等。

在腦波的研究方面，李嗣涔（1989）於臺大電機系的實驗發現，當學佛與學道不同門派的師父在練功時，腦 α 波之變化可以粗分為兩類，佛家的「禪坐」（即靜坐）與道家的「放空」等功法相當接近。李嗣涔（1990）認為，自主神經中樞所在部位腦幹則明顯處於激發的狀態。林浩雄、李嗣涔（1991）研究氣功師練氣時的腦 α 波振幅變化的同時發現，氣功師可以分別經由副交感或交感神經控制血管之鬆緊，促使流向手掌之血液增多或減少而導致溫度上升或下降之結果。李嗣涔、張楊全（1991）在氣功的實驗過程中，也發現道家高段師父練功時也是進入「入定態」，與「佛家坐禪」的高段師父結果非常類似，顯示道家的練功法是先練「共振態」，再進入「入定態」，而佛家坐禪，一開始就是練「入定態」，兩者殊途而同歸，最後境界似乎是相同的。王唯工、崔玖（1992）針對練習氣功者對脈波與腦波之影響之研究發現，血液的分配是由頻率來調變的，在受測者躺下放鬆後，發現脈波頻譜會呈現系統性變化。豐東洋等人（2004）以實驗組與控制組各15位受試者為研究對象，探討氣功對放鬆及情緒影響之腦波研究發現，在腦 θ 波頻率時，氣功組與控制組在組間、情境及電極有主要效果；在腦 α 波頻率時，氣功組與控制組在組間、與電極有主要效果，組別與電極有交互作用；在腦 β 波頻率時，氣功組與控制組在電極有主要效果，在組別與電極有交互作用；氣功組與控制組的額葉 α 波一側化在組別有主要效果。

在心率變異的研究方面，黃國禎等人（1998）以14位平均年齡67.79 $\pm$ 5.7歲，有規律從事太極拳運動男性為太極拳組，與14位平均年齡67.71 $\pm$ 5.48歲，無規律運動習慣的健康男性為控制組，比較兩組的安靜心率變異度。結果發現太極拳組的安靜心跳率較控制組低，R-R波間期較控制組高，且達顯著水準；在心臟自律神經活動反應方面，太極拳組與控制組的 HF% 並無差異存在；LF% 的結果，太極拳組顯著高於控制組。該研究指出太極拳練習者比未練習太極拳男性老年人有較好的迷走神經及交

感神經之控制能力；且對自律神經功能的退化，有相當程度的預防效果。陳金城（2003）以心率變異分析探討丹道氣功效應研究指出，整體而言，氣功練習可以使心跳血壓下降，所謂任督運轉以意運氣需要非常強之意念，因而造成心跳收縮壓與舒張壓上升，體溫變化方面，中樞溫度幾乎不受氣功練習之影響，周邊溫度會受氣功練習而升高。廖承慶（2004）探討太極拳運動對老年人生物能量與心臟自主神經活動狀態之影響中發現，規律太極拳運動老年人比坐式生活型態老年人有顯著較高的生物能量，特別在心經與肺經方面（p＜.001）；規律太極拳運動老年人比坐式生活型態老年人有顯著較高的心臟副交感神經活動狀態（p＜.05）與顯著較低的交感神經活動狀態（p＜.05）。研究結論是太極拳運動有延緩老年人生物能量衰退與降低心臟生理負擔度的作用。因此建議，若老年人能規律從事太極拳運動做爲養生保健的方法，對生物能量與心臟自律神經功能的提升或維持皆有所助益。呂萬安（2004）的研究發現，太極拳與外丹功的短期效應是提升副交感神經的活性，並使得交感神經的活性下降。而外丹功的短期效應是提升副交感神經的活性，長期效應是增加交感神經的活性，而不影響副交感神經的活性。

　　以上文獻分析歸納出近年來在養生氣功當中的生物能量、腦波與自律神經之科學研究，可做爲進一步分析平甩功氣場能量之參考。本研究目的是要探討高齡者施做10分鐘平甩前後30分鐘之氣場能量變化監測分析，藉以了解平甩功前後，氣場能量與整體健康的關聯性，探討10分鐘平甩功運動前後10、20、30分鐘之人體氣場及氣輪的變化情形，做爲高齡者養生保健之科學參考依據。

二、研究方法

（一）研究對象

　　本研究個案爲70歲女性，身高158公分，體重51公斤。

（二）實驗環境

在室溫 25℃ 及相對濕度 60% 環境進行。

（三）研究工具

人體氣場攝錄系統（Power AVS），遠音聯合業務股份有限公司（2013），臺北市。

（四）實驗程序

1. 受試者抵達實驗室後，安靜休息 10-15 分鐘，量測血壓，以確認為是否為安靜狀態。
2. 進行 10 分鐘平甩功運動前，以人體氣場攝錄系統（Power AVS）監測當下的身心靈的檢測資料，並存檔。
3. 進行 10 分鐘平甩功運動後，同樣環境條件下，以人體氣場攝錄系統（Power AVS）監測當下的身心靈的檢測資料，並存檔。
4. 平甩功運動後 15 分鐘、20 分鐘、30 分鐘，同樣環境條件下，以人體氣場攝錄系統（Power AVS）監測當下的身心靈的檢測資料，並存檔。

（五）資料處理

本個案所蒐集之資料，經微軟視窗 Excel 2007 相依樣本 t 檢定統計處理，顯著水準訂為 $\alpha = .05$。

三、結果與討論

本研究探討 10 分鐘平甩功前及平甩功後 30 分鐘的氣場變化情形，各氣輪：海底輪（base chakra, C1）、臍輪（naval chakra, C2）、太陽叢輪（solar plexus chakra, C3）、心輪（heart chakra, C4）、喉輪（throat chakra, C5）、眉心輪（third eye chakra, C6）、頂輪（crown chakra, C7）及氣場大小（aura size, AS）與平均能量（chakra balance, CA）的變化。

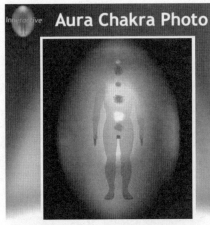

▲ 圖 3-1　平甩前氣場氣輪照

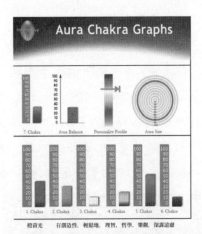

▲ 圖 3-2　平甩前氣輪氣場平衡度

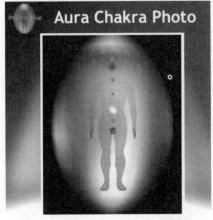

▲ 圖 3-3　平甩10分鐘後氣場氣輪照

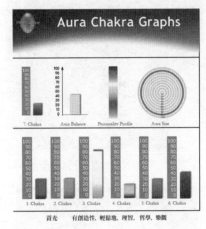

▲ 圖 3-4　平甩10分鐘後氣輪氣場平衡度

　　由圖 3-1 及 3-2 可看出，該個案在平甩運動前之氣場顏色為橙黃色，平均能量為 30，氣場大小為 80。平甩運動 10 分鐘後之氣場顏色為黃色，平均能量為 40，氣場大小上升至 90，如圖 3-3 及 3-4 所示。顯現 10 分鐘平甩功後，整體平均能量上升，同時，因能量上升，因而使氣場範圍加大，兩者之間有連動關係。為了監測 30 分鐘之變化，在圖 3-5 及 3-6 顯示，平甩運動後 15 分鐘之氣場顏色為橙色，氣輪能量以太陽叢輪（C3）增加幅度 800% 為最大，其次是眉心輪（C6）700% 次之，第三為海底輪（C1）

75%，氣場範圍縮小到80，這顯示因運動後之休息時間加長而使氣場範圍
縮小，但因平甩之生理效應續發揮之故，平均能量持續上升至50。

　　在圖3-7及3-8顯示，平甩運動後20分鐘之氣場顏色爲橙色，氣輪能
量以眉間輪（C6）800%爲最大，其次是太陽叢輪（C3）增加幅度700%
次之，第三爲臍輪（C2）增加幅度266.6%，氣場範圍縮小到80，這顯示
因運動後之休息20分鐘後之氣場範圍爲70，但因爲平甩之生理效應持續
發揮之故，平均能量持續維持在50。

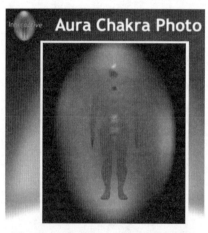

▲ 圖3-5　平甩後15分鐘氣場氣輪照

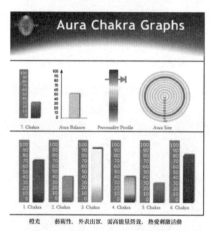

▲ 圖3-6　平甩後15分鐘氣輪氣場平衡度

▲ 圖3-7　平甩後20分鐘氣場氣輪照

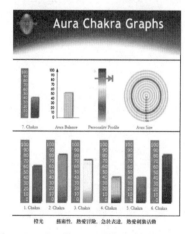

▲ 圖3-8　平甩後20分鐘氣輪氣場平衡度

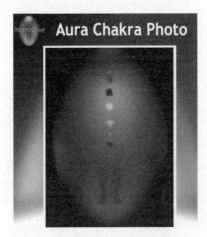

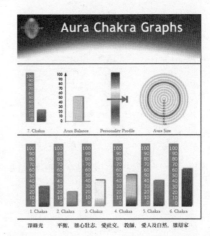

▲ 圖3-9　平甩後30分鐘氣場氣輪照　▲ 圖3-10　平甩後30分鐘氣輪氣場平衡度

　　在圖3-9及3-10顯示，平甩運動後30分鐘之氣場顏色轉變為深綠色，氣輪平均能量雖維持50，但氣場範圍縮小到70，這顯示因運動後之休息30分鐘後，隨著平甩之生理效應減弱，氣場範圍縮小，因而各氣輪之平均能量隨之降低。

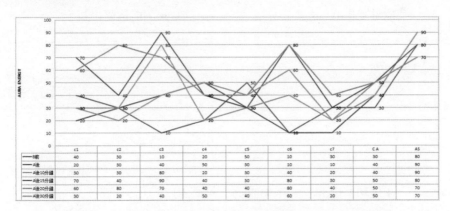

▲ 圖3-11　10分鐘平甩功前後30分鐘氣輪氣場能量監測圖示

　　由圖3-11顯示，10分鐘平甩功前後30分鐘，各氣輪與氣場能量變化趨勢監測圖示。此圖可清楚了解平甩功前後30分鐘內的整體生理變化情形，可做為科學研究的參考。

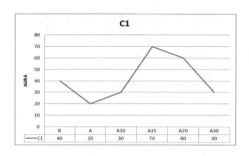

▲ 圖3-12　平甩功前後30分鐘海底輪
　　　　　能量變化圖

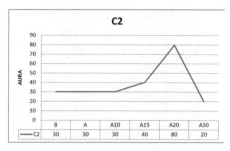

▲ 圖3-13　平甩功前後30分鐘臍輪
　　　　　能量變化圖

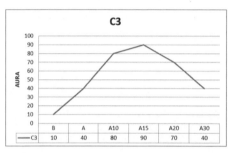

▲ 圖3-14　平甩功前後30分鐘太陽叢輪
　　　　　能量變化圖

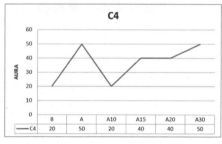

▲ 圖3-15　平甩功前後30分鐘心輪
　　　　　能量變化圖

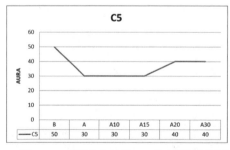

▲ 圖3-16　平甩功前後30分鐘喉輪能量
　　　　　變化圖

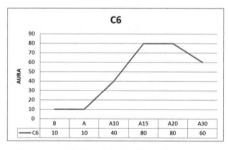

▲ 圖3-17　平甩功前後30分鐘眉心輪
　　　　　能量變化圖

　　由圖3-12至3-18顯示，10分鐘平甩功前後30分鐘，各氣輪（C1、
C2、C3、C4、C5、C6、C7）能量變化趨勢監測圖示。每一圖可清楚了
解平甩功前後30分鐘內的氣輪能量生理變化情形，可做為各氣輪能量變

化之科學研究分析的參考。由圖3-19顯示,平甩功前後30分鐘平均能量
變化圖得知,平甩功後,10分鐘後,其能量值由30升到40,15分鐘後
能量升至50,持續到30分鐘。值得注意的是,圖3-20平甩功前後30分
鐘氣場變化圖顯示,平甩後,氣場迅速增強,由80升至90,持續維持15
分鐘。15分鐘後持續下降到20分鐘的70,持續到30分鐘的70,比原來
的初始值還低。

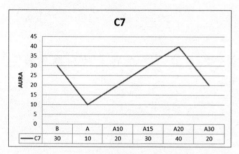

▲ 圖3-18　平甩功前後30分鐘頂輪能
　　　　　量變化圖

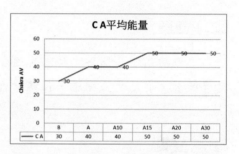

▲ 圖3-19　平甩功前後30分鐘平均能
　　　　　量變化圖

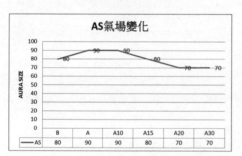

▲ 圖3-20　平甩功前後30分鐘氣場變化圖

四、結論與建議

（一）結論

　　本研究探討10分鐘平甩功（PSG）運動前後30分鐘之人體氣場氣輪
分析。經由非侵入性檢測人體氣場攝錄系統監測,運動前至運動後30分

鐘之人體氣場及氣輪的變化情形。由結果資料顯示，平甩運動10分鐘後，氣場大小增加持續10鐘；在15分鐘後逐漸降低。運動後15分鐘，氣輪能量以太陽叢輪（C3）增加幅度800%最大，其次是眉心輪（C6）700%次之，第三爲海底輪（C1）75%。結論：10分鐘平甩運動能使氣場範圍增加及提升氣輪能量；氣場能量與相關健康議題之間，有必要做後續之系列研究與探討。

（二）建議

平甩功爲簡易簡養生功法，適合各年齡層練習，尤其是特別推薦給高齡者練習，有助氣血循環，保持健康老化。

參考文獻

王唯工、崔玖（1992）。練習氣功對脈波及腦波之影響。**中華醫學工程學刊，12**(1)，107-115。

何永彬、鄭建民、黃新作、洪肇欽、曾曜中（2014）。**10分鐘平甩功前後的氣場氣輪分析：男性個案研究**。2014國際運動生理與體能領域學術研討會，臺北市，國立臺灣師範大學。

何宗憲（2000）。**慢性肝病患者的穴位電性表現**（未出版之碩士論文）。中國醫藥學院中國醫學研究所，臺中市。

呂萬安（2004）。**太極拳、外丹功對成年人自律神經活性的效應**（未出版之博士論文）。國立陽明大學傳統醫學研究所，臺北市。

李來福、鄭建民、莊宜達、田金抱（2013）。軟式網球運動前與運動後之人體氣場分析：個案研究。**高應科大體育，12**，9-16。

李嗣涔（1989）。以刺激法導引氣感之產生。**國立台灣大學工程學刊，46**，117-125。

李嗣涔（1990）。氣功態及氣功外氣之紅外線頻譜。**國立台灣大學工程學刊，49**，97-108。

李嗣涔（1991）。氣功的科學觀。**科學發展月刊，19**(8)，1055-1059。

李嗣涔、張楊全（1991）。由腦 α 波所定義的兩種氣功態。**中醫藥雜誌，2**(1)，30-46。

林維洋（2013a）。**POWER AVS人體氣場攝錄儀——氣場分析師培訓講義**。臺北市：遠音聯合業務股份有限公司。

林維洋（2013b）。**POWER AVS人體氣場攝錄儀——氣場判讀及療癒快速應用講義**。臺北市：遠音聯合業務股份有限公司。

洪肇欽、鄭建民、鍾宜榛、蘇錦茂、吳秋明（2012）。**10分鐘平甩功前後之情緒反應與指尖血流監測**（摘要）。2012年運動生理與體能領域學術研討會。台北市，台北市立體育學院。

崔玖、王唯工（1993）。**人體生物能在臨床診斷之研究——練氣功者心臟血管測量值之分析**。行政院國家科學委員會研究報告（計畫編號：NSC-80-0412-B010-71R），未出版。

崔玖（1996）。**練氣功者心臟血管系統生物能測量值之分析**。國立體育學院國術研究中心研究成果報告書。

陳金城（2003）。**以心率變異分析探討丹道氣功效應研究**（未出版之碩士論文）。中國醫藥大學：臺中市。

黃國禎、郭博昭、陳俊忠（1998）。長期從事太極拳運動對男性老年人安靜心率變異性之影響。**體育學報**，25，109-118。

遠音聯合業務股份有限公司（2013）。**人體氣場攝錄系統 POWER AVS**。2013 年 12 月 28 日，取自 http://www.aura.net.tw/。

廖承慶（2004）。**太極拳運動對老年人生物能量與心臟自主神經活動狀態之影響**（未出版之碩士論文）。國立體育學院：桃園縣。

鄭建民、宋靜宜（2001）。人體經穴生物能檢測值與時辰的關係初探。**高雄應用科技大學學報**，31，577-599。

鄭建民（2002a）。香功修練者的經穴生物能量與季節性的關係研究。**高雄應用科技大學學報**，32，583-622。

鄭建民（2002b）。不同季節修練香功者的經穴生物能量分析研究。**中華民國大專院校九十一年度體育學術研討會專刊**（下）（452-466 頁）。

鄭建民（2002c）。**香功修練者的經穴生物能量與季節性的關係研究**。高雄市：太普公關事業有限公司出版。

鄭建民（2009）。**養生運動對成年人生理心理的影響 - 從修練香功對良導絡生物能量、腦波、心臟自律神經之效益及健康自我認知談起**（未出版博士論文）。國立臺灣體育大學（桃園）體育研究所，桃園縣。

鄭建民、李來福、莊宜達（2013）。人體氣場攝錄系統在體育運動科學的應用。**高應科大體育**，12，1-8。

鄭建民、陳勝凱（2012）。**建構數位化傳統氣功養生運動學習平台輔助對中老年人之情緒與睡眠品質之影響**。行政院國家科學委員會研究報告，計畫編號：NSC99-2410-H-151-026-MY2。

鄭建民、賴秋蓮、李建勳（2014）。**數位傳統養生運動與音樂刺激介入對不同失智程度年長者腦功能的影響**，期末結案報告。行政院國家科學委員會專題研究計畫，計畫編號：NSC102-2410-H-151-026-。

鄭建民、何永彬、曾曜中、劉國安、鍾宜榛（2014）。**10 分鐘平甩功運動前後 30 分鐘的氣場氣輪監測：女性個案研究**。2014 國際運動生理與體能領域學術研討會。臺北市，國立臺灣師範大學。

鍾宜榛、鄭建民、吳秋明、蘇錦茂、洪肇欽（2012）。**平甩功之生物能量分析**（摘要）。2012 年運動生理與體能領域學術研討會。臺北市，台北市立體育學院。

鍾宜榛、鄭建民、劉國安、馮倩薇（2014）。**平甩功運動前與運動後之人體氣場分析：個案研究**。2014 國際運動生理與體能領域學術研討會。臺北市，國立臺灣師範大學。

劉國安、馮倩薇、鄭建民（2013）。不同海拔高度及溫濕度對人體氣場的影響：個案研究。**高應科大體育**，12，17-24。

豐東洋、洪聰敏、黃英哲（2004）。氣功對放鬆及情緒影響之腦波研究。**台灣運動心理學報**，5，19-42。

Cheng, C. M., Huang, C. H., Ting, W. C. and Wu, C. M. (2012). The impact of qigong regimen exercises on mood and sleep quality. *The Asian Sleep Research Society Congress 2012*, Nov. 30-Dec. 02, 2012, Taipei, Taiwan.

觀音舞

觀音舞動作要領說明

練觀音舞十要訣：

1. 舞者要自在，用天眞無邪，喜悅稚心舞動，保持良好的心態。

2. 每一節動作爲 1 分鍾，是以腳爲主，手爲輔，以 1 分鐘的節奏，才有陣陣喜悅的心情。

3. 每一動作以腳左右交替，完成陰陽平衡算一次，共左右交替各 18 次。

4. 雙腳自然分開站立，男子先出左腳，後出右腳，女子則先出右腳，後出左腳。

5. 舉踏應順腳自然方向踏出，同時五腳指同時著地，每一節要規律接著舞跳。

6. 重心腳（未踏出腳）膝微屈蹲，另一腳直膝向前踏出。

7. 四肢動作要做到輕、鬆、柔、自然，按著音樂節拍去做爲最好。

8. 練舞的隊形，男在左邊，女在右邊，或男在後面，女在前面。

9. 身體好，肢體靈活者動作大一點無仿，年老體弱者不要擺動太大。但高血壓、心臟病者要慢一點。

10. 練功時，眼睛三分睜開，七分閉眼，每天早晚各練一次就可以。

預備動作

如圖 1-1 至 1-6 所示。

全身放鬆，面帶笑容，雙腳自然分開站立。

雙手由下而上，緩慢延身向上劃圓，至頭頂，再緩慢向下，兩手至胸前合掌。要收心一處。

▲ 圖 1-1　　　　　▲ 圖 1-2　　　　　▲ 圖 1-3

▲ 圖 1-4　　　　　▲ 圖 1-5　　　　　▲ 圖 1-6

第一節　合什起步

如圖 2-1 至 2-6 所示。

雙手合掌，位於胸前，男左腳，腳尖向前舉踏，同時將合掌舉至右耳後側，左腳還原。女右腳，腳尖向前舉踏，同時將合掌舉至左耳後側，右腳還原。左右交替各 18 次。

踏出腳與手動作，方向相反，背掌心對著耳後中心，頭微彎。

▲ 圖 2-1

▲ 圖 2-2

▲ 圖 2-3

▲ 圖 2-4

▲ 圖 2-5

▲ 圖 2-6

第二節 金鵬展翅

如圖 3-1 至 3-6 所示。

兩手掌交叉相對，位於胸前，男左手在上，掌心向下，右手在下，掌心向上。男左腳腳尖向前舉踏，將雙手向兩側斜伸展，左手低不過腰，右手高過頂，眼視掌心，左腳還原。兩手掌交叉相對，位於胸前，女右手在上，左手在下。女右腳腳尖向前舉踏，將雙手向兩側斜伸長，右手低不過腰，左手高過頂，眼視掌心，右腳還原。左右交替各 18 次。兩手手掌上下變換，未踏出腳微伸直，眼視高頂掌心。

▲ 圖 3-1　　　　　　▲ 圖 3-2　　　　　　▲ 圖 3-3

▲ 圖 3-4　　　　　　▲ 圖 3-5　　　　　　▲ 圖 3-6

第三節　童子拜佛

如圖 4-1 至 4-6 所示。

雙手合十，位於胸前，男左腳向左橫出半步，右腳向左靠，腳尖舉踏膝微彎，將合掌舉至左耳後側，還原。女右腳向右橫出半步，左腳向右靠，腳尖舉踏膝微彎，同時將合掌舉出右耳後側，同時還原。左右交替各 18次。合掌與重心腳同方向，背掌心對著耳後中心，頭微彎。

▲ 圖 4-1　　　　　▲ 圖 4-2　　　　　▲ 圖 4-3

▲ 圖 4-4　　　　　▲ 圖 4-5　　　　　▲ 圖 4-6

第四節　萬慮俱飛

如圖 5-1 至 5-6 所示。

男左手在裡，右手在外。女右手在裡，左手在外。在腹前交叉，男左腳伸直向前抬起，女右腳伸直向前抬起，同時兩臂左右平伸掌心向下，高微過肩，左右腳動作相同。手回原位時，手掌上下交叉變換，左右交替各18次。雙手由兩側上舉如展翼，腳跟微上提，男女手掌須裡外變換，視身體狀況腳可抬高些。

▲ 圖 5-1　　　　　▲ 圖 5-2　　　　　▲ 圖 5-3

▲ 圖 5-4　　　　　▲ 圖 5-5　　　　　▲ 圖 5-6

第五節　強身健體

如圖6-1至6-9所示。雙手後背，男左手握右手腕（如圖6-1至6-3）。女
右手握左手腕（如圖6-4至6-6）。男左腳，腳跟向前舉踏，腳尖向上，左
腳還原。女右腳，腳跟向前舉踏，腳尖向上，右腳還原。左右交替各18
次。腳跟向前舉踏，腳尖向上，身體不能向前彎腰。

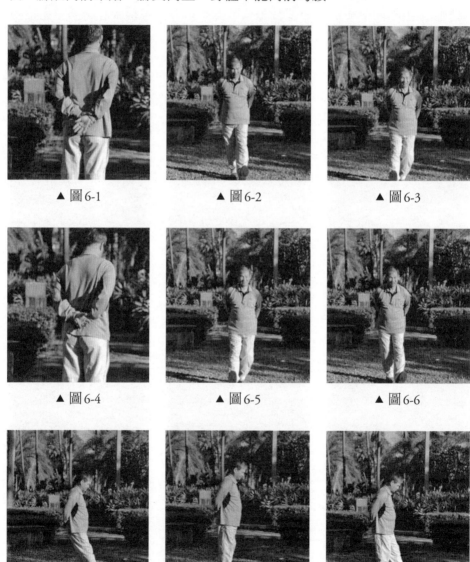

▲ 圖 6-1　　　　　　▲ 圖 6-2　　　　　　▲ 圖 6-3

▲ 圖 6-4　　　　　　▲ 圖 6-5　　　　　　▲ 圖 6-6

▲ 圖 6-7　　　　　　▲ 圖 6-8　　　　　　▲ 圖 6-9

第六節　扭轉乾坤

如圖7-1至7-6所示。

雙手後背,男左手握右手腕(如圖7-1至7-3)。女右手握左手腕(如圖7-4至7-6)。男左腳跟向左舉踏,腳尖向上,身體向左轉,還原。女右腳,腳跟向右舉踏,腳尖向上,身體向右轉,還原。左右交替各18次。腳跟向前舉踏,腳尖向上,身體不能向前彎腰。

▲ 圖7-1

▲ 圖7-2

▲ 圖7-3

▲ 圖7-4

▲ 圖7-5

▲ 圖7-6

第七節　單手托陽

如圖 8-1 至 8-6 所示。

男左手掌心向外位於命門。左腳腳尖向前舉踏,右手自然上舉,掌心向上。左腳還原。女右手掌心向外位於命門,右腳腳尖向前舉踏,同時左手自然上舉,掌心向上,還原。腳、手左右交替各 18 次。

手自然上舉微彎高過頂,眼睛保持平視。

▲ 圖 8-1

▲ 圖 8-2

▲ 圖 8-3

▲ 圖 8-4

▲ 圖 8-5

▲ 圖 8-6

第八節　雙手托陽

如圖9-1至9-6所示。

男左腳，腳尖向前舉踏，扭腰上身向右，雙手自然上舉，掌心向上，左腳還原。女右腳，腳尖向前舉踏，扭腰上身向左，雙手自然上舉，掌心向上，右腳還原。左右交替各18次。踏出腳時與身體扭腰不同方向，手自然上舉，高過頂。

▲ 圖9-1　　　　▲ 圖9-2　　　　▲ 圖9-3

▲ 圖9-4　　　　▲ 圖9-5　　　　▲ 圖9-6

第九節　風擺輕蓮

如圖 10-1 至 10-9 所示。

男右手掌心對著肚臍，左手掌心向外，位於命門，左腳腳尖向前舉踏，頭微向左轉，雙目後視右腳跟，左腳還原。出右腳動作同前，左右手前後交換，頭部轉向相反。女左手掌心對著肚臍，右手掌心向外，位於命門，右腳腳尖向前踏出，頭微向右轉，雙目後視左腳跟，右腳還原。左右交替各 18 次。轉頭後，視對方腳跟。

▲ 圖 10-1

▲ 圖 10-2

▲ 圖 10-3

▲ 圖 10-4

▲ 圖 10-5

▲ 圖 10-6

▲ 圖 10-7

▲ 圖 10-8

▲ 圖 10-9

第十節　百病全消

如圖 11-1 至 11-9 所示。

雙手後背，男左手握右手腕（如圖 11-1）。女右手握左手腕（如圖 11-7）。男左腳向左橫出半步，右腳向左靠，腳尖舉踏，膝微彎，右腳順時針旋轉一圈，橫右腳動作同前，轉向相反。女右腳向右橫出半步，左腳向右靠，腳尖舉踏，膝微彎，左腳逆時針旋轉一圈，橫左腳動作同前。轉向相反，左右交替各 18 次。腳尖著地的腳向外旋轉。

▲ 圖 11-1

▲ 圖 11-2

▲ 圖 11-3

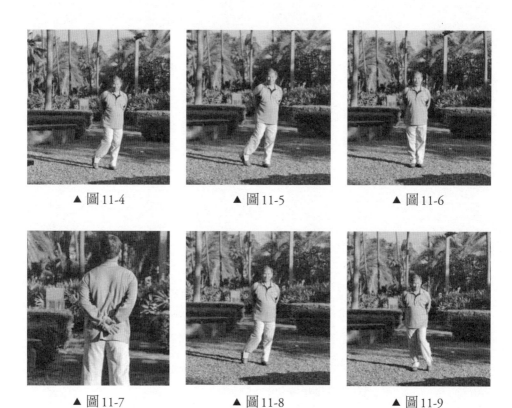

▲ 圖 11-4　　　　　　▲ 圖 11-5　　　　　　▲ 圖 11-6

▲ 圖 11-7　　　　　　▲ 圖 11-8　　　　　　▲ 圖 11-9

收舞

如圖 12-1 至 12-9 所示。

雙手由下而上，緩慢延伸向上畫圓，至頭頂，再緩慢向下，兩手至丹田交叉疊掌，男左手在裡。女右手在裡。約 1 分鐘，兩手搓手浴面，搓病處，再由上往下輕拍打。

▲ 圖 12-1　　　　　▲ 圖 12-2　　　　　▲ 圖 12-3

▲ 圖 12-4　　　　　▲ 圖 12-5　　　　　▲ 圖 12-6

▲ 圖 12-7　　　　　▲ 圖 12-8　　　　　▲ 圖 12-9

我們要以觀音舞六字綱領即「慈悲、誠實、利眾」，爲弘法宗旨。

4 八段錦簡介

　　本章以介紹八段錦為主。經文獻收集八段錦，分析與圖解，供修練者參考。由於文獻資料用詞與次序有些差異，但不影響其功法的原意與功效。因此，練功者可參考其他網站，若發覺有不同之處，請自行參酌應用即可。

　　資料取自以下網站：

1. 養生功法——八段錦：https://www.youtube.com/watch?v=MtV_0HG1IhI

2. 南懷瑾八段錦：https://www.youtube.com/watch?v=XpiDcinl7dE

3. 八段錦——臺灣陳永森中醫師示範：https://www.youtube.com/watch?v=l_ofZyuZhCc

4. 熊琬101.01.16於俲盧大師紀念堂，20160101：http://www.hfu.edu.tw/~per/rules/meditation/1010116-HW

　　經參閱網站資料後，筆者確認八段錦口訣與次序如下：（一）兩手托天理三焦、（二）左右開弓似射鵰、（三）調理脾胃須單舉、（四）五勞七傷往後瞧、（五）搖頭擺尾去心火、（六）兩手攀足固腎腰、（七）攢拳怒目增氣力、（八）背後七顛百病消。

　　資料取自以下網站：

1. 八段錦高清圖解：http://www.dianliwenmi.com/postimg_204856.html 。

2. 養生八段錦圖解：http://www.dianliwenmi.com/postimg_204859_3.html 。

　　可資參考的影音網站如下：

1. 少林八段——林勝傑（全套示範）：https://www.youtube.com/watch?v=tj5e2XsSdfA

2. 八段錦動作教學：https://www.youtube.com/watch?v=k5PauDHfDmY

八段錦動作示範

第一段兩手托天理三焦

如圖 1-1 至 1-6 所示。

▲ 圖 1-1

▲ 圖 1-2

▲ 圖 1-3

▲ 圖 1-4

▲ 圖 1-5

▲ 圖 1-6

動作解析

（一）兩腳平行開立，與肩同寬。兩臂徐徐分別自左右身側向上高舉過頭，十指交叉，翻轉掌心極力向上托，使兩臂充分伸展、放鬆，恰似伸懶腰狀。同時緩緩抬頭上看，要有擎天柱地的神態，此時緩緩吸氣。

（二）翻轉掌心朝下，在身前正落至胸高時，隨落隨翻轉掌心再朝上，微低頭，眼隨手運。同進配以緩緩呼氣。

（三）如此兩掌上托下落，練習4至8次。

（四）另一種練習法，不同之處是每次上托時兩臂徐徐自體側上舉，且同時抬起足跟，眼須平視，頭極力上頂，亦不可緊張。然後兩手分開，在身前俯掌下按，足跟隨之下落，氣隨手按而緩緩下沉於丹田。反覆托按練習4至8次。

　　此式是四肢和軀幹的伸展運動，牽動四肢、軀幹和諸內臟器官的同時性全身運動。以調理三焦為主。大多數人認為，上焦為胸腔主納，中焦為腹腔主化，下焦為盆腔主泄。即上焦主呼吸，中焦主消化，下焦主排泄。它概括了人體內臟的全部。原氣即是人生之命。十二經之根，通過三焦激發於五臟六腑，無處不至，它是人體活動的原動力。因而對三焦的調理，能起到防治各內臟有關諸病的作用。特別是對腸胃虛弱的人效果尤佳。上舉吸氣時。胸腔位置提高，增大膈肌運動。從而加大呼吸深度，減小內臟對心肺的擠壓，有利於靜脈血回流心臟，使肺的機能充分發揮，大腦清醒，解除疲勞。另外，上舉吸氣，使橫膈下降，由於抬腳跟站立，自然使小腹內收，從而形成逆呼吸，使腹腔內臟得到充分自我按摩；呼氣時上肢下落，膈肌向上鬆馳，腹肌亦同時鬆馳，此時腹壓較一般深呼吸要低得多，這就改善了腹腔和盆腔內臟的血液循環。平時，人兩手總是處於半握拳或握拳狀態，由於雙手交叉上托，使手的肌肉、骨骼、韌帶等亦能得以調理。此式除充分伸展肢體和調理三焦外，對腰背痛、背肌僵硬、頸椎病、眼疾、便秘、痔瘡、腿部脈管炎、扁平足等也有一定的防治作用。亦有舒胸，消食通便，固精補腎，強壯筋骨，解除疲勞等極佳方法。用以治療預防脈管炎時，要取高抬腳跟的作法，每次要反覆練習。

第二段左右開弓似射鵰

如圖2-1至2-6所示。

▲圖2-1

▲圖2-2

▲圖2-3

▲圖2-4

▲圖2-5

▲圖2-6

動作解析

（一）兩腳平行開立，略寬於肩，成馬步站式。上體正直，兩臂平屈於胸前，左臂在上，右臂在下。

（二）手握拳，食指與拇指呈八字形撐開，左手緩緩向左平推，左臂展直，同時右臂屈肘向右拉回，右拳停於右肋前，拳心朝上，如拉弓狀。眼看左手。

（三）、（四）動作與（一）、（二）動作同，唯左右相反，視個人情況，如此左右各開弓4-8次。

　　此動作重點是改善胸椎、頸部的血液循環。同時對上、中焦內的各臟器尤對心肺給予節律性的按摩，因而增強了心肺功能。通過擴胸伸臂、使胸肋部和肩臂部的骨骼肌肉得到鍛鍊和增強，有助於保持正確姿勢，矯正兩肩內收圓背等不良姿勢。

第三段調理脾胃須單舉

如圖 3-1 至 3-6 所示。

▲ 圖 3-1　　　　　▲ 圖 3-2　　　　　▲ 圖 3-3

▲ 圖 3-4　　　　　▲ 圖 3-5　　　　　▲ 圖 3-6

動作解析

（一）左手自身前成豎掌向上高舉，繼而翻掌上撐，指尖向右，同時右掌心向下按，指尖朝前。

（二）左手俯掌在身前下落，同時引氣血下行，全身隨之放鬆，恢復自然站立。

（三）、（四）動作與（一）、（二）動作同，唯左右相反。視個人情況，如此左右手交替上舉各 4-8 次。

　　此動作主要作用於中焦，肢體伸展宜柔宜緩。由於兩手交替一手上舉一手下按，上下對拔拉長，使兩側內臟和肌肉受到協調性的牽引，特別是使肝膽脾胃等臟器受到牽拉，從而促進了胃腸蠕動，增強了消化功能，長

期堅持練習，對上述臟器疾病有防治作用。熟練後亦可配合呼吸，上舉吸氣，下落呼氣。

第四段五勞七傷往後瞧

如圖4-1至4-6所示。

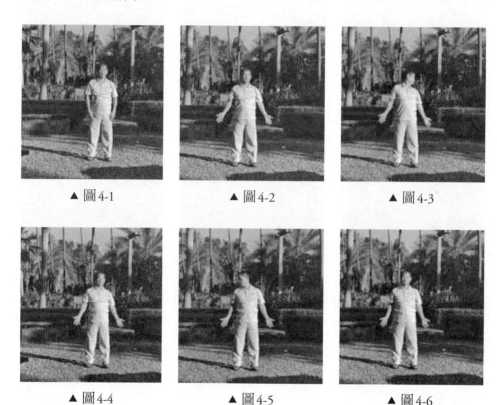

▲ 圖4-1　　　　　　　▲ 圖4-2　　　　　　　▲ 圖4-3

▲ 圖4-4　　　　　　　▲ 圖4-5　　　　　　　▲ 圖4-6

動作解析

（一）兩腳平行開立，與肩同寬。兩臂自然下垂或叉腰。頭頸帶動脊柱緩緩向左擰轉，眼看後方，同時配合吸氣。

（二）頭頸帶動脊柱徐徐向右轉，恢復前平視。同時配合呼氣，全身放鬆。

（三）、（四）動作與（一）、（二）動作同，唯左右相反。視個人情況，如此左右後瞧各4-8次。

　　五勞是指心、肝、脾、肺、腎，因勞逸不當，活動失調而引起的五臟受損。七傷指喜、怒、思、憂、悲、恐、驚等情緒對內臟的傷害。由於精神活動持久地過度強烈緊張，造成神經機能紊亂，氣血失調，從而導致臟腑功能受損。

　　此式動作實際上是一項全身性的運動，尤其是腰、頭頸、眼球等的運動。由於頭頸的反覆擰轉運動加強了頸部肌肉的伸縮能力，改善了頭頸部的血液循環，有助於解除中樞神經系統的疲勞，增強和改善其功能。對防治頸椎病、高血壓、眼病和增強眼肌有良好的效果。練習時要精神愉快，面帶笑容，樂自心田生，笑自心內，只有這樣配合動作，才能起到對五勞七傷的防治。要特別注意，此式不宜只做頭頸部的擰轉，要全脊柱甚至兩大腿也參與擰轉，只有這樣才能促進五臟的健壯，對改善靜脈血的回流有更大的效果。

第五段搖頭擺尾去心火

如圖 5-1 至 5-9 所示。

▲ 圖 5-1

▲ 圖 5-2

▲ 圖 5-3

▲ 圖 5-4　　　　　　　　▲ 圖 5-5　　　　　　　　▲ 圖 5-6

▲ 圖 5-7　　　　　　　　▲ 圖 5-8　　　　　　　　▲ 圖 5-9

動作解析

（一）馬步站立，兩手叉腰，緩緩呼氣後擰腰向左，屈身下俯，將餘氣緩
　　　緩呼出。動作不停，頭自左下方經體前至右下方，像小勺舀水似地
　　　引頸前伸，自右側慢慢將頭抬起，同時配以吸氣；擰腰向左，身體
　　　恢復馬步椿，緩緩深長呼氣。同時全身放鬆，呼氣末尾，兩手同時
　　　做節律性搯腰動作數次。

（二）動作與（一）動作同，唯左右相反。如此（一）、（二）動作交替進
　　　行，視個人情況，各做 4-8 次。

　　　此式動作除強調鬆，以解除緊張並使頭腦清醒外，還必須強調靜。俗
謂：靜以制躁。「心火」為虛火上炎，煩躁不安的癥狀，此虛火宜在呼氣
時以兩手拇指做搯腰動作，引氣血下降。同時進行的俯身旋轉動作，亦有
降伏「心火」的作用。動作要保持消遙自在，並延長呼氣時間，消除交感

神經的興奮，以去「心火」。同時對腰頸關節、韌帶和肌肉等亦起到一定的作用，並有助於任、督、衝三脈的運行。

第六段兩手攀足固腎腰

如圖6-1至6-9所示。

▲ 圖6-1　　　　▲ 圖6-2　　　　▲ 圖6-3

▲ 圖6-4　　　　▲ 圖6-5　　　　▲ 圖6-6

▲ 圖6-7　　　　▲ 圖6-8　　　　▲ 圖6-9

動作解析

（一）兩腳平行開立，與肩同寬，兩掌分按臍旁。

（二）兩掌沿帶脈分向後腰。

（三）上體緩緩前傾，兩膝保持挺直，同時兩掌沿尾骨、大腿後側向下按
　　　摩至腳跟。沿腳外側按摩至腳內側。

（四）上體展直，同時兩手沿兩大腿內側按摩至臍兩旁。視個人情況，如
　　　此反覆俯仰4-8次。

　　　此式特強調腰部的動作，而腰是全身運動的關鍵部位，也加強了腹部
及各個內臟器官的活動，如腎、腎上腺、腹主動脈、下腔靜脈等。中醫
認為：「腎為先天之本」、「藏精之臟」，腎是調節體液平衡的重要臟器。
腎上腺是內分泌器官，與全身代謝機能有密切關係。腰又是腹腔神經節
「腹腦」所在地。由於腰的節律性運動（前後俯仰），也改善了腦的血液
循環，增強神經系統的調節功能及各個組織臟器的生理功能。長期堅持鍛
鍊，有疏通帶脈及任督二脈的作用，能強腰、壯腎、醒惱、明目，並使腰
腹肌得到鍛鍊和加強。特別注意個別差異，年老體弱者，俯身動作應逐漸
慢慢增加，若有高血壓和動脈硬化患者，俯身時頭不宜過低。

第七段攢拳怒目增氣力

如圖7-1至7-9所示。

▲ 圖7-1　　　　　　　▲ 圖7-2　　　　　　　▲ 圖7-3

▲ 圖 7-4　　　　　　▲ 圖 7-5　　　　　　▲ 圖 7-6

▲ 圖 7-7　　　　　　▲ 圖 7-8　　　　　　▲ 圖 7-9

動作解析

（一）預備式，兩腳開立，成馬步樁，兩手握拳分置腰間，拳心朝上，兩眼睜大。

（二）左拳向前方緩緩擊出，成立拳或俯拳皆可。擊拳時宜微微擰腰向右，左肩隨之前順展拳變掌臂外旋握拳抓回，呈仰拳置於腰間。

（三）與（二）動作同，唯左右相反。視個人情況，如此反覆4-8次。

　　此式動作要求兩拳握緊，兩腳拇趾用力抓地，舒胸直頸，聚精會神，瞪眼怒目。此式主要運動四肢、腰和眼肌。視個人體質、愛好、年齡與目的不同，決定練習時用力的大小。其作用是舒暢全身氣機，增強肺氣。同時使大腦皮層和植物神經興奮，有利於氣血運行，並有增強全身筋骨和肌肉的作用。

第八段背後七顛百病消

如圖8-1至8-6所示。

▲圖8-1

▲圖8-2

▲圖8-3

▲圖8-4

▲圖8-5

▲圖8-6

動作解析

（一）預備式，兩腳平行開立，與肩同寬，或兩腳相併。兩臂自身側上舉過頭，腳跟提起，同時配合吸氣。兩臂自身前下落，腳跟亦隨之下落，並配合呼氣。全身放鬆。如此起落4-8次。

（二）此式通過肢體導引，吸氣兩臂自身側上舉過頭，呼氣下落，同時放鬆全身，並將「濁氣」自頭向湧泉引之，排出體外。

（三）「濁氣」是指所有緊張、污濁病氣。古人謂之「排濁留清」或「去濁留清」。

（四）由於腳跟有節律地彈性運動，從而使椎骨之間及各個關節韌帶得以鍛鍊，對各段椎骨的疾病和扁平足有防治作用。同時有利於脊髓液的循環和脊髓神經功能的增強，進而加強全身神經的調節作用。

Chapter 5　養生功法的科學實證研究[1]

一、前言

　　根據台灣睡眠醫學會之調查顯示，1週超過3天出現失眠困擾、持續逾1個月的慢性失眠症，每5個人就有1人處於長期失眠（張雅雯，2009；台灣睡眠醫學會，2009）。許多研究認為，傳統氣功養生運動有穩定情緒及改善睡眠品質的效果（鄭建民，2009）。因此，本科學實證研究將蒐集香功、觀音舞、平甩功、外丹功之數位影音教材，建立數位化影音教學平台輔助中老年人養生運動技能學習，以期達到情緒穩定及改善睡眠品質，進而提升生活品質的效果。第1年之時間建構完整之香功、觀音舞、平甩功、外丹功之數位影音教材，在此同時，本計畫南區區域教學中心即時互動式輔助教學平台尋求合作與支援，2011年於8月起試營運，並於同年9月中旬進行本計畫第2年之教學平台輔助對中老年人之情緒與睡眠品質的影響。整體研究包含前後共計六次之問卷及量表評量指標，主要涵蓋有：正負面情緒量表（Positive and Negative Affect Scales, PANAS）（胡淑娥，2005；Watson, Clark & Carey, 1988）；運動引起的感覺量表（Exercise-Induced Feeling Inventory, EFI）（鄧閔鴻、張素凰，2006；黃英哲、黃欽永、呂碧琴，2007）；盤斯心情量表（Profile of Mood State Scale, POMS）（張鐿鐘、盧俊宏，2001；許伯陽、張鐿鐘、盧俊宏，2003；楊明恩、陳淑滿、蔣憶德，2006）；台灣簡明版世界衛生組織生活品質問卷（WHO Questionnaire on Quality of life: BREF-Taiwan Version,

1　感謝科技部經費的支持，計畫編號：NSC99-2410-H-151-026-MY2。

WHOQOL-BREF）（姚開屏等人，2000；姚開屏，2001，2002a，2002b，2005；王麗惠、劉芹芳，2005；黃松林，2009）；匹茲堡睡眠品質指標（Pittsburgh Sleep Quality Index, PSQI）（Buysse *et al.*,1989, 2006, 2008; Tsai *et al.*, 2005; 曾銀貞，2007；丁淑平等人，2009；紀櫻珍、吳振龍、李諭昇，2010；陳妤瑄、張世沛，2011）；睡眠信念與態度量表（Dysfunctional Beliefs and Attitudes Sleep Scale, DBAS）（楊建銘，2005；陳昌偉、詹雅雯、楊建銘、林詩淳，2009；楊建銘、陳濘宏，2011）；睡眠衛生行為檢核表（Sleep Hygiene Practice Scale, SHPS）（林詩淳、楊建銘、許世杰、鄭中平，2009；Yang *et al.*, 2010）；睡前激發程度量表（Pre-sleep Arousal Scale, PSAS）（林詩淳、楊建銘、許世杰，2006；林詩淳，2008；詹雅雯、陳昌偉、楊建銘、林詩淳，2009；黃彥霖、楊建銘、黃彥霖，2010；陳妤瑄、張世沛，2011）；睡眠困擾量表（Insomnia Severity Index, ISI）（林詩淳、楊建銘、許世杰，2006）；臺灣人憂鬱篩選問卷（Taiwanese Depression Screening Questionnaire, TDSQ）（李昱，1999；楊明仁，1999；李明濱、廖士程、吳佳璇，2000；王春展，2004；陳頌琪等人，2008）；余民寧、劉育如、李仁豪，2008；余民寧、黃馨瑩、劉育如，2011）。做為第 1 年開始，經 3 個月、6 個月後階段的變化情形。第 2 年介入數位化之氣功養生保健影音資料輔助後，以相同問卷、量表來評量情緒穩定、改善睡眠品質及生活品質的功效。

二、研究目的

本研究的目的在探討建構數位化傳統氣功養生運動學習平台輔助對中老年人之情緒與睡眠品質的影響，經由數位化的傳統養生運動數位化影音教學平台的輔助，讓中老年人藉由正確的養生保健技能網路資料，習得正確的方法，不斷的規律修練，達到穩定情緒及改善睡眠品質的效果。

三、文獻探討

　　目前老化與老人身體活動議題得到世界先進國家的重視，由於老化的因素使老年人身體活動及適應能力減退，以致降低獨立生活與自我照顧能力（陳清惠，1999；陳嫣芬、林晉榮，2006；陳冠名、林春鳳，2009；李宗派，2010）。因此，Tasnime Akbaraly 與 Claudine Berr 在法國國家衛生暨醫學研究院（INSERM）U888 單位所進行的研究分析顯示，規律性從事「刺激腦力」休閒活動的老年人，罹患阿茲海默症或癡呆的機率會降低。這些活動包括填字遊戲、紙牌、參與社團與從事藝術創作活動。此研究成果將鼓勵老年人從事相關的休閒活動，以預防阿茲海默症與癡呆的出現（Akbaraly *et al.*, 2009）。根據鄭建民（2009）的研究指出，長期修練香功養生運動具有降低交感神經活性、消除緊張、提升副交感神經活性、使人放鬆的效益。同時在健康自我認知方面，舉凡在 WHO 生活品質問卷台灣簡明版（姚開屏，2005）之綜合健康、環境、生理、心理等各向度得分，皆呈現出長期組大於短期組及對照組的趨勢。正面情緒量表的得分則呈現長期組大於其他短期組及對照組。負面情緒量表的得分則出現對照組大於其他長期組與短期組兩組的結果。在運動引起的感覺量表之活力的恢復及心情的平靜與放鬆之向度方面，長期組與短期組之前、後測的得分皆大於對照組。在盤斯心情量表（張鑪鐘、盧俊宏，2001；楊明恩、陳淑滿、蔣憶德，2006）的結果顯示，在降低干擾、疲勞、及困惑之向度方面，長期組大於短期組及對照組。傳統氣功養生運動之種類多樣化，有學者研究氣功對當代體育運動的意義（鄭明育，2002），近年來氣功對生理功能影響取得豐富的臨床資料（謝覺，1985）。許多研究發現修練氣功時人體發生的生理變化，已有氣功修練者生理指標之長期監視（張楊全、陳榮基，1994）、身體穴位測量到了低頻的震波、手掌及臉部溫度發生變化、腦神經的反應、腦自發電位（腦波）的變化（李嗣涔，1991，1997）；李嗣涔等人於臺大醫院腦神經科做腦波實驗，測試修練香功 3 年的林淑貞，在做初級功的同時，透過腦波電子偵測器的監控，受試者呈現

出只有在深度入定狀態下才會產生的腦 α 波並且呈現特殊腦波圖，在場的研究工作人員都聞到一股濃郁的檀香味且持續半小時之久（林淑貞，1997）；修練氣功對心血管功能有所改善（崔玖、王唯工，1993；崔玖，1996）、影響脈波的變化（王唯工、崔玖，1992）；影響腦波的變化（李嗣涔、張楊全，1991；陳國華、黃英哲、黃欽永，2002；黃英哲、黃欽永、李嗣涔，2002）、腦血流量之變化（葉炳強，1991）、有效提升末梢血流量與皮膚溫度（黃英哲、黃欽永、陳國華，2001；陳國華、黃英哲、黃欽永，2001）、增進免疫力（陳在頤，1992，1994，1995；蘭中芬、張學詩，1997）、有助於洗腎病患改善生活品質（Tsai et al.,1995）。崔玖等人（1988，1989，1990，1993，1996）具體研究中醫經絡學說及物理特性，並有學者研究經絡電導性質之方向性與時辰性（Chen, 1996, 1996a; 陳國鎮，1997；Tsue, 1996; Lu et al., 1999）。同時榮民總醫院亦用測量皮膚電阻及電磁變化的測量儀針對不同年齡，不同性別的健康人及病人做有系統的測量（鍾傑，1984）；電腦測定經絡能量及電阻（高宗桂，1995；高宗桂、林昭庚、謝慶良、張永賢、張家昇、周德陽，2000）；電磁理論探討人體之先天氣的研究（毛齊武，1994，1995）；坐禪對人類行為之效應（吳水丕，1995）；禪宗氣功訓練方法及解除工作壓力之研究（張榮森，1992）；中國氣功對 COPD 患者通氣功能及運動耐力的影響（楊錫欽，1999）；氣功內外氣及心靈潛能之研究（馬志欽、李嗣涔、石朝霖，1992）；氣功與心靈潛能之研究（李嗣涔、石朝霖，1993，1994）；氣功外氣對人類早期單核細胞株和流行性感冒病毒的效應（黃升騰、鄭文顯、林昭庚、劉武哲，1998）；修練香功有助血液中白蛋白成份對人體血壓的調整，對整體血液循環系統、消化系統及情緒之穩定與改善、調整等，健康促進產生正面的影響（鄭建民，1997a，1997b）。同時也觀察到氣功入靜時血壓降低、腦電 α 波增多、皮膚溫度升高、耗氧量、心率、呼吸等生理指標降低。科學研究認為腦是神經系統的主宰，氣與腦活動息息相關，1929 年西德 Hans Berger 教授發現人腦處於一種連續電化振盪的狀態，他將腦波分為 α 波、β 波、θ 波等，在氣功的腦電研究結果發現練

功處於入靜狀態時腦電 α 波增多，波型整齊有同步趨向，α 波增減與人的情緒有關連，而憂慮和緊張會抑制 α 波，α 波有利人體各系統自我調整（林和安，2005；Berger, 1929）。鄭志明（2002）之研究臺灣地區養生修行團體調查報告中提及，氣功團體的興衰在於宗師，也在於功法，由於功法種類變化甚多，難以做比較，而修行民眾各因其因緣追隨名師，導致門派林立。氣功宗師的崛起與功法的流傳，被認為是社會的集體的文化共業。氣功團體的發展，宗師的魅力主要是仰賴殊勝的功法，以簡單易學的功法吸引群眾。除了對宗師的崇拜感情之外，功法是否滿足民眾的需要是很重要的因素。將其興衰之影響因素歸納三點：(1) 功法大多來自宗師的神聖體驗；(2) 功法是對應著眾生的需求；(3) 功法是濟世救人的工具。綜合其結論認為，氣功之所以歷久不衰，其原因是滿足了人們起死回生與延年益壽的生存願望。

　　有關太極拳養生運動之研究發現有最大攝氧量增加、肺活量增加（藍青、周適偉、賴金鑫，1993；賴金鑫、藍青，1994；Lan et al., 1999）。有顯著延緩老年人最大攝氧量下降的功用（Lai et al., 1995），男女性軀幹前屈角度增加（Lan et al., 1998）。男女性膝向心及離心伸肌肌力增加（Lan et al., 2000）。皮膚血流、皮膚溫度與最大攝氧量皆顯著高於控制組（Wang et al., 2001）。在身體盡量前傾及後仰（forward-backward weight-shifting）的最大距離表現明顯優於控制組（Wong, 2001）。呂萬安（2004）在其太極拳、外丹功對成年人自律神經活性的效應研究中認為，太極拳與外丹功是二種普遍流行於東方國家的養生運動，被認為是適合老年人與慢性病人的運動。王鐘賢（2004）回顧過去有關養生運動與藥物對老年人循環功能的影響中指出，中國傳統養生運動「太極拳」為一中等強度之有養運動，對老年人健康體適能（包括：心肺功能、肌力、柔軟度、身體組成）、微循環、與血管內皮細胞功能皆有顯著的助益。同時可預防老年人心血管疾病之發生，進而提升健康的維護。鄭建民（1997a）之分析數據顯示，香功對人體肝臟有正面的影響，對三酸甘油脂（triglyceride）亦有降低的作用，認為習練香功可能會使肝功能指數恢復正常水準，且相對的

降低指數，並加速肝病患者肝功能的恢復，特別對老年人及殘障、病弱者最有益處。

　　由以上文獻發現，傳統養生運動之各類氣功中、如太極拳、外丹功與香功已引發許多學者在此領域中的持續研究。其之所以歷久不衰，其原因是滿足了人們起死回生與延年益壽的生存願望。同時也驗證了氣功養生運動（羅錦興，2005）對人體生理上之人體酵素活性改變、免疫力增強、老年人健康體適能、軀幹前屈角度增加、膝向心伸肌肌力膝與離心伸肌肌力增加、皮膚血流、皮膚溫度與最大攝氧量的增加等多方面的適應與調整，並保持身體動態的平衡。許多的研究問卷與量表也用在生理、心理情緒、生活品質及睡眠品質的相關研究上（胡淑娥，2005；Watson, Clark & Carey, 1988; 鄧閔鴻、張素凰，2006；黃英哲、黃欽永、呂碧琴，2007；張鐿鐘、盧俊宏，2001；許伯陽、張鐿鐘、盧俊宏，2003；楊明恩、陳淑滿、蔣憶德，2006；姚開屏，2001，2002a，2002b，2005；Buysse *et al.*, 1989, 2006, 2008; Tsai *et al.*, 2005; 楊建銘，2005；陳昌偉、詹雅雯、楊建銘、林詩淳，2009；林詩淳、楊建銘、許世杰、鄭中平，2009；Yang *et al.*, 2010；林詩淳、楊建銘、許世杰，2006；林詩淳，2008；詹雅雯、陳昌偉、楊建銘、林詩淳，2009；黃彥霖、楊建銘、黃彥霖，2010；林詩淳、楊建銘、許世杰，2006；李昱，1999）。基於國內外的科學研究已證實傳統養生運動對中老年人健康的益處，有必要將傳統氣功養生運動數位影音化及網路化，更進一步能使年長者能藉由網路教學平台得到正確的資訊，再驗證傳統的養生保健的技能有助於現代忙碌的民眾，改善情緒穩定及睡眠品質，進而提升生活品質，所以有必要結合傳統養生保健技能網路影音化對情緒穩定及睡眠品質的影響的長期實證研究。

四、研究方法

　　本研究問卷共有：正負面情緒量表（Positive and Negative Affect Scales, PANAS）、運動引起的感覺量表（Exercise-Induced Feeling Inventory, EFI）、

盤斯心情量表（Profile of Mood State, POMS）、世界衛生組織生活品質問卷
（台灣簡明版）（WHO Questionnaire on Quality of life: BREF-Taiwan Version,
WHOQOL-BREF）、匹茲堡睡眠品質量表（The Pittsburgh Sleep Quality
Index, PSQI）、睡眠信念與態度量表（Dysfunctional Beliefs and Attitudes
Sleep Scale, DBAS）、睡眠衛生行為檢核表（Sleep Hygiene Practice Scale,
SHPS）、睡前激發狀態（The Pre-Sleep Arousal Scale, PSAS）、失眠嚴重度量
表（The Insomnia Severity Index, ISI）及臺灣人憂鬱篩選問卷（Taiwanese
Depression Screening Questionnaire, TDSQ）。藉用以上的問卷與量表來評量
中老年人之情緒穩定度及睡眠品質。進而在將傳統的氣功養生運動數位影
音化之網路教學平台的介入輔助，來探究長期對中老年人之情緒穩定度及
睡眠品質的影響，及生活品質的提升功效。

（一）研究對象

以臺灣養生運動團體成員93名為實驗組，對照組94名，進行為期2
年之追蹤研究。

（二）填寫問卷與量表流程

本計畫經高雄醫學大學人體試驗委員會審查通過，同意臨床試驗證明
書人委會編：KMUHIRB-980568。請受試者填寫受試者同意書，實驗前後
共6次，分別第1年實驗前、3個月及6個月，第2年數位影音資料介入實
驗前、3個月及6個月。受試者以自由式填答相關問卷調查表，包括：正
負面情緒量表（Positive and Negative Affect Scales, PANAS）、運動引起的感
覺量表（Exercise-Induced Feeling Inventory, EFI）、盤斯心情量表（Profile of
Mood State, POMS）、世界衛生組織生活品質問卷（台灣簡明版）（WHO
Questionnaire on Quality of life: BREF-Taiwan Version, WHOQOL-BREF）、匹
茲堡睡眠品質量表（The Pittsburgh Sleep Quality Index, PSQI）、睡眠信念與
態度量表（Dysfunctional Beliefs and Attitudes Sleep Scale, DBAS）、睡眠衛生
行為檢核表（Sleep Hygiene Practice Scale, SHPS）、睡前激發狀態（The Pre-

Sleep Arousal Scale, PSAS)、失眠嚴重度量表（The Insomnia Severity Index, ISI）及臺灣人憂鬱篩選問卷（Taiwanese Depression Screening Questionnaire, TDSQ）。若不識字者，統一由研究者解釋後再一一填答。

（三）實驗流程

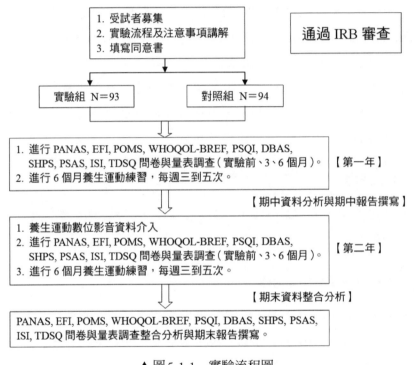

▲ 圖5-1-1　實驗流程圖

（四）統計分析

　　實驗中所有問卷與量表數值均以平均數及標準差（Mean±SD）表示，所得數據，組間以獨立樣本 t 檢定（Independent-Sample t-test），組內則以成對樣本 t 檢定（Paired-Sample t-test）進行分析及重複量數單因子共變數分析（one-way ANOCOVA; repeated measure）比較兩組組內在數位影音資料介入運動前與運動後兩組組間的差異，並以 LSD 進行事後比較。本研究以 SPSS 17.0 軟體進行統計分析，所有顯著水準訂爲 $\alpha = .05$。

五、結果與討論

（一）受試者基本資料

　　本研究受試者樣本數原本規劃實驗組及對照組各為100人，總數共200人。在首次招募時，共有229位參與本計畫，完成第一次問卷量表者，實驗組共126人，對照組103人。經2年共6次追蹤研究後，刪除無效樣本及中途退出者，全體有效樣本數總計共187位，如表5-1-1。受試者招募數與完成數分布圖，如圖5-1-2。依立意取向分成實驗組（EX，n＝93，M＝46，F＝48）及對照組（CO，n＝94，M＝43，F＝51），如表5-1-2；為區別組別修練差異比較，細分成四組，分別為對照組（CO，n＝94，M＝46，F＝48）、平甩功組（EXP，n＝30，M＝13，F＝17）、外丹功組（EXW，n＝47，M＝24，F＝23）及香功觀音舞組（ESK，n＝16，M＝6，F＝10），如表5-1-3及圖5-1-2。整體受試者各組身體特性無顯著差異。

表5-1-1　全體受試者基本資料（N＝187）

Variables	M	SD	Max	Min
Height	162.88	7.85	184	146
Weight	62.87	10.88	90	41
BMI	23.58	2.94	31.9	16.8
age	55.09	7.80	76	31

表5-1-2　兩組受試者基本資料（N＝187）

Group	EX（N＝93）				CO（N＝94）			
Variables	M	SD	Max	Min	M	SD	Max	Min
Height	162.82	8.17	180	146	162.94	7.56	184	148
Weight	64.20	11.29	90	41	61.52	10.34	90	41
BMI	24.070	2.81	31.9	17.7	23.09	3.01	31.1	16.8
age	56.10	7.88	76	44	55.09	7.80	79	31

註：EX＝實驗組；CO＝對照組

表5-1-3　四組受試者基本資料（N＝187）

Group	1＝CO（N＝94）				2＝EXP（N＝30）				3＝EXW（N＝47）				4＝ESK（N＝16）			
Variables	M	SD	Max	Min	M	SD	Max	Min	M	SD	Max	Min	M	SD	Max	Min
Height	162.94	8.17	180	146	165	7.35	184	152	162.17	7.96	179	148	161.31	6.22	172	150
Weight	61.52	11.29	90	41	62.97	9.97	90	48	61.68	10.67	85	41	58.36	9.96	77	45
BMI	23.09	2.81	31.9	17.7	23.01	2.42	31.1	19.2	23.36	3.05	29.4	16.8	22.46	3.89	31.1	17.6
age	55.09	7.88	76	44	51.27	7.58	76	44	55.57	8.08	79	31	54.88	4.78	64	46

註：1＝CO 對照組；2＝EXP 平甩功組；3＝EXW 外丹功組；4＝ESK 香功觀
音舞組。

註：CO＝對照組；EX＝實驗組；EXP＝平甩功組；EXW＝外丹功組；ESK＝香
功觀音舞組。

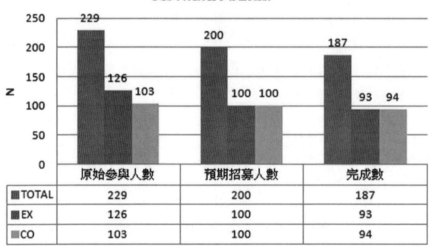

▲ 圖5-1-2 受試者招募數與完成數分布圖

（二）主要問卷量表結果所呈現的意義

本研究所採用問卷量表進行分析如下：

1. 正負面情緒量表（Positive and Negative Affect Scales, PANAS）

此研究顯示正向情緒分量表兩組得分及正向情緒分量表兩組得分成
對比較顯示，實驗組與對照組皆無顯著差異（p ＞ .05）。再細分成四組比

較後，在第三次（T3）檢測顯示，實驗組中之平甩功組（EXP = 30.737±1.060）顯著高於對照組（CO = 28.078±0.597）；第六次（T6）檢測顯示，實驗組中之平甩功組（EXP = 32.199±1.293）顯著高於香功觀音舞組（ESK = 26.565±1.798）。

在負向情緒分量表兩組得分及負向情緒分量表兩組得分成對比較顯示，實驗組與對照組皆無顯著差異（p > .05）。再細分成四組比較後，在第二次（T2）檢測顯示，實驗組中之香功觀音舞組（ESK = 21.888±1.456）顯著高於對照組（CO = 18.157±0.602）；第三次（T3）檢測顯示，實驗組中之香功觀音舞組（ESK = 20.776±1.478）顯著高於對照組（CO = 17.068±0.611）。第五次（T5）檢測顯示，實驗組中之香功觀音舞組（ESK = 20.978±1.490）顯著高於外丹功組（EXW = 16.416±0.871）。

根據鄧閔鴻、張素凰（2006）之研究指出，負向情感與正向情感是屬於人格脆弱特質（trait vulnerability），與未來發展為焦慮疾患或憂鬱疾患有關。而人格脆弱特質是指個體間某些穩定的個別差異特質，是後續形成某些疾病的前置因素，個體所具有的人格脆弱特質越高，則未來越有可能發展為該疾病（Campbell, 1989; Joiner, Catanzaro, & Laurent, 1996; Watson *et al.*, 1988）。本研究實驗組與對照組之間，無論正向或負向情緒皆無統計上的顯著差異，但細分四組比較時及可看出正向情緒 EXP > CO，EXP > ESK，亦即 EXP 有較低發展為焦慮疾患或憂鬱疾患的傾向，同時亦會較 ESK 為低（Clark & Watson, 1991; Watson & Clark, 1984）。在負向情緒方面，細分四組比較時及可看出負向情緒 ESK > CO，ESK > EXW，當個體負向情感愈高，個體就有較高的機率發展為焦慮疾患與憂鬱疾患（Clark & Watson, 1991）。而正向情感則屬於與發展成為憂鬱疾患有關的人格脆弱特質，當個體缺乏正向情感（absence of PA）或正向情感愈低（low PA）時，個體將會經歷到愈少的正向情緒，時常呈現缺乏快樂感覺的狀態（anhedonia），而這與發展為憂鬱疾患有關（Clark & Watson, 1991; Watson & Clark, 1984）。因此本研究認為，EXW 組有較低的負向情緒，可能其團體有嚴密的組織功能性，更能凸顯其修練的功效。本研究與

鄭建民（2009）長期修練養生運動組之正面情緒有優於短期及未修練的控制組的結果相一致。

2. 運動引起的感覺量表（Exercise-Induced Feeling Inventory, EFI）

本研究在第二次（T2）檢測顯示，實驗組（EX＝7.471±0.178）顯著高於對照組（CO＝6.790±1.777）（p＜.05），其餘實驗組與對照組皆無顯著差異（p＞.05）。

再細分成四組比較後，在第二次（T2）檢測顯示，實驗組中之外丹功組（EXW＝7.482±0.253）顯著高於對照組（CO＝6.789±0.178）；第三次（T3）檢測顯示，實驗組中之外丹功組（EXW＝7.429±0.265）顯著高於對照組（ESK＝6.315±0.454），同時高於對照組（CO＝6.562±0.187）。第六次（T6）檢測顯示，對照組（CO＝6.882±0.200）顯著高於香功觀音舞組（ESK＝5.339±0.486），實驗組中之平甩功組（EXP＝7.180±0.353）顯著高於香功觀音舞組（ESK＝5.339±0.486），外丹功組（EXW＝6.920±0.284）顯著高於對照組（CO＝6.882±0.200），同時高於香功觀音舞組（ESK＝5.339±0.486）。

由正面情緒分量表兩組得分及成對比較顯示，實驗組與對照組皆無顯著差異（p＞.05）。再細分成四組比較後，在第六次（T6）檢測顯示，對照組（CO＝6.718±0.217）高於實驗組中之香功觀音舞組（ESK＝5.590±0.529）。實驗組中之平甩功組（EXP＝7.457±0.383）高於香功觀音舞組（ESK＝5.590±0.529），同時顯著高於外丹功組（EXW＝6.391±0.308）。因此可看出，數位影音介入後，EXP 在 EFI 正面情緒分量表四組得分上遠憂於 CO、EXW 及 ESK。

由生理的耗竭分量表兩組得分及成對比較顯示，實驗組與對照組皆無顯著差異（p＞.05）。再細分成四組比較後，在第三次（T3）檢測顯示，實驗組中之平甩功組（EXP＝4.267±0.391）顯著高於對照組（CO＝3.338±0.220），香功觀音舞組（ESK＝4.277±0.532）顯著高於外丹功組

（EXW＝3.038±0.315）；平甩功組（EXP＝4.267±0.391）顯著高於外丹功組（EXW＝3.038±0.315）。

第四次（T4）檢測顯示，實驗組中之平甩功組（EXP＝4.544±0.384）顯著高於對照組（CO＝3.267±0.215），同時高於外丹功組（EXW＝3.218±0.309）。第五次（T5）檢測顯示，實驗組中之平甩功組（EXP＝4.204±0.403）顯著高於外丹功組（EXW＝2.914±0.325）。由此可驗證對於降低生理耗竭程度，EXW＞EXP＞ESK＞CO。

本研究在第二次（T2）檢測顯示，實驗組（EX＝7.492±0.206）顯著高於對照組（CO＝6.822±0.205）（p＜.05）。因此，本研究證明在活力恢復方面，傳統氣功養生運動之功效優於對照組。

再細分成四組比較後，在第三次（T3）檢測顯示，實驗組中之外丹功組（EXW＝7.470±0.288）顯著高於對照組（CO＝6.713±0.203）。第六次（T6）檢測顯示，對照組（CO＝7.111±0.232）顯著高於香功觀音舞組（ESK＝5.734±0.564），實驗組中之平甩功組（EXP＝7.540±0.410）顯著高於香功觀音舞組（ESK＝5.734±0.564）。

由本研究 EFI 之結果與黃英哲（2007）的結論相一致，亦即氣功組在放鬆及氣功情境時「正向的情緒」的表現上優於控制組，運動引起的感覺量表的數據也呈現相同的趨勢。同時也驗證氣功練習後，個體呈現較佳的活力，並可達到放鬆、冷靜及平和的正面效果；在生理耗竭上則可獲得舒緩（黃英哲、黃欽永、呂碧琴，2007）。同時類似之研究亦驗證在 EFI 的情緒反應上，練習氣功後，初學者感受到較佳的活力，並顯示出放鬆、冷靜及平和的正面效果，且生理耗竭上也有顯著舒緩（黃欽永、黃英哲、呂碧琴，2009）。由此證明，許多類似的養生功法皆有相同的效果。

3. 盤斯心情量表（Profile of Mood State, POMS）

本研究在第五次（T5）檢測顯示，實驗組（EX＝91.077±1.595）顯著低於對照組（CO＝95.775±1.586）（p＜.05）。因此，本研究證明在降低情緒干擾方面，傳統氣功養生運動之功效優於對照組。

　　再細分成四組比較後，在第二次（T2）檢測顯示，對照組（CO＝93.871±1.472）顯著高於實驗組中之外丹功組（EXW＝88.749±2.090）。第三次（T3）檢測顯示，對照組（CO＝92.163±1.526）顯著高於實驗組中之外丹功組（EXW＝86.849±2.167），香功觀音舞組（ESK＝98.068±3.714）顯著高於外丹功組（EXW＝86.849±2.167）。第五次（T5）檢測顯示，對照組（CO＝95.785±1.590）顯著高於實驗組中之外丹功組（EXW＝89.726±2.258。因此，本研究進一步分析比較發現，在降低情緒干擾方面，傳統氣功養生運動之功效，有 EXW ＞ ESK ＞ CO 之趨勢。因此從第五次（T5）檢測可看出，數位影音介入後效果更為顯著。

　　本研究在第四次（T4）檢測顯示，實驗組（EX＝11.303±0.399）顯著高於對照組（CO＝9.850±0.397）。第五次（T5）檢測顯示，實驗組（EX＝10.623±0.328）顯著高於對照組（CO＝9.501±0.326）（p ＜ .05）。因此，本研究證明在提自尊方面，傳統氣功養生運動之功效優於對照組。因此從第四次（T4）及第五次（T5）檢測可看出，數位影音介入後效果更為顯著。

　　再細分成四組比較後，在第四次（T4）檢測顯示，實驗組中之外丹功組（EXW＝11.118±0.560）顯著高於對照組（CO＝9.856±0.397）；實驗組中之香功觀音舞組（ESK＝12.450±0.964）顯著高於對照組（CO＝9.856±0.397）。因此，本研究證明在提自尊方面，傳統氣功養生運動之功效優於對照組。因此從第四次（T4）檢測可看出，數位影音介入後效果更為顯著。

　　本研究在第五次（T5）檢測顯示，對照組（CO＝6.260±0.378）顯著高於實驗組（EX＝4.984±0.380）（p ＜ .05）。因此，本研究證明在降低困惑方面，傳統氣功養生運動之功效優於對照組。從第五次（T5）檢測可看出，數位影音介入後效果更為顯著。

　　再細分成四組比較後，在第三次（T3）檢測顯示，實驗組中之香功觀音舞組（ESK＝6.878±0.958）顯著高於外丹功組（EXW＝3.883±0.559）。第四次（T4）檢測顯示，實驗組中之香功觀音舞組（ESK＝7.139±0.910）

顯著高於外丹功組（EXW ＝ 4.959±0.531）。第五次（T5）檢測顯示，對照組（CO ＝ 6.261±0.378）顯著高於外丹功組（EXW ＝ 4.622±0.535）。因此，本研究證明在降低困惑方面，傳統氣功養生運動之功效優於對照組，且 EXW ＞ ESK。從第四次（T4）及第五次（T5）檢測可看出，數位影音介入後效果更爲顯著。

　　本研究在第二次（T2）檢測顯示，實驗組（EX ＝ 17.977±0.387）顯著高於對照組（CO ＝ 16.703±0.385）；第三次（T3）檢測顯示，實驗組（EX ＝ 18.234±0.442）顯著高於對照組（CO ＝ 16.407±0.440）；第五次（T5）檢測顯示，實驗組（EX ＝ 17.793±0.441）顯著高於對照組（CO ＝ 16.396±0.439）（p ＜ .05）。

　　再細分成四組比較後，在第二次（T2）檢測顯示，實驗組中之外丹功組（EXW ＝ 18.393±0.547）顯著高於對照組（CO ＝ 16.702±0.385）；第四次（T4）檢測顯示，實驗組中之外丹功組（EXW ＝ 18.437±0.621）顯著高於對照組（CO ＝ 16.394±0.438）。從第四次（T4）檢測可看出，數位影音介入後效果更爲顯著。

　　根據 Landers 與 Arent（2001）的研究指出，運動能藉由心理利益獲得知覺改變心情狀態，特別是可增加正面心情（如活力）及降低負面心情（如沮喪、憤怒、緊張）。Biddle（2000）的研究發現，運動可改變認知功能及提升心理安適感，對心情有影響效果存在。因此有研究認爲心情（mood）是運動促進健康重要結果之一，更是運動改善或提升生活品質指標因素（Biddle & Mutrie, 2001）。許伯陽等人（2003）認爲，盤斯心情量表具有良好的建構效度，可做爲後續相關研究。綜合上述結果，本研究與楊明恩等人（2006）之研究存在著相同之處是，本量表可監測受試者研究期間的心情變化監測，且 Yen（2012）之研究證實亦有相類似的效果；同時也有相異的地方是競技選手比賽心情與與中老年人養生運動的自我心情的感受。同時也驗證鄭建民（2009）的發現，在「干擾總分」向度方面，三組在「干擾總分」在後測值方面，對照 CTL 組在「干擾總分」向度的得分數分別顯著地大於短期（ST）與長期（LT）氣功養生運動組。雖然

本研研究之「干擾總分」向度的得分氣功修練組（EX）在 87.931-94.233 之間，對照組（CO）在 92.646-98.904 之間，與先前的研究結果有所差異，但與其呈現 CTL（90.81±20.19）大於 ST（86.32±6.87）及大於 LT（76.21±14.23）的結果的一致性是類似的。換言之，長期及短期養生運動修練者主觀感覺到「干擾」的程度較 CTL 組低。也就是說，氣功養生運動對降低外界干擾的程度有所幫助。如同鄭建民（2009）的研究，氣功養生運動對降低外界干擾的程度可由兩方面資料可以驗證：其一是整體 α 波平均功率值，呈現 LT 大於 CTL 的結果。LT 組類似「入定態」現象優於 ST 組及 CTL 組，更顯示在「清醒」狀態下，如 Kasamatsu 和 Hirai（1966）之所證實的恆常化和安靜化的現象。其二是整體 β 波⊿% 率，是呈現 CTL 增加，而 LT 及 ST 相對減少的結果。亦即長、短期養生運動對降低外在刺激的緊張程度有正面的效果。鄭建民（2008）的研究，在盤斯心情量表中之分量表顯示出具有降低疲勞效益，使人有放鬆而穩定的情緒及較好的心情狀態。綜合以上的分析與討論後，本研究發現實驗組有較低的困惑，相對的，有較高的自尊與活力，這與張志成等人（2007）的結果不謀而合。

4. 世界衛生組織生活品質問卷（台灣簡明版）
（WHO Questionnaire on Quality of life: BREF-Taiwan Version, WHOQOL-BREF）

本研究在第五次（T5）檢測顯示，實驗組（EX = 3.508±0.070）顯著高於對照組（CO = 3.274±0.070）（p < .05）。因此，本研究證明在整體健康方面，傳統氣功養生運動之功效優於對照組。從第五次（T5）檢測可看出，數位影音介入後效果更為顯著。

再細分成四組比較後，在第二次（T2）檢測顯示，實驗組中之外丹功組（EXW = 3.417±0.078）顯著高於平甩功組（EXP = 3.146±0.097）；第五次（T5）檢測顯示，實驗組中之外丹功組（EXW = 3.626±0.097）顯著高於對照組（CO = 3.281±0.069）。平甩功組（EXP = 3.552±0.121）顯

著高於香功觀音舞組（ESK＝3.036±0.172）；外丹功組（EXW＝3.626±0.097）顯著高於香功觀音舞組（ESK＝3.036±0.172）。因此，本研究證明在整體健康方面，傳統氣功養生運動之功效優於對照組。第二次（T2）及五次（T5）檢測可看出，數位影音介入後效果更為顯著，且有 EXW ＞ EXP ＞ ESK 之趨勢。

本研究在第四、五、六次（T4、T5、T6）檢測顯示，實驗組（EX，T4＝14.770±0.146，T5＝14.883±0.161，T6＝14.870±0.161）顯著高於對照組（CO，T4＝14.255±0.146，T5＝14.330±0.160，T6＝14.348±0.160）（p ＜ .05）。因此，本研究證明在環境分量表方面，傳統氣功養生運動之功效優於對照組。從第四、五、六次（T4、T5、T6）檢測可看出，數位影音介入後，其學習環境之改善效果更為顯著。

再細分成四組比較後，在第四次（T4）檢測顯示，實驗組中之平甩功組（EXP＝14.949±0.363）顯著高於對照組（CO＝14.256±0.146）；外丹功組（EXW＝14.758±0.207）高於對照組（CO＝14.256±0.146），同時外丹功組（EXW＝14.758±0.207）高於香功觀音舞組（ESK＝14.462±0.363）。第五次（T5）檢測顯示，外丹功組（EXW＝14.758±0.207）高於對照組（CO＝14.256±0.146）。第六次（T6）檢測顯示，平甩功組（EXP＝15.052±0.283）顯著高於對照組（CO＝14.352±0.160）；外丹功組（EXW＝14.953±0.227）高於對照組（CO＝14.352±0.160）。因此，從第四、五、六次（T4、T5、T6）檢測可看出，數位影音介入後，其學習環境之改善效果更為顯著，且有 EXP ＞ EXW ＞ ESK ＞ CO 之趨勢，這與先前鄭建民（2009）之研究，長期或短期氣功修練者，其主觀環境的認知有優於對照組的結果相一致。

本研究與先前鄭建民（2009）的研究相呼應，在世界衛生組織生活品質問卷之整體健康向度方面，前、後測皆顯示長期修練者優於短期修練者，亦優於對照組的結果。換言之，由世界衛生組織生活品質問卷客觀評量中，長期修練者組主觀認知呈現綜合健康包括整體的身心健康程度優於短期修練者及於對照組，其原因可能是長期養生運動的訓練、作息規律，

導致氣功修練者之精神活動狀態穩定性優短期修練者，亦優於對照組的最重要因素之一。同時研究亦證明長期氣功生運動者的心臟交感神經活性有低於短期修練者及對照組的趨勢。在「環境」向度方面，本研究在數位教學平台介入後，實驗組無論是 EXW、EXP 及 ESK 皆在環境向度上顯著的改變，因此，與先前的研究所獲得結果，在「環境」向度方面，長期修練者組優於短期修練者及於對照組相一致。換言之，由世界衛生組織生活品質問卷客觀評量中，長期修練者組主觀認知呈現優於短期修練者及於對照組。這正反映出參與長期與短期養生運動組，其綜合健康向度皆優於對照組，也印證陳嬣芬（2006）之研究結果。其他研究者（Causerta, 1995；吳秋燕，2003；陳清惠，1999）的研究論點亦有相似之處。

5. 匹茲堡睡眠品質量表（The Pittsburgh Sleep Quality Index, PSQI）

本研究在第四次（T4）檢測資料達顯著差異，這表示數位影音平台教學後，對照組（CO＝6.901±0.248）匹茲堡睡眠品質指標得分高於實驗組（EX＝6.100±0.250）（p＜.05）。也就是說，傳統氣功養生運動，有助於睡眠品質的提升。

再細分成四組比較後，在第二次檢測時，平甩功組（EXP＝7.542±0.435）＞外丹功組（EXW＝6.118±0.346），在第三次檢測時，對照組（CO＝6.668±0.252）＞外丹功組（EXW＝5.746±0.357），平甩功組（EXP＝7.627±0.448）＞外丹功組（EXW＝5.7460±0.357）；第四次檢測時發現，對照組（CO＝6.897±0.246）＞外丹功組（EXW＝5.501±0.250），平甩功組（EXP＝6.781±0.437）＞外丹功組（EXW＝5.501±0.348）；第五次檢測時較發現，對照組（CO＝6.940±0.278）＞外丹功組（EXW＝5.714±0.393），平甩功組（EXP＝7.106±0.675）＞外丹功組（EXW＝5.714±0.393）亦即，分組比較練習效果，外丹功優於平甩功，外丹功優於對照組；於第六次檢測顯示，香功觀音舞組（ESK＝7.150±0.632）＞外丹功組（EXW＝5.638±0.368）（p＜.05）。進一步深入了解得知，外丹功組其社團組織嚴密，深具團體向心凝聚力，故其效

果遠優於個人自由練習式的平甩功及香功觀音舞組。

匹茲堡睡眠品質量表（PSQI）為 Buysse 等人（1989）所發展出的自陳式睡眠品質問卷，包含19題、七大面向（主觀睡眠品質、入睡時間、睡眠總時數、睡眠效率、睡眠困擾、助眠藥物使用以及白天功能）的睡眠指標。各指標為0-3分，總量表分數為21分，分數越高表示睡眠品質越差。PSQI 已被廣泛應用在失眠的測量（Buysse *et al.*, 1989, 2006, 2008），同時也由國內學者將其中文化（CPSQI），並證實中文版 PSQI 具有良好的內部一致性信度（$\alpha = 0.82$）及再測信度（r = .85），當切分點設定為5分時，敏感度為98%，特異性為55%，當設定為6時，敏感度為90%，特異性為67%（Tsai *et al.*, 2005）。楊建銘等人（2009）認為，PSQI（Buysse *et al.*, 1989, 2006, 2008）雖被廣泛應用在失眠的測量，同時也由 Tsai 等人（2005）將其中文化（CPSQI），並證實有良好的信度與效度。但 PSQI 並非用來針對失眠的測量，而是測量較廣泛的睡眠困擾，同時楊建銘等人（2009）也認為，CPSQI 呈現其對於失眠有良好的敏感度（sensitivity），但特異度（specificity）並不佳。而本研究以修練傳統養生氣功運動方式，每3個月以問卷量表評估，並在第2年介入數位傳統養生氣功運動影音輔助教學平台網站修練，前後持續2年追蹤。結果發現 CPSQI 總分對照組（CO = 6.901±0.248），在第四次評估顯著高於實驗組（EX = 6.100±0.250）（p＜.05）這顯示傳統養生氣功運動有降低睡眠困擾及提升睡眠品質的功效。本研究實驗組與對照組之得分在第四次（T4）檢測資料達顯著差異（p＜.05），這表示數位影音平台教學後，顯示傳統氣功養生運動數位影音介入後，有助於睡眠品質的提升，這與舒敬媛（2011）的研究65歲以上老人運動階段與健康相關生活品質之關係中，睡眠品質得分為8.22，相對的低。是否本研究受試者平均年齡55.09±7.80，明顯低於10歲之故，因而睡眠品質得分相對的偏低，有待進一步分析。回顧相關研究發現，丁淑平等人（2009）之研究60歲以上民眾，其 PSQI 平均得分高於7分；Zisberg、Gur-Yaish 和 Schochat（2010）研究89位74歲以上退休老年人，其 PSQI 平均得分為9.37分，因此反應

出老年人睡眠品質存在一定的問題。但有學者（Yao *et al.*, 2008）之研究65 歲老年人，其 PSQI 平均得分為4.32 分；Hayashino 等人（2010）之研究51 歲民眾，其 PSQI 平均得分為4.9 分。因此，睡眠品質是否會因年齡、對象與族群而有所差異，值得研究探討。重要的是，不管年齡、對象與族群，是否規律修練氣功養生運動，對睡眠品質改善程度，值得後續之分析與進一步深入研究。陳妤瑄、張世沛（2011）證實了運動可以改善睡眠品質，可以縮短入睡時間、加深睡眠深度、減少失眠的情形發生；下午或傍晚運動對於改善睡眠品質最具效果；從事輕度與中度運動習慣者較易入睡及感到安寧。因此，運動確實可以改善睡眠障礙，提高睡眠品質。研究者認為，睡眠問題應屬全球性人類的問題，若修練傳統東方氣功養生運動能改善與提升睡眠品質，是值得後續推廣的重要課題。

6. 睡眠信念與態度量表
（Dysfunctional Beliefs and Attitudes Sleep Scale, DBAS）

本研究在第二、四、五次（T2、T4、T5）檢測資料達顯著差異，這表示數位影音平台教學後，睡眠信念與態度量表得分，實驗組（EX，T2 ＝ 26.468±0.875，T4 ＝ 25.345±1.063，T5 ＝ 24.874±0.957）結果分量表得分高於對照組（CO，T2 ＝ 23.292±0.871，T4 ＝ 22.372±1.057，T5 ＝ 21.777±0.952）（p ＜ .05）。也就是說，傳統氣功養生運動，有助於睡眠信念與態度結果認知的提升。

再細分成四組比較後，在第二次（T2）檢測顯示，實驗組中之香功觀音舞組（ESK ＝ 28.848±2.100）顯著高於對照組（CO ＝ 23.301±0.867），平甩功組（EXP ＝ 27.740±1.532）高於對照組（CO ＝ 23.301±0.867）。第三次（T3）檢測顯示，實驗組中之香功觀音舞組（ESK ＝ 29.508±2.095）顯著高於對照組（CO ＝ 22.954±0.864），同時香功觀音舞組（ESK ＝ 29.508±2.095）顯著高於平甩功組（EXP ＝ 24.971±1.225）。第五次（T5）檢測顯示，香功觀音舞組（ESK ＝ 27.146±2.308）顯著高於平甩功組（EXP ＝ 21.785±0.952）。第六次（T6）檢測顯示，實驗組中之

香功觀音舞組（ESK ＝ 29.738±2.307）顯著高於平甩功組（EXP ＝ 22.694±1.683），同時高於外丹功組（EXW ＝ 22.859±1.349）及對照組（CO ＝ 22.542±0.952）。

本研究顯示，實驗組與對照組達顯著差異（p ＜ .05），其餘細分四組事後比較亦未達顯著差異（p ＞ .05）。

陳昌偉等人（2009）認為睡眠相關的認知與信念在失眠的病因與治療上扮演極為重要的角色。而在探討繁式（DBAS）與簡式（DBAS-16）中文版睡眠失功能信念及態度量表之信、效度時發現，DBAS 及 DBAS-16 全量表皆具有良好的內部一致性信度，DBAS 與 DBAS-16 皆可顯著地區辨兩組受試者。最後，在效標關連效度上，DBAS 及 DBAS-16 與匹茲堡睡眠品質量表的相關達統計顯著。Morin 等人（2007）重新再檢視原始的 DBAS，將視覺類比量表的形式改變為李克特式十點量表（Likert scale），並刪除掉測量反應不佳的題目後，發展出 16 題的睡眠失功能信念及態度簡式量表（DBAS-16）（Morin, Vallieres, & Ivers, 2007）。DBAS-16 具有良好的內部一致性信度（α 介於 0.77-0.79）、穩定的再測信度（r ＝ 0.83），與其他失眠症狀的測量工具（如睡眠日誌）間有顯著的相關。由因素分析的結果發現 DBAS-16 可區分為四個因素：(1) 覺知到失眠所造成的影響（結果）；(2) 對失眠的擔心與無助感；(3) 對睡眠的期待；(4) 與藥物相關的信念。而本研究採用 DBAS-16 中文版，在結果分量表兩組得分成對比較顯示：在第二、四、五次（T2、T4、T5）檢測資料達顯著差異（p ＜ .05）；在失眠與藥物分量表兩組得分成對比較顯示，實驗組與對照組達顯著差異（p ＜ .05）。亦即說明，傳統氣功養生運動及數位影音平台介入，有助於睡眠信念與態度結果及失眠與藥物認知的提升，映證賴盈希（2011）之研究結果，心理認知因素更是影響失眠者減藥行為的重要指標。國內之調查顯示 18 歲以上有 25.5% 的民眾有失眠的困擾（Kao et al., 2008），國外的流行病學研究結果也相似，失眠盛行率介於 10%-20% 之間（Ford & Kamerow, 1989; Kim, Uchiyama, Okawa, Liu, & Ogihara, 2000; Ohayon, 2002; Pallesen et al., 2001），因此失眠問題乃是全球人類健康衛生

的重要課題。因此，本研究所獲得的結果，可提供解決失眠問題對策之參考，更有助於改善全球人類健康衛生中失眠問題。

7. 睡眠衛生行為檢核表（Sleep Hygiene Practice Scale, SHPS）

本研究在第四次（T4）檢測覺醒相關行為分量表得分達顯著差異，實驗組（EX = 17.838±0.484）顯著低於對照組（CO = 19.192±0.481）（p＜.05），這表示數位影音平台教學後，睡眠覺醒相關行為量表得分，實驗組低於對照組。也就是說，傳統氣功養生運動，有助於降低睡眠覺醒行為。

再細分成四組比較後，在第四次（T4）檢測顯示，對照組（CO = 19.191±0.483）顯著高於實驗組中之外丹功組（EXW = 17.356±0.681）。第五次（T5）檢測顯示，香功觀音舞組（ESK = 21.596±1.041）顯著高於對照組（CO = 18.559±0.428），同時顯著高於平甩功組（EXP = 18.395±0.757）及外丹功組（EXW = 17.489±0.604）。

本研究在六次檢測中，實驗組（EX）與對照組無顯著差異（p＞.05）。也就是說，實驗組與對照組之飲食行為沒有分別，再細分成四組比較後無顯著差異（p＞.05）。

在六次檢測中，實驗組與對照組之睡眠環境沒有分別。但再細分成四組比較後，在第五次（T5）檢測顯示，香功觀音舞組（ESK = 16.662±1.034）顯著高於對照組（CO = 14.372±0.430），同時顯著高於外丹功組（EXW = 13.897±0.605）；於六次檢測發現，香功觀音舞組（ESK = 16.490±0.976）顯著高於對照組（CO = 13.776±0.405），同時顯著高於平甩功組 EXP = 14.036±0.717）及外丹功組（EXW = 14.088±0.571）。

在六次檢測中，實驗組與對照組之睡眠規劃沒有分別。

再細分成四組比較後，在第三次（T3）檢測顯示，香功觀音舞組（ESK = 18.540±0.887）顯著高於對平甩功組 EXP = 16.378±0.650）。在第四次（T4）檢測顯示，香功觀音舞組（ESK = 18.887±0.783）顯著高於對平甩功組 EXP = 16.948±0.574）。在第五次（T5）檢測顯示，香功

觀音舞組（ESK＝18.988±0.837）顯著高於對平甩功組 EXP＝16.322±0.613）。於六次檢測發現，對照組（CO＝17.014±0.386）高於平甩功組 EXP＝14.507±0.683）；香功觀音舞組（ESK＝18.192±0.932）顯著高於高於平甩功組 EXP＝14.507±0.683），同時外丹功組（EXW＝16.880±0.542）顯著高於平甩功組 EXP＝14.507±0.683）。

本研究之 SHPS 覺醒相關行為分量表在第四次（T4）檢測覺醒相關行為分量表得分實驗組低於對照組，達顯著差異（p＜.05），這表示數位影音平台教學後，傳統氣功養生運動及數位影音資料，有助於降低睡眠覺醒行為。在第四次（T4）檢測顯示，對照組（CO＝19.191±0.483）顯著高於實驗組中之外丹功組（EXW＝17.356±0.681）。第五次（T5）檢測顯示，香功觀音舞組（ESK＝21.596±1.041）顯著高於對照組（CO＝18.559±0.428），同時顯著高於平甩功組（EXP＝18.395±0.757）及外丹功組（EXW＝17.489±0.604）。這顯示無論 EXP 及 EXW 皆有相同的效果。其他資料顯示，在飲食及睡眠環境變項中，實驗組與對照組無顯著差異。但第在六次（T6）檢測顯示，睡眠環境有 ESK＞CO、ESK＞EXP、ESK＞EXW 的結果。至於睡眠規劃有 ESK＞EXP 及 EXW＞EXP 的結果。

8. 睡前激發狀態（The Pre-Sleep Arousal Scale, PSAS）

本研究在第六次檢測中顯示，實驗組（EX＝11.787±0.394）睡前之生理激發狀態顯著低於對照組（CO＝13.242±0.392）（p＜.05）。也就是說，實驗組睡前之生理激發狀態相對低於與對照組，因此有助於進入睡眠狀態。

再細分成四組比較後，在第二次（T2）檢測顯示，香功觀音舞組（ESK＝15.373±0.912）顯著高於對照組（CO＝12.981±0.376），同時高於平甩功組（EXP＝11.412±0.673）及外丹功組（EXW＝11.839±0.535）。第三次（T3）檢測顯示，香功觀音舞組（ESK＝15.256±0.873）顯著高於對照組（CO＝12.583±0.360），同時高於平甩功組（EXP＝

11.268±0.645）及外丹功組（EXW＝11.362±0.512）。在第四次（T4）檢測顯示，對照組（CO＝12.973±0.360）高於外丹功組（EXW＝11.711±0.511）。香功觀音舞組（ESK＝13.868±0.872）顯著高於對平甩功組（EXP＝11.641±0.511），同時高於外丹功組（EXW＝11.711±0.511）。在第五次（T5）檢測顯示，香功觀音舞組（ESK＝14.951±0.922）顯著高於對照組（CO＝12.973±0.381），對照組（CO＝12.973±0.381）高於平甩功組 EXP＝13.787±0.681），平甩功組（EXP＝13.787±0.681）顯著高於外丹功組（EXW＝11.569±0.541）。於六次檢測發現，對照組（CO＝13.242±0.378）高於平甩功組 EXP＝11.326±0.677），同時高於外丹功組（EXW＝10.959±0.537）；香功觀音舞組（ESK＝15.091±0.916）顯著高於高於平甩功組 EXP＝11.326±0.677），同時顯著高於外丹功組（EXW＝10.959±0.537）。

本研究在第六次檢測中顯示，實驗組與對照組認知沒有差別。

再細分成四組比較後，在第三次（T3）檢測顯示，香功觀音舞組（ESK＝13.445±0.831）顯著高於平甩功組（EXP＝10.712±0.607）。在第四次（T4）檢測顯示，香功觀音舞組（ESK＝15.057±0.800）顯著高於對照組（CO＝12.916±0.376）、平甩功組（EXP＝12.336±0.666）及外丹功組（EXW＝11.853±0.467）。

在第五次（T5）檢測顯示，對照組（CO＝12.916±0.376）顯著高於外丹功組（EXW＝11.506±0.532），香功觀音舞組（ESK＝14.503±0.912）顯著高於外丹功組（EXW＝11.506±0.532）。於六次檢測發現，香功觀音舞組（ESK＝13.453±0.925）顯著高於平甩功組（EXP＝11.057±0.676），同時顯著高於外丹功組（EXW＝11.219±0.540）。

詹雅雯等人（2009）研究發現，中文版 PSAS 全量表與分量表均具有良好的內部一致性。睡眠正常組與失眠組方面，兩組受測者在全量表和兩分量表的得分上皆呈現顯著的差異；於接受失眠認知行為治療後，失眠者睡前之認知與生理激發程度亦顯著地下降。睡前激發狀態（The Pre-Sleep Arousal Scale, PSAS）是用來測量個體在企圖入睡前的激發程度，共有兩向

度：生理激發程度：如心跳或呼吸加快、肌肉緊張、手心出汗等症狀；認知激發程度：如擔心入睡、思考反芻、過度警醒等。林詩淳、楊建銘與許世杰（2006）之研究發現 PSAS 全量表具有良好的內部一致性，Cranbach's $\alpha = .75\text{-}.84$。林詩淳（2008）之研究發現 PSAS 全量表具有良好的內部一致性，Cranbach's $\alpha = .94$（生理激發分量表：Cranbach's $\alpha = .88$；認知激發分量表：Cranbach's $\alpha = .92$），且能針對認知與生理激發的不同有效測量。在生理指標顯示 PSAS 得分越高，越可能主官報告為失眠者，包含入睡潛時長、睡眠總時數短級較多的夜晚自發性覺醒（spontaneous arousal），並且伴隨較高的白天疲倦感（Nicassio *et al.*, 1985）。而本研究介入數位化傳統養生氣功運動方式，結果發現 PSAS 生理激發程度分量表總分在第六次檢測，對照組（CO $= 13.242\pm0.392$）顯著高於實驗組（EX $= 11.787\pm0.394$）（p $<$ .05），但細分組別後，因此，本研究發現，傳統氣功養生運動之功效優於對照組。從第二至六次檢測可看出，數位影音介入後，降低睡前生理激發程度之效果更為顯著，且有 EXW $>$ EXP $>$ ESK $>$ CO 之趨勢。在認知激發程度方面，對照組（CO）與實驗組（EX）在第二、三、四、五、六次評估皆無顯著差異（p $>$ .05）。但細分組別後，第三、四、五、六次評估皆達顯著差異（p $<$ .05）。因此本研究認為傳統養生氣功運動有降低睡前認知激發程度程度的功效，且各組在不同階段存有效能上的差異。從第三至六次檢測可看出，數位影音介入後，認知程度之效果更為顯著，且有 ESK $>$ EXP $>$ EXW $>$ CO 之趨勢。

9. 睡眠困擾量表（失眠嚴重度量表）
（The Insomnia Severity Index, ISI）

本研究 ISI 總分在第四次（T4）檢測達顯著差異，實驗組（EX $= 9.501\pm0.292$）顯著低於對照組（CO $= 10.451\pm0.290$）（p $<$ .05）。ISI 總分在第五次（T5）檢測 ISI 總分達顯著差異，實驗組（EX $> 9.356\pm0.280$）顯著低於對照組（CO $= 10.308\pm0.278$）（p $<$ .05）。ISI 總分在第六次（T6）檢測睡眠嚴重程度分量表得分達顯著差異，實驗組（EX $= 9.303\pm0.316$）

顯著低於對照組（CO ＝ 10.222±0.314）（p ＜ .05）。這表示數位影音平台教學後，睡眠嚴重程度量表得分，實驗組低於對照組。也就是説，傳統氣功養生運動，有助於降低睡眠嚴重程度功效。

　　再細分成四組比較後，在第二次（T2）檢測顯示，對照組（CO ＝ 10.200±0.240）顯著高於平甩功組（EXP ＝ 9.204±0.425）。香功觀音舞組（ESK ＝ 10.676±0.588）顯著高於平甩功組（EXP ＝ 9.204±0.425）。在第四次（T4）檢測顯示，對照組（CO ＝ 12.916±0.376）顯著高於外丹功組（EXW ＝ 11.853±0.467）。在第五次（T5）檢測顯示，對照組（CO ＝ 12.916±0.376）顯著高於平甩功組（EXP ＝ 9.204±0.425）。香功觀音舞組（ESK ＝ 14.503±0.912）顯著高於平甩功組（EXP ＝ 9.204±0.425）。於六次檢測發現，對照組（CO ＝ 12.916±0.376）顯著高於平甩功組（EXP ＝ 11.057±0.676），同時顯著高於外丹功組（EXW ＝ 11.219±0.540）。香功觀音舞組（ESK ＝ 13.453±0.925）顯著高於平甩功組（EXP ＝ 11.057±0.676），同時顯著高於外丹功組（EXW ＝ 11.219±0.540）。因此，本研究發現，傳統氣功養生運動之功效優於對照組。從第四至六次檢測可看出，數位影音介入後，降低嚴重失眠程度效果更為顯著，且有 ESK ＞ EXP ＞ EXW ＞ CO 之趨勢。

　　失眠嚴重程度量表（The Insomnia Severity Index, ISI）用來評估個體自認之失眠嚴重程度（Morin, 1993），主要是測量個體的失眠的症狀嚴重程度及對日常生活之影響的程度，包含入睡或睡眠維持困難、對目前睡眠的滿意度、對睡眠的關注程度、失眠影響白天功能的程度。Bastien 等人（2001）研究證實，ISI 具有有良好的信、效度及內部一致性（Chronbach's α ＝ .74），且 ISI 分數與睡眠日誌或多頻道睡眠記錄儀所得的入睡時間、入睡後醒來總時數等參數有顯著相關（r ＝ 0.32-0.55）（p ＜ .05），在測量失眠治療的效果上有良好的敏感度，除了測量失眠的主要症狀外，還可以測量受測自身對睡眠之滿意程度、失眠對白天功能之影響、失眠的影響程度、以及關注程度。因此，其內容上和失眠的診斷標準有明確的對應效果，也被廣泛的應用在失眠病理（Woodley & Smith, 2006; LeBlanc et al.,

2007）及療效的研究（Jacobs *et al.*, 2005; Bélanger *et al.*, 2004; Manber *et al.*, 2008）。爲探討傳統氣功養生運動對失眠問題的改善程度影響效益是否顯著，及提供證實有信、效度的簡易篩檢或評估的工具。

因此，本研究選用 ISI 的中文版（ISI-C）做爲評估工具（林詩淳、楊建銘、許世杰，2006）。ISI 是一個五點量表評量（0-4 分），分數越高表示自決失眠情況越嚴重，0-7 分表示沒有顯著的失眠問題；8-14 分表示位於臨界程度的失眠問題；15-21 分表示中度失眠；22-28 分表示嚴重的失眠。在國內的研究顯示 ISI 中文版具有高度的內不一致性（Chronbach's α = .93）（林詩淳，2008）。本研究受試者這 ISI 得分介於8-11之間，應屬於位於臨界程度的失眠問題的受試者。ISI 總分在第四、五、六次檢測，實驗組皆顯著低於對照組（p < .05）。這表示數位影音平台教學後，傳統氣功養生運動及數位影音資料，有助於降低睡眠嚴重程度功效，且有 ESK > EXP > EXW > CO 之趨勢。這與楊建銘等人之研究（2009）發現，失眠的認知行爲治療（Cognitive Behavior Therapy for Insomnia, CBT-I）者，進行涵括各類不同的治療內容（包含睡眠機制與失眠並因的介紹、正確睡眠衛生習慣的施行、改變失眠患者的失功能信念、不良睡眠相關行爲的改變技術等分六次後，結果發現 CBT-I 治療之後的 ISI-C 與睡眠日誌的相關提高了，這個現象在英文版的 ISI 也有類似的現象（Bastien *et al.*, 2001），ISI-C 也清楚地呈現了治療前後的差異，其平均總分在治療後呈現顯著地下降。這種傳統養生氣功運動自然的方式境能有異曲同功之妙，值得推廣給普羅社會大眾，做爲養生保健的參考。

10. 臺灣人憂鬱篩選問卷
（Taiwanese Depression Screening Questionnaire, TDSQ）

本研究 TDSQ 量表總分在第二次（T2）檢測達顯著差異，實驗組（EX = 21.792±0.605）顯著低於對照組（CO = 24.418±0.602）（p < .05）。TDSQ 量表總分在第六次（T6）檢測 TDSQ 量表總分得分達顯著差異，實驗組（EX = 21.004±0.644）顯著低於對照組（CO = 22.868±0.640）（p

＜.05）。這表示數位影音平台教學後，TDQ 量表總分，實驗組低於對照組。也就是說，傳統氣功養生運動，有助於降低憂鬱程度之功效。

再細分成四組比較後，在第二次（T2）檢測顯示，對照組（CO = 24.483±0.601）顯著高於香功觀音舞組（ESK = 19.172±1.589），同時顯著高於外丹功組（EXW = 21.976±0.841）。在第三次（T3）檢測顯示，對照組（CO = 24.483±0.601）顯著高於香功觀音舞組（ESK = 19.172±1.589），同時顯著高於外丹功組（EXW = 21. 976±0.841）。平甩功組（EXP = 22.502±0.958）顯著高於香功觀音舞組（ESK = 18.217±1.437）。外丹功組（EXW = 21.568±0.760）顯著高於香功觀音舞組（ESK = 18.217±1.437）。在第四次（T4）檢測顯示，對照組（CO = 22.688±0.449）顯著高於香功觀音舞組（ESK = 18.290±1.321）。平甩功組（EXP = 22.390±0.880）顯著高於香功觀音舞組（ESK = 18.290±1.321），外丹功組（EXW = 21.979±0.699）顯著高於香功觀音舞組（ESK = 18.290±1.321）。在第五次（T5）檢測顯示，對照組（CO = 12.916±0.376）顯著高於香功觀音舞組 ESK = 18.035±1.432）。平甩功組（EXP = 22.480±0.954）顯著高於香功觀音舞組（ESK = 18.03±1.432），外丹功組（EXW = 22.299±0.758）顯著高於香功觀音舞組（ESK = 18.035±1.432）。於六次檢測發現，對照組（CO = 22.931±0.640）顯著高於香功觀音舞組（ESK = 18.326±1.693）。

根據李昱（1999）的研究，臺灣人憂鬱篩選問卷（Taiwanese Depression Screening Questionnaire, TDSQ）的 Cronbach a 為 0.90，具良好的內部一致性信度。余民寧（2011）指出，憂鬱症已被世界衛生組織（World Health Organization, WHO）列為 21 世紀人類所面臨的三大疾病之一，因其病程有反覆發作的特性，預估到 2020 年，憂鬱症將成為全世界所有疾病中，負擔第二高的疾病（WHO, 2001）。自殺也同時為臺灣十大死因之一，臺灣自殺案例中，約有 90% 曾罹患憂鬱症，且一半以上案例在自殺前 1 個月內，曾求助於一般內科（李明濱、廖士程、吳佳璇，2000）。臺灣憂鬱

症患者就診人數逐年增加，年齡卻有逐漸下降的趨勢（商志雍、廖士程、李明濱，2003），加上近年全球經濟危機，天災巨變不斷，人們承受之負面情緒和壓力更甚以往；另外，關於臺灣民眾憂鬱求助的研究顯示，當患者有憂鬱傾向時，以自助處理的比例最高（葉雅馨、林家興，2006）。本研究結果顯示，TDSQ 量表總分在第二次（T2）檢測達顯著差異，實驗組（EX ＝ 21.792±0.605）顯著低於對照組（CO ＝ 24.418±0.602）（p ＜ .05）。TDSQ 量表總分在第六次（T6）檢測 TDSQ 量表總分得分達顯著差異，實驗組（EX ＝ 21.004±0.644）顯著低於對照組（CO ＝ 22.868±0.640）（p ＜ .05）。這表示數位影音平台教學後，傳統氣功養生運動，有助於降低憂鬱程度之功效。再細分成四組比較後，從第二至六次檢測可看出，數位影音介入後，降低憂鬱程度效果更為顯著，且有 ESK ＞ EXP ＞ EXW ＞ CO 之趨勢。因此，本研究發現，傳統氣功養生運動之功效優於對照組。根據上述資料顯示，憂鬱症已成為全球人類健康的關鍵議題，必須嚴肅看待此問題及早做防範措施。借助數位化及網路傳輸快速普及的現代社會，若能從本土臺灣將傳統東方氣功養生運動推展至全世界，做為降低憂鬱程度措施，乃是研究者想完成的願望。

六、結論與建議

　　本研究包含前後共計六次之問卷及量表評量指標，涵蓋正負面情緒量表、運動引起的感覺量表、盤斯心情量表、台灣簡明版世界衛生組織生活品質問卷、匹茲堡睡眠品質指標、睡眠信念與態度量表、睡眠衛生行為檢核表、睡前激發程度量表、睡眠困擾量表和臺灣人憂鬱篩選問卷，做為第 1 年開始，經 3 個月、6 個月後階段的變化情形。第 2 年介入香功、觀音舞、平甩功、外丹功等數位化之氣功養生保健影音資料輔助後，以相同問卷、量表來評量情緒穩定、改善睡眠品質及生活品質的功效。所得結論如下：

　　結論：傳統氣功養生運動有助於降低外在環境對內在情緒之干擾與困惑程度、提升自尊感及內在活力、提升綜合健康自我認知、改善睡眠品質、降低睡前生理激發狀態及失眠嚴重程度及降低憂鬱程度。

　　建議：

（一）可將研究成果提供社會大眾從事氣功養生運動及保健的參考處方。具體而言，無論是香功、觀音舞、平甩功、外丹功等養生功法，1週3到5天、每天1到2次、每次30-50分鐘的氣功養生運動，可做為中老年齡族群從事保健的運動處方選項之一。

（二）提供網站資訊及舉辦研習會加以普遍推廣。

（三）本計畫之受試者參與情況，分屬不同組群及多元面向群體，因此，較難確實掌控實驗組練習狀況，但是很明顯的是，有組織的團體，其修練狀況及效果，明顯的優於無組織的個別團體。

（四）數位平台之建立有助於傳統氣功養生運動數位影音教材之傳遞與學習，有必要大力推廣至學校及社會大眾之學習。

（五）結合通識教育主題，可將氣功養生運動納入通識課程之健康與生活領域中，有別於一般體育課程。

參考文獻

丁淑平、陳長香、郝習君（2009）。中國22省老年人睡眠障礙因素分析。**中國公共衛生雜誌**，25(8)，972-973。

王春展（2004）。台灣地區大學生情緒智慧、憂鬱傾向與情緒調整策略之研究。**嘉南學報**，30，443-460。

內政部戶政司（2009）。內政部戶政司人口統計資料。2009年10月29日，取自內政部戶政司 http://www.ris.gov.tw/web_eng/eng_sta.html 。

王唯工、崔玖（1992）。練習氣功對脈波及腦波之影響。**中華醫學工程學刊**，12(1)，107-115。

毛齊武（1994）。**以數位影像處理技術及電磁理論探討人體之先天氣**。行政院國家科學委員會研究報告，計畫編號：NSC-83-0412-B006-049M01，未出版。

毛齊武（1995）。**以數位影像處理技術及電磁理論探討人體之先天氣**。行政院國家科學委員會研究報告，計畫編號：NSC-84-2213-E006-101，未出版。

王鐘賢（2004）。養生運動與藥物對老年人循環功能的影響。**長期照護雜誌**，8(4)，398-407。

王麗惠、劉芹芳（2005）。生活品質概念分析於護理之應用。**高雄護理雜誌，22**(2)，41-50。

台灣睡眠醫學會（2009）。台灣睡眠醫學會。2012 年 10 月 29 日，取自 http://www.tssm.org.tw/news.phpid=157886

呂萬安（2004）。**太極拳、外丹功對成年人自律神經活性的效應**（未出版之博士論文）。國立陽明大學傳統醫學研究所，臺北市。

余民寧、劉育如、李仁豪（2008）。臺灣憂鬱症量表的實用決斷分數編製報告。**教育研究與發展期刊，4**(4)，231-258。

余民寧、黃馨瑩、劉育如（2011）。台灣憂鬱症量表心理計量特質分析報告。**測驗學刊，58**(3)，479-500。

李宗派（2010）。老人的情緒與心理保健。**臺灣老人保健學刊，7**(4)，1-32。

李昱（1999）。「**高雄地區憂鬱症流行病學調查：I.「台灣人憂鬱篩選問卷」之發展**。行政院國家科學委員會專題研究計畫成果報告，計畫編號：NSC 88-2413-H-182A-001，未出版。

李旭生（1992）。**生物能場對癌細胞之影響**。行政院國家科學委員會研究報告，計畫編號：NSC80-0412-B010-72-R，未出版。

李旭生（1994）。**生物能場對細胞生化遺傳性質及訊息傳遞影響**。行政院國家科學委員會研究報告，計畫編號：NSC82-0412-B010-005-M01，未出版。

李旭生（1995）。**生物能場對細胞生化遺傳性質及訊息傳遞之影響（II）**。行政院國家科學委員會研究報告，計畫編號：NSC83-0412-B010-075-M01，未出版。

李旭生（1998）。**生物能場研究：生物能場誘發 AP-1、c-myc 基因表現之研究**。行政院國家科學委員會研究報告，計畫編號：NSC86-2314-B010-059-M01，未出版。

李明濱、廖士程、吳佳璇（2000）。台灣憂鬱症防治運動。**台大醫學院社區醫療通訊，13**。2012 年 10 月 28 日，取自 http://www.mc.ntu.edu.tw/department/cmrg/921paper/13-05paper.htm 。

李嗣涔（1991）。氣功的科學觀。**科學發展月刊，19**(8)，1055-1059。

李嗣涔（1997）。氣功與人體潛能。**科學月刊，28**(3)，188-197。

李嗣涔、石朝霖（1993）。人體潛能者之腦波特徵及電磁現象。**中醫藥雜誌，4**(2)，125-136。

李嗣涔、石朝霖（1994）。**氣功與心靈潛能之研究**。體育學院研究報告，計畫編號：8203，未出版。

李嗣涔、張楊全（1991）。由腦 α 波所定義的兩種氣功態。**中醫藥雜誌，2**(1)，30-46。

吳水丕（1995）。**坐禪對人類行為之效應**。行政院國家科學委員會研究報告，計畫編號：NSC84-2413-H211-001，未出版。

吳秋燕（2003）。**老人身體活動、心肺適能與生活品質之相關研究**（未出版之碩士論文）。國立臺灣師範大學體育研究所，臺北市。

林和安（2005，1 月 27 日）。玄學是精神學問氣功需尋求突破。取自人體科學：http://www.cgan.com/cganself/founder/manscience/body7.htm 。

林晏瑄（2011）。**睡眠脆弱特質對認知激發狀態下的睡眠中訊處理之影響**（未出版之碩士論文）。國立政治大學心理學研究所，臺北市。

林淑貞（1997）。**神奇的香功**。臺北市：商周。

林詩淳（2008）。**慢性失眠者與情境性失眠高危險族群之壓力因應與失眠的關係**（未出版之碩士論文）。國立政治大學心理學研究所，臺北市。

林詩淳、楊建銘、許世杰（2006）。**失眠嚴重度量表、睡前激發程度量表及睡眠失功能信念及態度量表中譯版之信效度研究**（摘要）（43-44 頁）。台灣睡眠醫學學會九十五年度會員大會。

林詩淳、楊建銘、許世杰、鄭中平（2009）。睡眠衛生行為量表之信效度探討。**臨床心理學刊，4**(2)，105-115。

姚開屏（2002a）。台灣版世界衛生組織生活品質問卷之發展與應用。**台灣醫學，6**(3)，193-200。

姚開屏（2002b）。健康相關生活品質概念與測量原理之簡介。**台灣醫學，6**(3)，183-192。

姚開屏（2005）。**台灣版世界衛生組織生活品質問卷之發展及使用手冊**（第二版）。臺北市：世界衛生組織生活品質問卷臺灣版問卷發展小組。

姚開屏（2001）。**台灣簡明版世界衛生組織生活品質問卷之發展量表**（第一版）。世界衛生組織生活品質問卷臺灣版問卷發展小組。

姚開屏、王榮德、林茂榮、林淑文、施富金、曹昭懿（2000）。**台灣版世界衛生組織生活品質問卷之發展手冊**。行政院國家科學委員會專題研究計畫成果報告，計畫編號：NSC 87-22312-B-002-001；NSC 87-2413-H-002-021；NSC 88-2314-B-002-344；NSC 89-2312-B-002-001，未出版。

胡淑娥（2005）。**類風濕關結炎患者的認知特徵、因應調節與適應之關係**（未出版之碩士論文）。中原大學心理學研究所，桃園市。

馬志欽、李嗣涔、石朝霖（1992）。**氣功內外氣及心靈潛能之研究**。行政院國家科學委員會研究報告，計畫編號：NSC80-0412-B002-237R，未出版。

紀櫻珍、吳振龍、李諭昇（2010）。影響睡眠品質之職場相關因子研究。**健康促進暨衛生教育雜誌，30**，35-62。

高宗桂（1995）。電腦測定經絡能量之研究。**中國針灸，S2**，162。

高宗桂、林昭庚、謝慶良、張永賢、張家昇、周德陽（2000）。電針對腦中風手術後顱內壓與經絡電阻之影響。**中國醫藥科學雜誌，1**(3)，157-166。

高騏（1998）。**探究人體最佳氣場——實驗研究蒸餾水和鹽水對氣的吸收度**。行政院國家科學委員會研究報告，計畫編號：NSC87-2314-B006-026-M01，未出版。

高騏、廖學誠、葉宗烈（1999）。**探究人體氣場——實驗研究氣功水之氣對水分子結構之效應**。行政院國家科學委員會研究報告，計畫編號：NSC88-2621-B006-004-M08，未出版。

崔玖（1989）。氣功研究的現代醫學觀。**科學月刊，20**(10)，789-791。

崔玖、王唯工（1993）。**人體生物能在臨床診斷之研究——練氣功者心臟血管測量值之分析**。行政院國家科學委員會研究報告，計畫編號：NSC-80-0412-B010-71R，未出版。

崔玖（1996）。**練氣功者心臟血管系統生物能測量值之分析**。國立體育學院國術研究中心研究成果報告書。

崔玖（1998）。能量醫學與健康。**常春月刊，189**，175-176。

崔玖、李茂昌、鍾傑、張寅（1988）。**中醫經絡學說科學根據：經絡之物理特性**。行政院國家科學委員會研究報告，計畫編號：NSC77-060-B010-29，未出版。

崔玖、鍾傑（1989）。**人體生物能在臨床診斷之研究二——肺癌及糖尿病患者測量值之分析**。行政院國家科學委員會研究報告，計畫編號：NSC77-0412-B010-35，未出版。

崔玖、鍾傑（1990）。**人體生物能在臨床診斷之研究三——人體內農藥及清潔劑殘毒的測試**。行政院國家科學委員會研究報告，計畫編號：NSC78-0420-B010-45，未出版。

陳在頤（1992）。氣功對醫療保健功效的探討。**中華體育，23**，77-83。

陳在頤（1994）。氣功科研的過去與未來。**中華體育，30**，81-87。

陳在頤（1995）。氣功與體育。**中華體育，35**，1-7。

陳妤瑄、張世沛（2011）。運動對睡眠品質的改善。**臺中學院體育，6**，111-121。

陳昌偉、詹雅雯、楊建銘、林詩淳（2009）。中文版睡眠失功能信念及態度量表之信、效度探討。**臨床心理學刊，4**(1)，59-67。

陳妤瑄、張世沛（2011）。**失眠認知行為治療的執行程度與治療效果間的關係**（未出版之碩士論文）。國立政治大學心理學研究所，臺北市。

陳清惠（1999）。老人與運動。**榮總護理，16**(1)，7-11。

陳國鎮（1997）。信步走入經絡的世界。**科學月刊，28**(3)，200-207。

陳嫣芬、林晉榮（2006）。社區老人身體活動與生活品質相關之研究。**體育學報，39**(1)，87-99。

陳國華、黃英哲、黃欽永（2001）。**氣功學習對中指血流量及皮膚溫度之影響**。行政院國家科學委員會研究報告，計畫編號：NSC-89-2320-B-002-191，未出版。

陳國華、黃英哲、黃欽永（2002）。**氣功與太極拳學習者的生理反應研究**。行政院國家科學委員會研究報告，計畫編號：NSC-90-2413-H-002-009，未出版。

陳頌琪、邱子瑄、黃詩儀、徐慧敏、蔣欣芷、陳姿吟、方俐潔、宋惠娟（2008）。團體音樂治療對社區日托老人憂鬱情形及生活品質之成效。**長期照護雜誌**，11(3)，247-265。

陳昌偉、詹雅雯、楊建銘、林詩淳（2009）。中文版睡眠失功能信念及態度量表之信、效度探討。**臨床心理學刊**，4(1)，59-67。

陳冠名、林春鳳（2009）。老年人身體活動對生活滿意度影響之研究。**屏東教大運動科學學刊**，7，131-146。

陳慧倫（2008）。高齡化社會。2009 年 10 月 29 日，取自國立政治大學社會學研究所 http://www.read.com.tw/web/hypage.cgi?HYPAGE=/subject/sub_aging_society.asp。

黃彥霖、楊建銘、黃彥霖（2010）。**以睡眠腦波的頻譜分析探討原發性失眠患者入睡過程中的生理激發狀態**（未出版之碩士論文）。國立政治大學心理學研究所，臺北市。

陳佳琤（2012）。**失眠認知行為治療的執行程度與治療效果間的關係**（未出版之碩士論文）。國立政治大學心理學研究所，臺北市。

賴盈希、楊建銘、許世杰（2011）。原發性失眠患者的心理認知因素與減藥行為之關係。**心理學於睡眠醫學的應用**，50，43-80。

楊建銘、陳濘宏（2011）。**心理學於睡眠醫學的應用**。臺北市：應用心理社。

楊明仁（1999）。**社會狀況與憂鬱症：一個以高雄縣市為例之社會生態學研究（I）**。行政院國家科學委員會專題研究計畫成果報告，計畫編號：NSC 88-2413-H-182A-002，未出版。

黃升騰、鄭文顯、林昭庚、劉武哲（1998）。氣功外氣對人類早期單核細胞株和流行性感冒病毒的效應。**中國醫藥學院雜誌**，7(4)，163-174。

黃英哲（2007）。氣功運動對生理及心理影響之探討。**運動教練科學**，8，105-122。

黃英哲、黃欽永、呂碧琴（2007）。氣功運動對情緒反應之影響研究。**臺大體育學報**，10，27-46。

黃英哲、黃欽永、呂碧琴（2009）。瑜珈與氣功運動對情緒反應之探討。**臺大體育學報**，15，81-108。

黃英哲、黃欽永、陳國華（2001）。**氣功初學者生理反應之研究**。行政院國家科學委員會研究報告，計畫編號：NSC-89-2213-E-002-037，未出版。

黃英哲、黃欽永、李嗣涔（2002）。**氣功對射箭定弓到放射階段的腦波研究**。行政院國家科學委員會研究報告，計畫編號：NSC-90-2213-E-002-072，未出版。

黃彥霖、楊建銘、黃彥霖（2010）。**以睡眠腦波的頻譜分析探討原發性失眠患者入睡過程中的生理激發狀態**（未出版之碩士論文）。國立政治大學心理學研究所，臺北市。

黃耀宗、季力康（1998）。客觀和主觀的運動能力在中等強度的運動下對於知覺身體疲勞程度及正負面情緒反應的影響。**體育學報**，25，239-248。

許伯陽、張鑣鐘、盧俊宏（2003）。盤斯心情量表之再修訂。**大專體育學刊**，5(1)，85-95。

商志雍、廖士程、李明濱（2003）。精神科門診憂鬱症患者就診率之變遷。**台灣醫學**，7，507-509。

舒敬媛（2011）。**老人運動階段與健康相關生活品質之關係**（未出版之碩士論文）。臺北醫學大學護理學研究所，臺北市。

張楊全、陳榮基（1994）。**氣功修練者生理指標之長期監視**。行政院國家科學委員會研究報告，計畫編號：NSC81-0412-B002-01，未出版。

張志成、許聰鑫、李保建（2007）。應用運動動機檢視階段改變模式對心情之影響。**輔仁大學體育學刊**，6，17-31。

張榮森（1992）。**禪宗氣功訓練方法及解除工作壓力之研究**。行政院國家科學委員會研究報告，計畫編號：NSC80-0412-B008-01R，未出版。

張雅雯（2009）。每5人就有1人長期失眠。2009年12月4日，取自人間福報電子報紙 http://www.merit-times.com.tw/NewsPage.aspx?Unid=157886。

張鐿鐘、盧俊宏（2001）：盤斯心情量表（POMS）之修訂報告。**大專體育學刊**，**3**(2)，47-55。

楊明恩、陳淑滿、蔣憶德（2006）。世界輕艇水球錦標賽國手賽前訓練之訓練量與心情變化分析。**體育學報**，**39**(4)，75-84。

楊錫欽（1999）。**中國氣功對COPD患者通氣功能及運動耐力的影響**。行政院國家科學委員會研究報告，計畫編號：NSC88-2314-B002-237，未出版。

楊明恩、陳淑滿、蔣憶德（2006）。世界輕艇水球錦標賽國手賽前訓練之訓練量與心情變化分析。**體育學報**，**39**(4)，75-84。

楊建銘（2005）。**原發性失眠患者的睡眠信念以及睡前激發狀態**。行政院國家科學委員會研究報告，計畫編號：NSC 94-2413-H-004-004，未出版。

楊建銘、許世杰、林詩淳、周映妤、陳瑩明（2009）。失眠嚴重度量表中文版的信、效度研究。**臨床心理學刊**，**4**(2)，95-104。

曾銀貞（2007）。**社區老人睡眠品質及其相關因素探討**（未出版之碩士論文）。中山醫學大學護理學研究所，臺中市。

葉炳強（1991）。**氣功修練者之腦血流量測量**。行政院國家科學委員會研究報告，計畫編號：NSC79-0412-B002-205，未出版。

葉雅馨、林家興（2006）。台灣民眾憂鬱程度與求助行為的調查研究。**中華心理衛生學刊**，**19**，125-148。

葉在庭、王鵬智、陳坤虎、陳惠姿、王元凱（2011）。社區老人睡眠品質與記憶表現的初步探討。**應用心理研究**，**50**，13-41。

鄭志明（2002）。台灣地區養生修行團體調查報告。二十一世紀雙月刊，**27**，121-126。

鄭明育（1997）。氣功對當代中國大陸體育運動意義之研究。**中華民國大專院校86年度體育學術研討會專刊**（上）（533-543頁）。

鄭建民（1997a）。中老年人習練香功前後之血液生化分析。**中華民國大專院校86年度體育學術研討會專刊**（下）（501-514頁）。

鄭建民（1997b）。性別差異與習練香次數對肝腎機能影響之探討。**大專體育**，**33**，57-65。

鄭建民（2008）。修練氣功對成年人腦波與盤斯心情量表的相關研究。**國立臺灣體育大學論叢**，**19**(2)，121-136。

鄭建民（2009）。**養生運動對成年人生理心理的影響——從修練香功對良導絡生物能量、腦波、心臟自律神經之效益及健康自我認知談起**（未出版博士論文）。國立臺灣體育大學（桃園）體育研究所，桃園縣。

賴金鑫、藍青（1994）。初學太極拳者心肺功能之追蹤研究。**國術研究**，**3**(1)，20-36。

劉武哲（1994）。**生物能對人類早期單核細胞株HL-CZ、人類反錄病毒及流行性感冒病毒之影響**。行政院國家科學委員會研究報告，計畫編號：NSC83-0412-B010-078-M01，未出版。

劉武哲（1996）。**以氣功機測試氣功影響流行性感冒病毒及細胞素之活性**。行政院國家科學委員會研究報告，計畫編號：NSC84-2331-B010-046，未出版。

劉引玉、周桂如、謝佳容（2009）。老人睡眠品質與相關測量問題之探討。**長期照護雜誌**，**13**(1)，231-242。

蔡英美（2006）。家長式領導情緒感受與團隊凝聚力之關係研究。**國立體育學院論叢**，**16**(2)，347-358。

簡靜香、崔玖、魏耀揮（1993）。**生物能場對正常細胞之影響**。行政院國家科學委員會研究報告，計畫編號：NSC78-0412-B010-52R，未出版。

謝沛書（2007）。運動認定量表中文版編製與修訂之研究。**運動與遊憩研究**，1(4)，88-95。

鍾傑（1984）。**傅爾電針入門**。臺北市：正光書局。

羅錦興（2005）。養生與太極。**成大體育**，38(2)，9-13。

蘭中芬、張學詩（1997）。香功對人體免疫力的影響。**甘肅氣功會刊（Ⅰ）**，17，11-12。甘肅省：甘肅省氣功科學研究會。

藍青、周適偉、賴金鑫等（1993）。男性練氣功者與太極拳練拳者於踏車運動時之心肺功能研究。**復健醫學會雜誌**，21，27-34。

詹雅雯、陳昌偉、楊建銘、林詩淳（2009）。中文版睡前激發狀態量表之信、效度探討。**臨床心理學刊**，4(1)，51-58。

Akbaraly, T. N., Portet, F., Fustinoni, S., Dartigues, J. F., Artero, S., Rouaud, O., Touchon, J., Ritchie, K., Bastien, C. H., Vallières, A., & Morin, C. M. (2001). Validation of the insomnia severity index as an outcome measure for insomnia research. *Sleep Medicine*, 2(4), 297-307.

Berr, C. (2009). Leisure activities and the risk of dementiain the elderly results from the three-city study. *Neurology*, 73, 854-861

Berger, H. (1929). First human EEG paper: Über das elektrenkephalogramm des menschen. *Archiv fur Psychiatrie und Nervenkrankheiten*, 87, 527-570.

Bélanger, L., Morin, C. M., Langlois, F., & Ladouceur, R. (2004). Insomnia and generalized anxiety disorder: Effects of cognitive behavior therapy for GAD on insomnia symptoms. *Journal of Anxiety Disorders*, 18(4), 561-571.

Bélanger, L., Morin, C. M., Gendron, L., & Blais, F. C. (2005). Presleep cognitive activity and thought control strategies in insomnia. *Journal of Cognitive Psychotherapy: An International Quarterly*, 19(1), 17-27.

Buysse, D. J., Hall, M. L., Strollo, P. J., Kamarck, T. W., Owens, J., Lee, L., Reis, S. E., & Matthews, K. A. (2008). Relationships between the Pittsburgh Sleep Quality Index (PSQI), Epworth Sleepiness Scale (ESS), and clinical / polysomnographic measures in a community sample. *Journal of Clinical Sleep Medicine*, 4(6), 563-571.

Buysse, D. J., Ancoli-Israel, S., Edinger, J. D., Lichstein, K. L., & Morin, C. M. (2006). Recommendations for a standard research assessment of insomnia. *Sleep*, 29(9), 1155-1173.

Buysse, D. J., Reynolds, C. F., 3rd, Monk, T. H., Berman, S. R., & Kupfer, D. J. (1989). The Pittsburgh sleep quality index: A new instrument for psychiatric practice and research. *Psychiatry Research*, 28(2), 193-213.

Biddle, S. J. H. (2000). Exercise, emotions and mental health. In Y. L. Hanin (Ed.), *Emotions in sport* (pp. 267-291). Champaign, IL: Human Kinetics.

Biddle, S. J. H., & Mutrie, N. (2001). *Psychology of physical activity: Determinants, well-being and interventions*. New York: Taylor & Francis Group.

Campbell, R. J. (1989). *Psychiatric dictionary* (6th ed.). New York: Oxford University Press.

Causerta, M. S. (1995). Health promotion and the older population: Expending our the dretical horizons. *Journal of Community Health*, 20(3), 283-292.

Chen, K. G. (1996a). Electrical properties of meridians with an overview of the electrodermal screening test. *IEEE Engineering in Medicine and Biology*, May / June, 58-63.

Chen, K. G. (1996b). Applying quantum interference to EDST medicine testing. *IEEE Engineering in Medicine and Biology*, May / June, 64-66.

Cheng, C. M. (2009). The option of e-learning for students with disabilities in Taiwan: A case study. International Council Sport Science and Physical Education, Bulletin, 55, Current Issues, Jan., 2009.

Clark, L. A., & Watson, D. (1991). Tripartite model of anxiety and depression: Psychometric evidence and taxonomic implications. *Journal of Abnormal Psychology*, 100(3), 316-336.

Ford, D. E., & Kamerow, D. B. (1989). Epidemiologic study of sleep disturbances and psychiatric disorders. An opportunity for prevention? *The Journal of the America, Medical Association, 262*(11), 1479-1484.

Jacobs, B. P., Bent, S., Tice, J. A., Blackwell, T., & Cummings, S. R. (2005). An internet-based randomized, placebo-controlled trial of kava and valerian for anxiety and insomnia. *Medicine, 84*(4), 197-207.

Joiner, T. E., Jr., Catanzaro, S. J., & Laurent, J. (1996). Tripartite structure of positive and negative affect, depression, and anxiety in child and adolescent psychiatric inpatients. *Journal of Abnormal Psychology, 105*(3), 401-409.

Hayashino, T., Yamazaki, S., Takegami, M., Nakayama, T., Sokejima, S., & Fukuhara, S. (2010). Association between number of comorbid conditions, depression and sleep quality using the Pittsburgh Sleep Quality Index: Result from a population-based survey. *Sleep Medicine, 11*(4), 366-371

Kasamatsu, A., & Hirai, T. (1966). An electroencephalographic study on the zen meditation (Zazen). *Folia Psychiatrica et Neurologica Japonica, 20*(4), 315-36.

Kao, C. C., Huang, C. J., Wang, M. Y., & Tsai, P. S. (2008). Insomnia: Prevalence and its impact on excessive daytime sleepiness and psychological well-being in the adult Taiwanese population. *Quality of Life Research, 17*(8), 1073-1080.

Kim, K., Uchiyama, M., Okawa, M., Liu, X., & Ogihara, R. (2000). An epidemiological study of insomnia among the Japanese general population. *Sleep, 23*(1), 41-47.

Landers, D. N., & Arent, S. M. (2001). Physical activity and mental health. In R.N. Singer, H. A. Hausenblas, & C. M. Janelle (Eds.), *Handbook of sport psychology* (second edition) (pp. 718-767). New York: John Wiley & Sons.

Lai, J. S., Lan, C., Wong, M. K., & Teng, S. H. (1995). Two-year tends in cardiorespiratory function among older Tai Chi Chuan practitioners and sedentary subjects. *American Geriatrics Society, 43*, 1222-1227.

Lan, C., Lai, J. S., Chen, S. Y., & Wong, M. K. (1998). 12-month Tai Chi training in the elderly: Its effect on health fitness. *Medicine and Science in Sports and Exercise, 77*(6), 612-616.

Lan, C., Lai, J. S., Chen, S. Y., & Wong, M. K. (1999). The effect of Tai Chi on cardiorespiratory function in patients with coronary artery bypass surgery. *Medicine and Science in Sports and Exercise, 31*(5), 634-638.

LeBlance, M., Beaulieu-Bonneau, S., Merette, C., Savard, J., Ivers, H., & Morin, C. M. (2007). Psychological and health-releated quality of life fators associated with insomnia in a population-based sample. *Journal of Psychosomatic Research, 63*(2), 157-166.

Lu, W. A., Tsuei, J. J., & Chen, K. G. (1999). Preferential direction and symmetry of electric conduction of human meridians. Bilaterally symmetrical acupoints provide better conductance for a better "connection". *IEEE Engineering in Medicine and Biology, 18*, 76-78.

Manber, R., Edinger, J. D., Gress, J. L., San Pedro-Salcedo, M. G., Kuo, T. F., & Kalista, T. (2008). Cognitive behavioral therapy for insomnia enhances depression outcome in patients with comorbid major depressive disorder and insomnia. *Sleep, 31*(4), 489-495.

Morin, C. M. (1993). *Insomnia: Psychological assessment and management.* New York: The Guilford Press.

Morin, C. M., Vallieres, A., & Ivers, H. (2007). Dysfunctional beliefs and attitudes about sleep (DBAS): Validation of a brief version (DBAS-16). *Sleep, 30*(11), 1547-1554.

Nicassio, P. M., Mendlowitz, D. R., Fussell, J. J., & Petras, L. (1985). The phenomenology of the pre-sleep state: The development of the pre-sleep arousal scale. *Behavior Research and Therapy, 23*(3), 263-271.

Ohayon, M. M. (2002). Epidemiology of insomnia: What we know and what we still need to learn. *Sleep Medicine Reviews, 6*(2), 97-111.

Pallesen, S., Nordhus, I. H., Nielsen, G. H., Havik, O. E., Kvale, G., Johnsen, B. H., et al. (2001). Prevalence of insomnia in the adult Norwegian population. *Sleep, 24*(7), 771-779.

Tsai, T. J., Lai, J. S., Lee, S. H, Chen, Y. M., Lan, C., Yang, B. J., & Chiang, H. S. (1995). Breathing-coordinated exercise improves the quality of life in hemodialysis patients. *Journal of the American Society of Nephrology, 6,* 1392-1400.

Tsai, P. S., Wang, S. Y., Wang, M. Y., Su, C. T., Yang, T. T., Huang, C. J., & Fang, S. C. (2005). Psychometric evaluation of the Chinese version of the Pittsburgh Sleep Quality Index (CPSQI) in primary insomnia and control subjects. *Quality of Life Research, 14,* 1943-1952.

Tsue, J. J. (1996). The science of acupuncture-theory and practice. *IEEE Engineering in Medicine and Biolog, 15,* 52-57.

Wang, J. S, Lan, C., & Wong, M. K. (2001). Tai Chi Chuan training to enhance microcirculatory function in healthy elderly men. *Archives of physical medicine and rehabilitation, 82,* 1176-1180.

Watson, D., & Clark, L. A. (1984). Negative affectivity: The disposition to experience aversive emotional states. *Psychological Bulletin, 96*(3), 465-490.

Watson, D., Clark, L. A., & Carey, G. (1988). Positive and negative affectivity and their relation to anxiety and depressive disorders. *Journal of Abnormal Psychology, 97*(3), 346-353.

Watson, D., Clark, L. A., & Tellegen, A. (1988). Development and validation of brief measures of positive and negative affect: The PANAS scales. *Journal of Personality and Social Psychology, 54* (6), 1063-1070.

Wong, A. M., Lin, Y. C., Chou, S. W., Tang, F. T., & Wong, P. T. (2001). Coordination exercise and postural stability in elderly people effect of Tai Chi Chuan. *Archives of Physical Medicine and Rehabilitation, 82,* 608-612.

Woodley, J., & Smith, S. (2006). Safety behaviors and dysfunctional beliefs about sleep: Testing a cognitive model of the maintenance of insomnia. *Journal of Psychosomatic Research, 60*(6), 551-557.

World Health Organization (WHO) (2001). *The world health report: Chapter 2. Burden of mental and behavioral disorders.* Retrieved, from http://www.who.int/whr/2001/chapter2/en/index4.html (accessed Oct. 28, 2012)

Yao, K. W., Yu, S., Cheng, S. P., & Chen, I. J. (2008). Relationships between personal, depression and social network factors and sleep quality in community-dwelling older adults. *The Journal of Nursing Research, 16*(2), 131-139.

Yang, C. M., Lin, S. C., Hsu, S. C., & Cheng, C. P. (2010). Maladaptive sleep hygiene practices in good sleepers and patients with insomnia. *Journal of Health Psychology, 15,* 147.

Yen, K. T. (2012). Effects of cardiovascular endurance training periodization on aerobic performance and stress modulation in rugby athletes. *Life Science Journal, 9*(2), 1218-1225.

Zisberg, A., Gur-Yaish, N., & Schochat, T. (2010). Contribution of routine to sleep quality in community elderly. *Sleep, 33*(4), 509-514.

Chapter 1 食物、營養與健康

一、食物的重要性

食物是人類賴以為生的物質，是生活不可或缺的東西。要稱為食物，一定要有營養素存在其中，例如：牛奶是營養相當高的食物，尤其富含蛋白質、鈣質與維生素 B_2，然而幾乎不含鐵質與纖維素，肉類亦富含蛋白質，但鈣質含量極少，所以不同的食物具有不同的營養素成分。存在於自然界的食物有千百種，吾人將含有類似營養素的食物歸為一類，則食物可分成奶類、全穀根莖類、油脂類、魚肉豆蛋類、蔬菜類及水果類等六大類食物。不論何種食物經過人體消化、吸收後所產生的營養素，經由肝臟轉變成身體的組成分，或供給身體的營養需求來維持人體生理機能正常的運作及生命，這是人類攝食最主要的目的。

所謂「營養」，就是人體自外界攝取適當的物質（營養素），以維持其生命現象及健康的過程。營養素存在於食物中，具有提供身體所需的熱量、建造與修補體組織及調節生理機能等三大功能。營養素亦分為醣類、

脂質、蛋白質、維生素、礦物質及水分等六大類。其中的醣類、脂質、蛋白質為提供人類所需熱量來源的營養素，故又稱為「能量營養素」，彼此之間可藉由生理的代謝途徑互相轉換與支援，蛋白質是建構及修補身體所有組織細胞的主要營養素，而維生素、礦物質與水分為調節身體各種機能的重要營養素。

二、營養與健康

20 世紀初期，壞血病、腳氣病、口角炎、甲狀腺腫大等營養缺乏症普遍存在世界各國，且傳染病是死亡的主要原因，對人體健康造成嚴重的威脅。直到今日，因環境衛生大幅的改善、醫療照護水準的突飛猛進、各種疫苗的研發與接種、食物供應充足、各種食品營養素的強化，以及檢測食品各種營養素方法的改進，大幅減少傳染病和營養缺乏症。然而，在開發中的國家，其營養缺乏症和傳染病仍是相當嚴重的問題。

現代人隨著壽命延長、生活水準提高，以及食物供應不虞匱乏，成人慢性疾病比以前有較高的發生率。許多慢性病的發生都與過量攝取高脂肪食物、酒精性飲料及未適當攝取富含膳食纖維的食物有密切關係，且民眾已逐漸認同食物中的營養素對健康的影響。吾人利用各種的營養指標來瞭解國人是否營養均衡及藉由修正營養素的攝取來促進國人健康，是制定公共衛生政策的重要參考。

身體的營養狀況與身心健康是社會大眾非常重視的議題。日常飲食的種類、品質、數量及攝取方式對健康都有很大的影響。「壞血病」是最早被發現與營養素缺乏有關的疾病之一，1250 年法國作家 Joinville 觀察駐紮在開羅的法國 Louis 軍隊，首度記錄壞血病發病狀況。1497 年西班牙船長 Vasco da Gamma 航行繞過好望角抵達東印度群島時，有超過六成以上的船員因壞血病死亡。1747 年英國海軍醫生 James Lind 發現，攝取柑橘類水果（富含維生素 C）可治癒罹患壞血病的船員。

　　儘管營養科學進步快速，但與營養有關的各種疾病依然存在。近年來因營養過剩與營養失調引發的疾病，名列各國死亡原因的前幾名而受到重視。2002 年統計的數據顯示，美國十大死亡原因依序為心臟疾病、惡性腫瘤、腦血管疾病、慢性阻塞性肺部疾病、意外事故、糖尿病、肝臟疾病、阿茲海默氏症、腎臟病，其中五項（心臟疾病、惡性腫瘤、腦血管疾病、糖尿病與腎臟病）與飲食有直接的關係。美國醫療總署在 1988 年的營養與健康報告中明確指出：「飲食在不知不覺中促使這些疾病的發展，因此，改善飲食內容應可達到預防的效果」、「對於不抽菸也不酗酒的美國成人來說，沒有一件事會比『我們吃的東西』影響我們一生的健康還要多」，並結論：「對美國人而言，最大的隱憂是過量攝取高脂肪食物，而對身體健康有益的複合性醣類及膳食纖維攝取不足」。

　　依據我國內政部的統計，2012 年國人平均餘命為 80 歲，男性為 77 歲，女性為 83 歲，而國人十大死亡原因依序為惡性腫瘤、心臟疾病、腦血管疾病、肺炎、糖尿病、事故傷害、慢性下呼吸道疾病、高血壓性疾病、慢性肝病及肝硬化、腎病症候群，其中除事故傷害外，其餘與飲食皆有關。與營養相關的各種疾病仍然在世界各國以不同面貌出現，使得醫療人員必須借助有效的方法，來瞭解民眾身體的營養狀態。

三、均衡飲食

　　飲食營養是健康的基礎，對健康的影響眾所周知，近幾十年來，人類肥胖與慢性疾病的比例不斷攀升，大多與不當的飲食習慣有關。所以說，「吃」不只是解除飢餓，它是個人健康管理的大事，好好的吃，是一件好事，而懂得怎麼吃，是愛惜自己的第一步，它決定我們要吃出健康，還是吃出問題。「均衡飲食」是指普遍選擇六大類食物，攝取適當份量的飲食，以及供給身體每日所需的各種營養素及能量，且經長期食用，能使身體處於健康狀態的飲食。其重要性在能夠提供各種營養素與適當的熱量，

來促進身體組織的生長、平衡免疫力、增強抵抗力及維持理想的體重，以減少罹患心臟病、糖尿病與癌症等慢性疾病。所以樂齡民眾應盡量遵照衛生福利部建議之飲食指南，食用在樂齡層「每日飲食建議量及適當營養素比例」的均衡飲食與充足的水分，以促進身體健康。其中一個非常重要的事情，就是要懂得攝食份量的概念，它可以簡單估算出自己營養需求的攝食量，再搭配食物代換的技巧，與隨手可得的食物計量工具，可參考《食物代換速查輕圖典》這本工具書（郭常勝等編著），如此人人皆可輕鬆而精確的估算出最適合自己飲食的攝取份量，健康無虞的享受均衡營養的飲食生活。民眾有了食物營養的基本知識，加上熟悉計量食物的觀念，即可維持身體在最佳的營養與健康狀態。

四、飲食指南

　　樂齡的飲食原則宜遵守我國食藥署「國民飲食指標」及「每日飲食指南」之建議，除均衡攝取六大類食物及少油炸、少脂肪、少醃漬、多喝開水外，強調減少飲用含糖飲料及每日至少攝取 1/3 全穀類食物，也提醒要注意食的衛生安全，才能遠離疾病保健康。

　　（一）飲食以「每日飲食指南」為依據，均衡攝取足夠的蔬果類、全穀類、豆類、堅果種子及低脂乳製品。

　　（二）瞭解自己的健康體重和熱量需求，適當飲食以維持理想體重（BMI 在 18-24）。健康體重目標值＝〔身高（公尺）〕×〔身高（公尺）〕×22。

　　（三）三餐以全穀類為主食，或至少有 1/3 為全穀類，如糙米、全麥或雜糧等。全穀類除含有豐富的維生素、礦物質及膳食纖維，也提供多種之植化素，使營養升級質更優，身體健康有保障。

　　（四）口味清淡、少吃醃漬品、低脂少炸少沾醬。每日鹽的使用量限制在 6 公克以下，選購包裝食品時，注意營養標示之鈉含量，盡量少吃油炸與高糖的食物。

（五）少喝市售含糖飲料，養成多喝開水的習慣保健康。開水是人體最好、最經濟的水分來源。經常飲用含糖飲料，不利血糖、血脂肪及體重的控制，尤其老年人用飲料解渴，容易影響其他營養食物的攝取。

（六）少葷多素少精緻，新鮮粗食少加工。優先選擇未精製之植物性食物，可以充分攝取微量營養素、膳食纖維與植化素，有利於生理機能的運作。

（七）當季在地好食材，新鮮、營養價值高，價錢便宜品質好，多樣選食保健康。

（八）要注意食物來源與食品標示，食物製備衛生安全才能吃的安心。

▲ 圖1-1　新版每日飲食指南

資料來源：前行政院衛生署食品藥物管理局。

五、營養不良

當身體「內在環境」的需求與「外在環境」的食物供應不平衡時，會出現營養不良或代謝異常的情況，而營養缺乏、營養過剩及營養不均衡都

是營養不良的重要問題。古代西方國家常發現很多因攝食不足所導致的營養缺乏症，如壞血病、佝僂症及癩皮病等充斥世界各地。

（一）原發性營養不良

人類因戰爭、災難、農作物減產、教育文化及飲食習慣等因素，造成食物供給不足，引發人體營養素的缺乏，於臨床上出現一些症狀，如蛋白質—熱量營養不良、腳氣病、乾眼症及貧血等，我們稱之「原發性營養不良」，此會引起心臟、視覺、能量代謝及身體發育等問題。另外，飲食型態也會造成營養缺乏症，即使攝取足夠的食物也無法避免，較常見的原因有：

1. 飲食缺少多樣化食物：有些人因為偏食、食物的喜好或缺乏營養相關知識等問題，導致營養缺乏症。

2. 食物來源不足：如某些地區的土壤或水質缺少碘質，長期則導致甲狀腺病變。

3. 烹煮過度破壞食物的營養素：如維生素 B_1 與 C 是最易遭受烹煮破壞的兩種營養素。

（二）續發性營養不良

是指由於疾病、藥物、心理因素等影響，改變營養素的消化吸收，或影響營養素的利用，導致營養素攝取量減少、需求與耗損量增加。在一些慢性病人，因疾病代謝特性造成營養素需求增加、耗損提高，又影響病人食慾，如心臟病或癌症病人的惡病質（cachexia），都是典型的續發性營養不良。其造成的原因有：

1. 影響營養素吸收利用的因素：全穀類食物所含的植酸結合體內微量礦物質形成拮抗作用等。

2. 消耗或破壞體內儲存的營養素：如攝取過多的醣類，消耗體內維生素 B_1 的量增加。蛋白質攝取太多，易有維生素 B_6 缺乏症。

3. 病理改變身體組織與細胞的機能性：如缺乏維生素 E 會造成溶血性貧血。

4. 身體需求量增加：有些疾病（癌症、創傷等）或特殊生理障礙，造成身體營養素需求量增加，若攝取量未適度增加，則身體會呈現營養缺乏症。

（三）營養過剩

每年衛福部所公布臺灣地區民眾的十大死亡原因，除了事故傷害外，都與飲食有關聯。隨著社會經濟的變遷，現代人的飲食指南則有所改變，逐漸重視慢性病的防治，所以食物的攝取不再是多多益善，而是注重「飲食營養的均衡」。良好的營養狀態，不再只是強調需要充足的營養素，更必須注重食物適當的攝取量。不論是熱量、單一營養素或多重營養素過剩，都可以稱為營養過剩。在已開發國家，最常發現的是熱量、飽和脂肪酸、鹽及糖攝取過量，而引起糖尿病、心臟病等慢性疾病。

許多人因對喜好的食物，常無節制的進食，導致攝取過多的熱量，造成肥胖以致疾病上身，所以營養過剩也是營養不良的一種。研究顯示過量的飽和脂肪酸、膽固醇、酒精、糖及鹽是飲食的危險因子，如高膽固醇血症，會使血液中的血小板凝集力增加及血管阻塞，因而引發心血管疾病或是腦中風。過量食用精製的糖類（特別是蔗糖）是引發肥胖、蛀牙與高血脂症之主因，而酒精以及高脂飲食是促進癌症形成之飲食危險因子。如有上述家族病史的人，更應小心控制這些飲食因素，方可避免相同疾病再次發生。

六、體重管理與飲食失調

（一）肥胖的相關疾病

過去人們認為體重過重或肥胖，僅僅是體態上的改變而已，然而，

世界衛生組織早在1996年，已正式將肥胖列爲是一種慢性疾病，需要接受治療，在2010年的健康白皮書中，更明確建議民眾應致力維持理想體重。因此不注重食物攝取量的人，放任自己過度進食，賠上的將不會只是外貌，還有您的健康。許多臨床研究證實，肥胖對健康的危害是助長一些慢性疾病的發生，肥胖與下列疾病的發生有密切的關係：

1. 糖尿病：肥胖與糖尿病的相關性很高，肥胖者進食後血液中胰島素的濃度升高，但胰島素的敏感度下降，無法有效的降低血糖，引起胰島素的過度分泌，是誘發糖尿病的原因之一。所以減輕體重可降低糖尿病的發生及改善糖尿病的病情。

2. 心血管疾病：肥胖會增加高血壓、高血脂症及高膽固醇血症的罹患率，而這些都是心血管疾病的危險因子。

3. 高血壓：肥胖會增加心臟血液的輸出量、左心室的負荷及末梢血管的阻力，而導致高血壓的發生，所以減輕體重有助於血壓的控制。

4. 呼吸性疾病：因爲體重增加會造成胸壁與腹腔增厚，呼吸變淺，影響氧氣吸入，二氧化碳無法充分排出，易導致疲倦與昏睡。

5. 膽囊疾病：因爲體內脂肪過多，導致膽固醇合成增加、膽汁中膽固醇的濃度增高，容易引發膽結石或膽囊炎。

6. 關節炎：體重過重增加膝關節的負荷，長時間的負荷會提升關節炎的發生率。

7. 痛風：肥胖不利於血液中尿酸的代謝，增加痛風的發生率，緩和的減重有助於降低血中尿酸、降低痛風發作。

8. 癌症：流行病學的研究發現，肥胖與多種癌症的發生有關聯性，例如：增加大腸癌、乳癌、子宮頸癌等的罹患率。

（二）體重不足

體重不足除了造成營養不良、降低免疫力外，亦影響身體內分泌腺的功能，如腎上腺等功能異常。體重不足必須針對發生原因加以矯正，才能達到改善的效果。下列歸納一些造成體重不足可能的原因：

1. 身體過度勞動或疲累，休息不足，又沒有攝取足夠的營養。
2. 飲食習慣不佳，不定時定量或偏食。
3. 心理因素導致拒食或飲食偏差。
4. 長期罹患疾病（如腸胃道疾病、癌症等），升高身體的新陳代謝率，但沒有攝取足夠的熱量與營養。

課後練習

1. 何謂「營養」？營養素分幾大類？對身體有哪些功能？
2. 美國與我國民眾的十大死亡原因中，有哪幾項與飲食有直接的關係？
3. 何謂「均衡飲食」？對人體有何重要性？
4. 請敘述我國食藥署建議樂齡的飲食原則。
5. 衛生福利部建議之新版與舊版的飲食指南，其主要差異在哪裡？
6. 何謂「續發性營養不良」？其造成的原因有哪些？

Chapter 2 樂齡的生理特性與變化

一、樂齡的生理特性

　　年齡65歲以上的人，我們稱為老年期或樂齡。近年來由於醫藥衛生進步，國民生活環境與營養狀態改善，醫療保健水準日益提高，使得國民平均壽命逐年延長，根據衛福部民國102年之統計，我國男、女性平均壽命分別為77歲及83歲。而美國疾病管制局的報導，2025年人類的平均壽命會達100歲以上，相信沒有人願意在人生的後10年是在病床上度過，因此我們關心的不只是延長生命的「量」，更在意如何提升生活的「質」。影響樂齡生活品質的主要因素除了經濟外，便是健康的身體，而健康的身體則奠基於早年的飲食及生活習慣，而現今大部分的中老年人往往忽視健康飲食的重要性。

　　「穩定」是成人期最大的生理特徵，此時大部分的身體功能達到最大效率，細胞內之新陳代謝達到恆定，而於中年之後老化開始明顯，許多生理功能開始退化。「自由基理論」是目前最受認同之老化學說。所謂自由

基（free radicals）是本身具有不成對電子的分子，極不安定，它會攻擊細胞，易造成細胞膜磷脂質、細胞內蛋白質、核酸的氧化傷害與突變，引發細胞凋亡。年齡愈大，細胞發生突變的機率愈大，但修補細胞的能力則愈弱，突變源包括：機械力、電磁波、輻射、化學藥劑、

空氣及水污染等，此變化對於不能分裂增生之細胞影響很大，如腦及神經細胞，可能會造成細胞數目減少、器官機能衰退。影響老化的因素可分為內因性與外因性，前者由遺傳決定，後者由飲食、運動、環境、生活型態等決定，年齡越大，外在不良因子累積越多，個體間的差異也就越大；因此有些人看起來比實際年齡年輕，也有些人與同年齡的人相比卻蒼老許多，這可說是月曆年齡與生理功能年齡之差別（前者是依出生日期計算，後者則是依生理功能判斷）。

老化除了細胞數目減少之外，細胞的型態亦發生變化，包括：細胞核形狀、細胞之酵素活性改變，細胞內出現老化色素（aging pigment），又稱脂褐質（lipofusin, ceroid）。脂褐質為細胞的磷脂質被氧化後形成的過氧化脂質，在與蛋白質結合及變性後引起的聚合現象，停留於細胞中。隨著人類老化的過程，脂褐質會在人體內累積，進而影響細胞的正常代謝，例如脂褐質在中樞神經的堆積，會使腦神經元結構受損及降低神經元數目，導致腦部功能減退及學習記憶能力降低。研究證實氧化物會促進脂褐質的堆積速率，而抗氧化物則可延緩脂褐質的堆積。體內荷爾蒙濃度及細胞接受器數目改變，導致荷爾蒙與受器間之親和力改變，調控神經細胞之內分泌訊息傳遞等改變，而形成老化。老化所導致的內分泌改變可能會影響食慾，甚至造成神經性厭食症（anorexins），而可能對食慾造成影響的內分泌激素，包括睪固酮、瘦體素、細胞激素、膽囊收縮素、胰島素及促腎上腺皮質激素等。老化疾病包括心血管疾病、糖尿病、癌症、阿茲海默氏症、帕金森氏症、白內障、風濕性關節炎等，被認為是細胞的過氧化傷害造成，此外還有體內的氧化代謝作用、執行免疫功能、外源性的廢氣污染等等。

二、樂齡的生理變化

（一）老年人體重及身體組成的改變

1. 體重

人體隨著年齡的增加，其基礎代謝率下降，體重與體脂肪量增加，而瘦體組織減少，活動與運動量不足是主要原因。適當的運動可使瘦體組織量增加、體脂肪量減少，尤其女性在更年期後，容易體脂肪堆積與體重增加，此與失去雌激素的保護有很大的關係。

2. 瘦體組織與體脂肪

老化對營養生理影響最大的是肌肉骨骼系統。人過了30歲，平均每10年減少2-3% 之瘦體組織。40歲後，即便體重維持不變，也會有肌肉開始萎縮的現象發生，尤其是下肢部位，這會導致腿部肌力衰退，影響起身或步行等動作。此時體脂肪的增加，尤其是腹部內臟脂肪，會增加罹患代謝症候群的風險，然而，年過70，體重與體脂肪量則會逐步下滑。身體組成之改變與身體活動量及飲食攝取有關，而女性受到荷爾蒙分泌的改變，其影響更大。老年人瘦體組織減少，會減少體內礦物質、水分及肌肉的儲存空間，如此則失去體內緩衝之即時支援。

3. 肌肉

身體運動或肌力訓練可增加瘦體組織、減少體脂肪量。負重阻力運動可增加肌肉量與骨質密度，增加肌肉量可提高身體水分之保留，規律運動可提升肌肉的強度與柔軟度，維持老年人之生理功能。老年人維持體液恆定及葡萄糖耐受力降低，其身體水分、肌肉組織及骨礦物質的含量，會隨著年齡增長而下降，而脂肪組織卻隨著年齡增長而增加，可能原因為老年人缺乏運動，導致骨骼肌肉的流失。隨年齡增加，代謝活躍之細胞逐漸被

結締組織、脂肪細胞取代，造成基礎代謝率降低，這說明老人的熱量需求降低，經常運動除了可維持理想體重外，也可以減緩體組成的改變。

老年人因身體活動量減少，生長激素、性荷爾蒙分泌減少及新陳代謝率下降，造成體脂肪量增加，且主要分布於肝臟及腹腔中，如此會升高胰島素阻抗、糖尿病、缺血性心臟病及中風等風險。因體脂肪增加，影響身體水分的組成，老年人除要攝取足夠的水分，也要養成良好運動習慣。過瘦的體位容易造成營養不良，免疫力下降，而過胖則易引發慢性病或膝關節功能提早退化。

此外，皮脂分泌降低造成皮膚失去彈性、粗糙、乾燥、皺紋與角質生成，如此則容易形成色素沉著、產生老人斑、血管瘤等。還有頭髮變白、掉髮、指甲變厚、變形及生長速率減慢。骨鈣質會逐漸流失，造成骨質密度下降，尤其是更年期後的婦女，停止分泌女性荷爾蒙，容易罹患骨質疏鬆症。血壓也會隨著年齡增加而上升，而心跳率與心臟血液輸出量會逐漸減少，還有血管壁逐漸失去彈性而硬化，因此容易有心肌梗塞、腦中風等疾病產生。

（二）感官功能的改變

1. 視覺

老化常見的視覺問題，如視力減退、老花眼、白內障、青光眼或視網膜黃斑部退化，都是老年人常患之眼疾，容易影響生活品質及增加意外傷害的發生。老年性黃斑部病變，最初只是輕微的視力模糊，而後黃斑部的感光細胞逐漸喪失功能或凋亡，中心視力模糊的現象擴大，影響老年人的視力。隨著年齡增加，眼球內部的水晶體發生硬化，會減弱調節視力的能力，形成老花眼。水晶體硬化，混濁不透明，視力逐漸減退，造成白內障。角膜之上皮組織因淚液分泌不足、淚液蒸發太快及滲透壓太高等因素，會造成乾眼症。而眼壓過高，易形成青光眼。

2. 聽覺

老年人因為血液循環不佳、血管硬化，引發組織缺血，易造成內耳神經細胞損傷及萎縮，導致聽覺神經退化，引起耳鳴及重聽，因而失去接收高頻聲音的能力，最後造成老年性耳聾。

3. 嗅覺

因老化緣故，老年人位於嗅黏膜的嗅神經元逐漸減少，導致嗅覺衝動減退，對氣味的分辨能力逐漸喪失，因而影響食慾。

4. 味覺

口腔味蕾的中樞神經元隨著老化日漸萎縮及減少，造成味覺的靈敏度降低，影響對食物味道的感受力及正常進食，易使老年人營養不良，尤其對鹹味的敏感度下降最多，會食用過多的鹽而不自覺。

嗅覺與味覺可以提供飲食上的愉悅感，促進食慾。老年人的嗅覺與味覺功能降低，可能原因是舌頭上的味蕾數目或鼻內嗅覺受器減少、營養素（鋅）缺乏或使用藥物，一些慢性病，如帕金森氏症、阿茲海默氏症、糖尿病等，也會影響嗅覺與味覺，其結果會造成老人食慾減退、口味加重。

5. 食慾與口渴

老年人食慾調控機制遲鈍，比起年輕人較不會有飢餓或飽足感，因此對於老年人的食物攝食量宜多加注意，避免體重過重或厭食。老年人對口渴的感覺也較不明顯，所以自發性的補水遲緩，容易脫水。

（三）消化系統功能的改變

1. 口腔

隨著年齡增加，可能是飲水量減少，或受藥物、疾病的影響，唾液的分泌量漸減，造成口腔乾燥症，此結果會影響醣類的消化，因為口腔分泌澱粉酶減少，且少了唾液的潤滑作用，會造成老年人吞嚥困難，如加上老年人牙齒磨損、鬆脫、牙痛或假牙不適、則會造成咀嚼障礙，再加上吞嚥

的協調能力不足，導致老年人刻意避免食用較硬的食物，如新鮮水果或蔬菜，而偏好流質、軟爛、少纖維之食物。也可能因進食困難，而攝取較多相同的食物，或某些特定口味不佳的食物，致使食慾下降、攝食量減少，容易有某些營養素缺乏的情形。老年人也常罹患牙周病及蛀牙，導致牙齒缺損，加上免疫力失衡、口腔黏膜變薄、角化或乾燥，易引發口腔感染發炎的問題，影響老年人對食物的選擇性，造成老年人的營養不良。

老年厭食是一種老年人常發生的食慾降低、伴隨體重減輕的現象，影響因子包括：沮喪、藥物、味覺遲鈍、咀嚼吞嚥困難、腸胃不適、便秘、行動不便等。老年人的厭食症可能與疾病、喪偶、藥物的副作用、癡呆、憂鬱及社交隔離等因素有關。食慾減退宜找出原因，對症下藥，改善用餐氣氛與心情，鼓勵老年人品嚐食物原味或善用天然香辛料、香草植物調味，如番茄、檸檬、五香、八角、芫荽、九層塔、薄荷、咖哩等，尤其菜餚加入番茄烹煮，除了可提供酸甜口味，還提供大量抗氧化物質「茄紅素」，且烹調後更容易吸收。

2. 食道

食道的肌肉因身體的老化而變得肥厚，造成食道蠕動能力減弱，下食道括約肌若發生鬆弛，易有胃食道逆流的風險。

3. 胃

老年人胃酸、胃蛋白酶及胃內在因子的分泌量會因身體老化而減少，胃消化食物的功能亦不如年輕時期，胃酸分泌減少，將會影響食物中鈣、鐵的吸收，以及胃蛋白酶的分泌與活化，而降低蛋白質的吸收利用。老年人易罹患萎縮性胃炎，造成胃壁內在因子分泌減少，影響維生素 B_{12} 之吸收。亦常發生胃食道逆流、消化性潰瘍、便秘、腹瀉及大腸躁鬱等症狀，這些都可能導致營養素的缺乏與降低營養素的吸收率，影響其身體的營養狀態。腹脹、胃灼熱感亦是老年人常見腸胃不適的症狀，可能原因是攝食過量或太油膩、攝取太多含酒精或含糖的飲料、進食時吞進太多的空氣，

或進食後立刻平躺休息等所引起的消化不良，少量多餐，並保持規律的運動可以改善上述的狀況。

4. 腸道

老年人因小腸吸收細胞的再生能力降低，腸道黏膜細胞增生（絨毛數目）減少，絨毛萎縮，流經小腸吸收細胞之血流量及腸道蠕動力降低，對乳糖消化能力下降，對維生素 D 與鈣質的吸收力亦不佳，因此造成小腸吸收營養素的能力降低，容易有消化不良的現象，故宜採少量多餐的方式進食。大腸細胞分泌黏液量減少、腸道肌肉收縮力降低，易造成大腸內廢物滯留時間過長、水分被過度再吸收，而發生便祕現象。加上老人常有膳食纖維及水分攝取不足，缺乏運動或過度使用輕瀉劑，造成直腸無力，又因肛門括約肌鬆弛，而使老年人容易大便失禁。另外，服用藥物如阿斯匹靈（aspirin）等，也可能造成腸胃不適。

5. 肝、膽、胰臟

肝臟細胞的再生能力及肝臟質量會隨年齡增加而減少，使肝臟代謝藥物及解毒能力均降低、肝臟合成蛋白質之速率降低，以及膽囊濃縮膽汁的能力變差，易造成膽結石。如果老年人有膽囊疾病，膽鹽分泌降低，會影響脂肪與脂溶性維生素的消化吸收。在胰臟方面，除體積變小外，胰臟分泌各種消化酶的量亦會減少，尤其胰脂解酶合成量減少，影響脂肪的消化吸收，因此老年人容易有脂肪痢的情況。

（四）內分泌與新陳代謝的改變

老年人胰臟分泌胰島素的能力逐年下降，易發生胰島素的清除速率減緩、增加周邊組織對胰島素的阻抗性、及降低胰島素的活性，如此會造成空腹及飯後血糖上升的狀況。老年人之甲狀腺功能低下及副甲狀腺功能亢進的盛行率有升高的趨勢，這會影響其腸道吸收鈣質的能力，易加速骨鈣質的流失，升高罹患骨質疏鬆症的風險。老化影響抗利尿激素的

分泌，增加腎小管對抗利尿激素的抗性，影響尿液濃度，而腎上腺皮質素（cortisol）、腎上腺皮質促進素或生長激素的狀態較不受老化的影響。

（五）免疫系統功能的改變

　　老年人隨年齡增加，其免疫細胞、淋巴球數量減少及功能變差，免疫細胞的活性下降、巨噬細胞抗原的能力變差，造成免疫力降低，且淋巴組織會逐漸被脂肪、結締組織所取代。免疫系統的老化，降低老年人對外來抗原的反應，對病毒、細菌的防禦能力下降。更糟的是無法分辨外來或自體的抗原，而產生攻擊自身的抗體，造成自體免疫系統的疾病，如風濕性關節炎、紅斑性狼倉、惡性（地中海型）貧血等。

課後練習

1. 何謂「自由基」？其來源有哪些？
2. 目前最被認同之老化學說為何？請簡述影響老化的因素。
3. 樂齡的肌肉與體脂肪組織會有哪些的生理變化？
4. 樂齡有哪些感官功能的改變？
5. 有哪些因子會造成老年厭食而食慾降低？又如何改善老年人的食慾減退？

^{Chapter}
③ 樂齡的營養評估與需求

一、體位測量

體位測量是老年人營養評估的重要項目，其用於測量身體組成，可做為評估老年人是否營養失調及健康狀況的依據，並可預測其罹患慢性疾病、失能和死亡的風險。

1. 身高：是廣泛用來評估臨床營養狀態的體位指標之一，在老化的過程中，身高會隨年齡增加而逐漸降低。身高下降的原因主要為肌肉張力降低、肌肉萎縮、椎間盤及脊椎結構的壓縮、改變與骨質疏鬆症，造成姿勢的改變所產生。

2. 體重：是評估老年人營養不良最重要的指標之一。老年人體重下降的原因可能為食慾降低，熱量、蛋白質攝取不足，肌肉耗損或疾病產生的惡病質。體重異常的下降會增加老年人感染、跌倒的風險，增加發病率與死亡率。

3. 身體質量指數（BMI）＝體重（公斤）／身高^2（公尺^2）：廣泛用於評估老年人的營養狀態、體位的診斷，並可預測身體的生理功能與行動力。老年人 BMI 值過低或過高皆會增加罹病率（如心血管疾病、糖尿病、關節炎及癌症等）與死亡率的風險。樂齡 BMI 值的理想範圍在 20-24。

4. 體脂肪：老年人的皮下脂肪會隨年齡增加而降低，其主要原因為體內膠原蛋白隨年齡增長而流失，導致脂肪組織細胞失去基質的支撐。

二、生化指標

包括血球、血紅素、總血清白蛋白、空腹血糖、血清總膽固醇、三酸甘油酯、淋巴球數目及 C 反應蛋白等可反映老年人的營養狀態。

三、營養需求

（一）熱量

老年人由於味覺與嗅覺的退化，加上較不易有飢餓感，對食物的攝取量減少，及熱量與營養素吸收速率變慢。老年人身體活動量及熱量消耗隨著年齡增加而減少，造成瘦體肌肉組織減少及體脂肪增加，基礎代謝率下降，導致對熱量平衡的調節能力變差，老年人基本的能量需求約在每公斤體重30大卡；對於長期臥床或體重過輕者，熱量需求每公斤體重約25大卡。不過每日飲食總熱量不得低於1,200大卡。

（二）脂質

脂質能調節老年人的生理機能，維持皮膚的健康，構成的前列腺素（PG）能調節血壓及抗發炎反應，脂蛋白能協助脂質的運輸，膽鹽幫助脂肪的消化及吸收。固醇類激素能調節正常的生長、生理代謝及協助脂溶性維生素 A、D、E、K 的吸收。建議老年人脂質的攝取量應占總熱量的25-30%，其中飽和脂肪酸建議量為10%，宜慎選適當的脂質來源，均衡攝取飽和脂肪酸、單元及多元不飽和脂肪酸的比例為1：1：1。膽固醇每日攝取量應低於300毫克，避免攝入過量的反式脂肪酸，以預防高脂血症、動脈粥狀硬化症等心血管疾病。

（三）蛋白質

蛋白質能調節體內的滲透壓、酸鹼（電解質）平衡及緩衝作用，協助

運送營養素至身體各組織器官，是構成抗體、酵素、及膠原蛋白等重要成分。建議老年人的蛋白質攝取量占總熱量的12-15%，65 歲以上的老年人建議每公斤體重給予1.0 公克，然而考慮70 歲以上的老年人，因其身體蛋白質的利用率降低，則建議每公斤體重給予1.2 公克的蛋白質。

（四）醣類

約占總熱量的55-60%，且75% 應為複合碳水化合物，減少精緻醣類的攝取，每日須至少攝取50 克以上的醣類，以避免醣類攝取太少造成代謝性的酮酸中毒。可多攝取膳食纖維（dietary fiber），提供飽足感、促進腸道蠕動預防便秘、降低腸憩室發炎及大腸癌的風險，燕麥及水果中之果膠纖維可降低血膽固醇、血糖等，最好的膳食纖維來源是蔬菜、水果、豆類、全麥穀類，同時可提供豐富的維生素與礦物質。

（五）維生素

1. 脂溶性維生素

(1) 維生素 A

與維持老年人的感光視覺、皮膚上皮組織細胞、骨骼、牙齒的正常機能，及調節免疫力有關，每日建議攝取量為600 μg R.E. 。

(2) 維生素 D

可幫助老年人調節血鈣濃度、維持骨骼與牙齒的生長、神經及肌肉生理正常，老年人可經由太陽的照射，將皮膚中7- 脫氫膽固醇轉變成有活性的維生素 D，每日建議攝取量為10 μg 。

(3) 維生素 E

為細胞膜上重要的抗氧化劑，可減緩人之老化速度及節省營養素「硒」（體內製造抗氧化酵素的原料）的消耗量，每日建議攝取量為12mg 。

(4) 維生素 K

與維持老年人骨骼的健康及凝血的機能有關，維生素 K 可從人體小腸細菌合成，每日建議攝取量為120 μg 。

2. 水溶性維生素

(1) 維生素 B_1

可維持老年人神經傳導作用的正常運作，預防多發性神經炎及腳氣病，且是生理代謝輔酶的主要成分，促進身體生化代謝的正常反應。老年人每攝取 1,000 大卡熱量，則需攝取 0.5 毫克的維生素 B_1。

(2) 維生素 B_2

為臺灣民眾較容易缺乏的營養素，可預防老年人口腔、唇、舌發炎、皮膚損傷以及眼睛病變，與細胞呼吸鏈氧化還原作用、電子傳遞及能量代謝等反應有關。老年人每攝取 1,000 大卡熱量，則需要攝取 0.55 毫克的維生素 B_2。

(3) 菸鹼素

為老年人體內生化代謝反應的重要輔酶，參與細胞呼吸作用之電子傳遞、氧化還原及三大營養素（醣類、脂肪、蛋白質）之能量代謝反應。充足的菸鹼素有助於老年人降低血膽固醇、擴張血管、促進血液循環，預防心肌梗塞，每日建議攝取量為 16mg N.E. 。

(4) 維生素 B_6

參與老年人體內三大營養素的能量代謝，與血清素、正腎上腺素及神經傳導物質（GABA）的形成有關，並有助於老年人血紅素的合成，每日建議攝取量為 1.6mg 。

(5) 泛酸

為構成老年人體內輔酶 A 的主要成分，參與三大營養素之能量代謝，與膽固醇、脂肪、神經傳導物質乙醯膽鹼的合成有關，且參與肝臟磺胺藥物的解毒作用，每日建議攝取量為 5.0mg 。

(6) 葉酸

為體內多種生化代謝輔酶、DNA、血紅素、膽鹼及某些胺基酸合成的主要成分，與細胞的分裂增生有關。缺乏葉酸會影響人的紅血球生成，形成巨球性貧血，亦會造成同半胱胺酸的累積，增加老年人罹患心血

管疾病（如粥狀動脈栓塞）、阿茲海默氏症（Alzheimer's）及帕金森氏症（Parkinson's）的風險。成人每日需攝取400微克的葉酸。

(7) 生物素

為人體內多種生理代謝酵素的輔酵素，參與三大營養素的生化代謝，與DNA合成及尿素的形成有關，生物素缺乏使老年人易掉髮及疲倦，每日建議攝取量為30μg。

(8) 維生素 B_{12}

可維持人的細胞正常生長及葉酸代謝正常，促進核酸（DNA）的合成、修復與複製。參與紅血球的生成，預防惡性貧血，維生素 B_{12} 還可以保護耳部神經，緩解老年性重聽力，每日建議攝取量為2.4mg。

(9) 維生素 C

為天然的抗氧化物質，可增進抗氧化作用，清除體內自由基，保護人體組織膠原蛋白的合成。促進鈣質、鐵質的吸收，提升老年人之免疫力，協助酪胺酸的代謝以及腎上腺類固醇激素合成。人缺乏維生素 C 會罹患壞血病，造成牙齦紅腫出血、骨頭疼痛、傷口癒合緩慢、皮下點狀出血以及易受細菌感染、免疫力降低等現象。成人每日需攝取100毫克的維生素 C。

（六）礦物質

1. 鈣

與人之血液凝固、神經傳導、肌肉收縮、心跳、細胞代謝及血壓調控有關。成人每日需攝取1,200毫克的鈣質。

2. 鈉、鉀、氯

可維持人體內血液正常的酸鹼度、水分的平衡及穩定體液的滲透壓，並維持骨骼肌的正常收縮與調節血壓。另外氯離子是胃酸的重要成分。老年人腎功能正常者，可調控體內電解質的平衡，而腎功能異常時，會造成血鈉及血鉀失衡，引發病理反應。老年人因牙齒脫落與味覺退化，易攝取

過多的鹽分，及攝取不足量的蔬果，造成鈉攝取過量及鉀攝取不足的情形，增加罹患高血壓及心血管疾病的風險。鈉攝取過量，還可能會破壞眼球水晶體的結構，形成白內障。老年人在飲食上應多注意鈉、鉀、氯的攝取量。

3. 鐵

除構成血紅素外，也是許多酵素的成分，參與能量代謝及氧的運送，人體缺乏鐵質，除了會造成缺鐵性貧血外，亦會影響其他相關的生理功能，每日建議攝取量為10mg。

4. 鋅

與人體核苷酸之合成、傷口的癒合、味覺的維持、增進免疫功能、抗氧化能力及酒精代謝有關，富含鋅的物為牡蠣、蝦、蟹、肉類及豆類，鋅每日建議攝取量，男性為15mg，女性為12mg。

5. 碘

存在於體內之甲狀腺，為甲狀腺素（thyroxin; T_4）及三碘甲狀腺素（thriodothyronine; T_3）的主要成分，老年人甲狀腺機能失調，將影響身體的基礎代謝率，每日建議攝取量為140μg。

（七）水分

水分是人體最重要的物質，可幫助食物的消化、吸收，參與所有營養素的生化代謝，協助身體運送養分及排除廢物，調節體溫及維持水分與電解質平衡等功能。老年人常因擔心頻尿及夜間如廁不便，而減少喝水或忽略口渴的感覺，影響生理水分的需求，建議老年人在白天可喝足夠的水分，夜間少喝咖啡、茶、可樂等飲

料，降低老年人夜間如廁的困擾，但需保持排便的順暢，老年人每日水分建議攝取量爲1,500-2,000ml。

課後練習

1. 何謂身體質量指數（BMI）？如何計算？樂齡BMI的理想值爲何？
2. 建議樂齡飲食三大能量營養素攝取百分比是多少最適當？選擇食用油脂應注意哪些事項？
3. 脂溶性維生素有哪些？請簡述其生理功能。
4. 維生素B群指的是哪些維生素B？其中葉酸有何生理功能？樂齡每日飲食適當攝取量是多少？
5. 請說明礦物質鈣、鐵、鋅的生理功能。樂齡每日飲食適當攝取量？

4 樂齡的飲食原則與應用

一、樂齡的飲食原則

（一）適當熱量的攝取，維持理想體重

老年人因唾液分泌減少、吞嚥困難，再加上味覺、嗅覺的敏感度下降，對食物的喜好漸漸失去興趣，甚至因爲牙齒之各種問題，導致咀嚼困難、攝食不足或不均衡，使體重下降，造成營養不良。

（二）均衡攝取六大類食物，防止營養素缺乏

成人每日飲食建議量爲全穀根莖類1.5-4碗，蔬菜類3-5碟，水果類2-4份，豆魚肉蛋類3-8份（兩），低脂乳品類1-2杯以及油脂類3-7茶匙，堅果種子類1份，如此才能確保攝取足夠的營養素。

臨床報告顯示老年人發生慢性病的機會高達八成，因此須注意飲食中油脂的種類及攝取量。且減少油煎、油炸的烹調方式，多使用植物性油脂，增加單元或多元不飽和脂肪酸的攝取量，減少動物性油脂，降低飽和脂肪酸的攝取量。老年人應多攝取天然之全穀根莖類、蔬菜類及水果類的食物，減少吃以精緻糖類所製作的食物。爲防止高血壓、保護腎臟及減少骨鈣質的流失，須減少食用鹽、調味料與加工食品，如此可降低慢性病的發生。

（三）天天五蔬果，蔬果顏色多變化

老年人因牙齒脫落、咀嚼與味蕾功能退化，減少蔬果的攝取量，連

帶膳食纖維攝取不足，吾人皆知膳食纖維雖無法被人體消化吸收及利用，然其對生理健康的貢獻卻出奇的多，譬如它可以延緩胃排空時間，讓肥胖者與糖尿病患者，不會那麼快感到飢餓，有利於體重與血糖的控制。它可以增加糞便體積，刺激腸道蠕動與排便，預防大腸直腸癌。它也是我們腸道中好菌的優質食物，有助於好菌的增生，抑制壞菌的繁殖，改善腸道菌叢的環境，提升人體的免疫系統。它還有降低血膽固醇的功能。所以每天要吃足五份以上的蔬菜或水果，可以選擇質地較軟及較不酸的水

果，或將蔬菜烹煮軟爛一點給老年人食用。也可鼓勵老年人多攝取全穀根莖類及豆類食物，增加膳食纖維的攝取量，如此可降低癌症及慢性病的發生。樂齡每日應攝取20-35公克的膳食纖維。

　　蔬果的顏色有藍紫、黑色、綠色、白色、黃橙色及紅色等，可稱為「彩虹蔬果」，各種不同顏色的蔬果，除含有豐富的維生素與礦物質外，還含有特殊的植物化學物質（植化素），具有抗氧化及防癌的功能。

（四）增加鈣質攝取，強化骨質及牙齒

　　老年人鈣質攝取不足，會增加罹患骨質疏鬆症的比率，年齡愈大有越嚴重的趨勢，尤其女性在更年期後，因女性荷爾蒙停止分泌，加速骨鈣質的流失，增加骨折的風險。除此之外，亦會增加罹患高血壓的風險及影響食慾。老年人應多攝取富含鈣質的食物，如奶類及其製品、黃豆及其製品、深綠色蔬菜、海菜、芝麻、小魚乾及蝦米來強化骨質，還有注意維生素 D 的攝取，促進鈣質的吸收。

（五）水分要足夠，有利於食物的消化吸收及新陳代謝

　　老年人一天水分適當的攝取量為 1,500-2,000 cc，可以果汁、乳製品來取代白開水，也可攝取質地較軟的蔬果來獲得水分，以保持腸道順暢、預防便祕發生。

二、樂齡的膳食設計

（一）適合老年人膳食食材的選擇

　　在選擇老年人的食物時，可先考量營養密度高的食物，避免空熱量、低營養素的食物，減少老年人身體的負擔。烹飪老年人的飲食，應多使用新鮮的食材，減少加工食品，降低攝取過量的油、鹽、糖，而保持高營養的飲食品質。

1. 奶類及奶製品

　　老年人鈣質的攝取量普遍不足，奶類及其製品是鈣質重要的來源。若有乳糖不耐症，可選擇不含乳糖的優格或優酪乳，亦可將奶類製品加入料理中，做成餐點或點心，增加奶類的攝取量。

2. 主食類

　　老年人的主食，可以小米、糙米、薏仁、燕麥、紫米、紅豆及綠豆等全穀類或甘藷、芋頭、馬鈴薯、山藥及南瓜等根莖類來取代白米、麵條或麵包，使飲食的種類與口味多元化，提升老年人的食慾及新鮮感。

3. 蔬菜類

　　老年人可能有咀嚼、吞嚥的問題，選擇蔬菜種類以嫩葉菜類及瓜類，烹調以軟爛及清淡為主，可選擇不同顏色的蔬菜，增加老年人的選取性。

4. 水果類

選擇成熟度高、質軟以及甜度較低的水果較適合給老年人吃，每日吃 2 份水果，可增加維生素 B 群、C 及水溶性膳食纖維的攝取量，促進健康。

5. 豆魚肉蛋類

在挑選富含蛋白質的肉類，多選擇脂肪及蹄筋組織較少，肉質較嫩的部位，多食一點白肉（家禽肉），少吃一點紅肉（豬、牛、羊肉），減少脂肪及膽固醇的攝取，海產類如魚、蝦、蛤蠣、牡蠣及海參則是不錯的選擇，動物的蛋（黃）不宜攝食過多。

6. 油脂與堅果類

老年人食用的油脂類，應顧及質與量，包含動物性、植物性油脂及堅果類，除均衡攝取飽和及不飽和脂肪酸外，每日油脂攝取量占總熱量的比例應低於30%。多攝取液態類油脂如橄欖油、亞麻籽油等優質的單元不飽和脂肪酸，還有魚油富含 ω-3 不飽和脂肪酸，有助於預防心血管疾病的發生。少攝取固態類油脂，如豬油、牛油、椰子油等，雖適合高溫油炸烹調食物，但不利於老年人的健康。

（二）老年人膳食的烹調技巧

1. 慎選適合的食材

老年人適合食用質地較軟的食物，可利用烹調的技巧，改變食物的質地，將有助於改善老年人咀嚼及吞嚥困難等攝食問題。烹煮富含纖維的全穀根莖類時，可多加點水量，將主食煮成較軟的粥品、湯品或點心，讓老年人輕鬆食用，也可藉此多攝取水分。選擇較嫩的葉菜類，且切成適當的形狀烹調，如此可增加老年人蔬菜與膳食纖維的攝取量。在水果方面，可選擇較熟成、質地較軟的果實，也可將水果打成果泥或果汁食用。在肉類的部分，先去除蹄筋部位，再將肉剁鬆變軟，如此有利於老年人咀嚼與吞嚥。烹調肉類則多利用燉煮的方式來取代快炒及煎炸，可增加肉的含水量，減少肉類收縮變硬，較適合老年人食用。

2. 少油、少糖、少鹽

少油：老年人因生理變化，新陳代謝變慢，身體容易囤積脂肪及肥胖，也會衍生出血脂肪異常的問題，因此除了要注意食用油脂的食用量外，也要慎選油脂的種類及品質。烹調老年人的餐食時，可選擇適當的食材及烹調方式來減少油脂用量。在食材方面，處理富含油脂的肉類時，也可先去除肉皮或脂肪的部分後再烹煮，盡量使用中低脂的豆魚肉蛋類，可與蔬菜一起煮，如此可減少食入油脂的量。蔬菜方面可用沸水川燙或蒸煮後，再加入少許油脂、調味料拌勻，就可保持蔬菜新鮮顏色及風味。海產類多選用新鮮的食材，以蒸煮方式料理，除能減少油脂使用量外，亦能維持海產的鮮味。燉煮各種肉類的湯品，可在食用前放入冰箱冷藏，油脂會浮在湯品的表面凝結，再將上層油脂去除，以減少油脂的食入量。

少糖：老年人因唾液分泌減少、味覺退化、口腔消化功能變差，喜好甜味及易咀嚼之澱粉類食品，可能會攝取過多的糖而不自覺。老年人攝取過多的醣類，除易造成蛀牙，造成肥胖外，不穩定的血糖值，也會增加罹患代謝症候群、糖尿病及心血管疾病的風險。所以應減少攝取易使血糖上升，影響代謝變化的精製糖產品，如蛋糕、餅乾、飲料、麵包、汽水、市售果汁等。建議不要常食用烹調成濃湯、裹粉勾芡的飲食，多食用低升糖指數的食物種類，如富含膳食纖維的蔬果，及使血糖上升較緩慢的多醣或寡糖類。

少鹽：製作老年人的飲食，盡可能使用天然的食材，減少人工調味料及含鹽量高的加工食品，多善用天然的香辛料或中藥材，增加烹飪食物的香氣，減少調味料的使用量。對於含鹽分高的食材，可先經由川燙後再烹煮，減少鈉的攝取量，可預防發生高血壓。建議老年人一天食鹽攝取量以5-8公克為宜（含2,000-3,000毫克的鈉），若為慢性病的患者（如高血壓、腎臟病、心血管疾病、肝病），應適當控制鈉的攝取量。

三、飲食設計的方法及步驟

步驟1：依個人的身高，計算理想體重。

(1) 理想體重（公斤）＝ 22× 身高^2（公尺^2）

(2) 理想體重 ±（理想體重 ×10%）＝體重理想範圍

步驟2：根據理想體重、生理狀況以及活動度等條件，計算所需的熱量。

步驟3：決定醣類、脂肪及蛋白質三大營養素的熱量比例。

(1) 醣類宜占60%（範圍55-65%）。

　　脂肪宜占28%（範圍25-30%）。

　　蛋白質宜占12%（範圍10-15%）。

(2) 每公克營養素所產生的熱量分別為：醣類4大卡、脂肪9大卡、蛋白質4大卡，分別計算出醣類、脂肪及蛋白質所需的總克數。

步驟4：決定各類食物的份數。

(1) 先選定保護性食品（指奶類、蔬菜類、水果類）的份數。

(2) 將醣類總需要量減去奶類、蔬菜類、水果類的醣類含量，餘數除以每份全穀根莖類的醣類含量。

(3) 將蛋白質總需要量減去保護性食物及全穀根莖類所含的蛋白質量，餘數除以每份豆、魚、肉、蛋類的含蛋白質量（7公克），取其整數即得豆、魚、肉、蛋類的份數。

(4) 將脂肪總需要量減去保護性食物、全穀根莖類及豆、魚、肉、蛋類所含的脂肪量，餘數除以每份油脂與堅果種子類的含脂肪量（5公克），取其整數即得油脂與堅果種子類的份數。

(5) 核算飲食定量表中所有蛋白質、脂肪、醣類總量，與原來擬定的各營養素需要量是否符合，若不符合，通常以相差不超過3公克為宜。

步驟5：將六大類食物所需代換份數平均分配在三餐，並開列一份有變化、有彈性的菜單，計畫即完成。

四、食物的代換與應用

當醫師告訴您要開始控制日常生活的飲食時，就表示您所攝取食物的質或量已經到了會影響身體健康的時候，也就是需要做「營養治療」的時候。「營養治療」它包括營養素的補充與飲食的控制，已被認為是疾病治療的一環。以一般民眾較為熟悉的糖尿病來說，如果飲食上沒有調整應該減少或補充的食物，很容易導致血糖的不穩定，併發心臟、腎臟等病變。從這裡就可了解，飲食控制（包括食物份量、熱量及營養成分比例）對於控制血糖穩定病情，扮演重要的角色。

為了讓實施飲食控制簡單化且有標準遵循，食物代換可以說是目前最輕鬆、簡單及精確的控制飲食的方法。食物代換就是依照熱量營養素（醣類、脂肪、蛋白質）的含量，將食物分為全穀根莖類、豆魚肉蛋類、蔬菜類、水果類、奶類及油脂類等六大類，並且設定每一類食物基本份量的單位，稱為代換單位，一個代換單位的食物重量稱為「1份食物」。同一類的食物，每一代換單位（份）所提供的熱量與營養素相當，且主要營養素及份量彼此可以相互代換，雖然食物的重量未必相同，但是屬於同一類的食物都可以互相替換使用，使每日的飲食具有變化，但不會影響營養價值。如果能了解食物代換方式並靈活應用（可參考《食物代換速查輕圖典》，郭常勝等編著），除了可以幫助您精確地攝取營養素，符合均衡飲食的原則，更可以讓日常生活的飲食內容富於變化。所以最必須懂得食物代換法的人，就是慢性病（尤其是肥胖、糖尿病、腎臟病）的患者，因為他們飲食控制得當而改善疾病情況，是我們常見的。

五、老年人用餐的注意事項

（一）注重餐飲衛生

在烹煮老年人飲食時，除須注重烹調過程的衛生安全外，應盡量避免食用生食及冷食，造成腸胃道不適、細菌感染、過敏及食物中毒等症狀。

（二）適當的供餐溫度

因老年人對熱的敏感度較差，容易造成燙傷，而適中的供餐溫度，能使老年人有較好的胃口及用餐感覺。

（三）少量多餐

老年人可能因咀嚼、吞嚥能力、胃口變差，食物消化吸收能力下降，延長其用餐的時間，可建議老年人以少量多餐的方式進食，一天提供5-6餐進食，除三正餐外，三餐之間可準備適合老年人食用的點心，以達到老年人的營養需求。

（四）改變飲食質地

老年人可能因缺牙、假牙等有咀嚼或吞嚥困難的問題，無法攝食固態的食物，我們可以製備軟質或流質的飲食，內容提供充足的營養，防止老年人營養不良的發生。

（五）提供足夠水分

老年人攝取足夠的水分是相當重要的事，在正餐提供含水量多的瓜果類食材，亦可在各餐之間提供乳品點心或含水量多的水果、茶飲、湯品來補充水分，幫助消化防止便祕發生。

（六）改善用餐氣氛

老年人退休後生活失去重心，失去另一半或獨居等原因，可能產生負向的心態，家中成員盡量撥多一點時間陪長輩一起用餐，或鼓勵他們與興趣相同的朋友一起進餐，使其不會感覺到孤單，應可增加其攝食的慾望。

課後練習

1. 請簡述樂齡的飲食原則。
2. 樂齡該如何均衡攝取六大類食物，確保攝取足夠的營養素？及有關飲食的注意事項。
3. 膳食纖維（dietary fiber）有哪些生理功能？其來源為何？樂齡每日膳食纖維攝取量為何？
4. 請說明樂齡膳食烹調的技巧及注意事項。
5. 請說明飲食設計的方法及步驟。
6. 請敘述樂齡用餐該注意的事項。

5 樂齡常見的慢性病與營養問題

　　老年人由於身體機能退化，荷爾蒙分泌減少或功能降低，導致代謝障礙，引發許多慢性疾病，包括肥胖、糖尿病、心血管疾病、痛風、癌症、骨質疏鬆症等，甚至集數種慢性病於一身，影響生活品質甚鉅。這些慢性病多數與飲食有關，飲食雖非決定性因子，但與環境或遺傳因子交互作用的結果，往往會增加其罹病的風險。對老年人身體狀況之評估，除了體位測量、生化檢驗、飲食記錄等方法來瞭解是否有營養不良的情形外，亦需評估與營養相關的罹病風險。流行病學的研究也指出慢性疾病與飲食及生活型態有密切的關係，因此未來照護老年人的公共衛生政策，也將飲食營養做為維持健康的基石。

一、肥胖

　　肥胖常與許多疾病畫上等號，許多研究顯示，肥胖者罹患心臟病、糖尿病、結石、痛風、甚至癌症的機率都比體位理想者高出甚多。老年男性體脂肪大部分集中於腹部，屬於蘋果型肥胖，而女性的體脂肪普遍集中於臀部和大腿，稱之西洋梨型肥胖。民國 91 年 4 月我國衛生福利部國民健康署公告，國人理想之 BMI 值（身體質量指數）＝體重（公斤）／身高^2（公尺^2）為 18.5-23.9，BMI 24-26.9 為體重過重，BMI $\geq$ 27 為肥胖。除體重外，因脂肪蓄積於腹腔及內臟，造成腹部肥胖，腰圍擴大，這是罹患慢性病的主因。因此，國健署採用國際肥胖任務小組在亞太地區提出之建議，以男性腰圍＞ 90 公分，女性腰圍＞ 80 公分，稱為中央型肥胖。

　　老年人隨年齡增加、活動量減少，基礎代謝率隨之降低，熱量的需求也降低，如果攝食量未適當的減少，則容易發胖。即使體重未增加，但有體脂率增加，肌肉組織減少的情況，以及體脂肪重新分布集中於軀幹，形成中廣的身材，則會增加慢性病的風險，通常 BMI 值越高的老人，會有越多的健康問題。老年人身體活動量不足是造成肥胖的主因，老年人可能因慢性疾病導致失能，而降低其活動能力，連帶降低其新陳代謝率，常見醫療精神異常疾病所使用的藥物，如抗憂鬱藥、胰島素和類固醇也可能導致體重增加。此外，隨著年齡增加，有些荷爾蒙如睪固酮和生長激素的分泌減少，會增加體脂肪量、減少肌肉量，使得體重增加。有些老年人因為經濟問題，往往會選擇比較便宜、或含高醣高熱量但蛋白質不足的食物，而導致體重增加。

　　目前已知與肥胖相關之疾病有糖尿病、高血壓、心血管疾病、膽囊疾病、腎臟病、癌症、憂鬱症、呼吸道疾病、睡眠障礙及睡眠呼吸停止症、關節炎及痛風等。肥胖還有其他缺點，如行動不便、易發生意外、增加外科手術的危險性等，且因肥胖者之呼吸、循環功能變差，降低運動之耐受力，會增加死亡的風險。肥胖與失能也有顯著的相關性，體重過重或是肥胖的老年人，可能其日常生活身體的活動量漸漸不足，造成身體器官功能下降，進而生理功能產生障礙。

　　老年人實施減重，不適合使用極端的減肥方法，如極低熱量減肥法、斷食法、吃肉減肥法等，以免造成酮酸中毒、痛風等副作用。老年人減重尤其應遵守均衡飲食原則，以適當的方法降低熱量攝取及增加運動量，也鼓勵老年人減少吃正餐以外高熱量的點心或零食的習慣，以減少熱量的攝取。減肥期間，設計給予其每日的熱量需求，應考慮補充營養補充劑，如維生素 B 群、鈣質及綜合維生素等。也應避免體重頻繁地增減波動，產生可能會提高心臟疾病的負面效果。老年人減重，主要是減掉身體過多的脂肪，而不當的減重，常減掉身體的肌肉組織，如此則不利於健康。肥胖雖是健康的不利因子，但對非預期的體重降低則要提高警覺，須就醫安排身體檢查。如引發老年人體重減輕的因素，為其所服用的藥物，引起其食

慾減退、噁心、新陳代謝異常及吸收不良等症狀，或是因憂鬱症、吞嚥障礙、厭食、口腔腸道的問題、感染、貧困等因素所引起，皆應瞭解原因後予以改善，避免對身體造成的不良影響。

二、體重過輕

　　老年人非預期的體重減輕，多數源於疾病，若是6個月內減少10%以上的體重，其死亡率也隨之增加。老年人體重過輕的問題比體重過重來得嚴重，研究指出 BMI 值較高之老年人，其髖骨骨折機率相對較低。老年人營養不良會導致體重過輕與肌肉萎縮，嚴重者會影響身體的免疫系統、肌肉與呼吸功能，乃至傷口癒合等。體重不足若是因蛋白質－熱量營養不良（protein energy malnutrition）所致，其背後隱藏的肇因極可能是疾病或身體功能的衰退。建議循序漸進的給予營養治療，如補充熱量、蛋白質、維生素與水分，穩定增加老年人的體重。其中水分的補充，每日須維持在1毫升／大卡熱量，蛋白質的攝取則每日給予1.5克／公斤體重，但肝腎功能不佳者，應適當限制蛋白質，還有適當的運動量來建構肌肉與肌力。可能導致老年人體重減輕或營養不良的因素：

　　（一）伴隨身體老化所產生的生理變化，如味、嗅覺的改變造成食慾
　　　　　降低或厭食等。
　　（二）器官機能性的障礙，如牙齒狀況不佳、吞嚥困難、視力不佳、
　　　　　動作協調不良等。
　　（三）因疾病而影響進食，如腸胃肝膽疾病、心血管疾病、以及糖尿
　　　　　病等。
　　（四）因疾病而導致身體新陳代謝率及熱量需求的增加，如感染、癌
　　　　　症、肺部疾病等。
　　（五）精神方面的問題，如老年性癡呆、憂鬱症。
　　（六）經濟及文化因素，如貧窮、宗教、種族等。

三、胃腸道疾病

老年人常發生胃腸道功能的障礙有以下三種情形：

（一）賁門：器官老化造成食道底部肌肉閉合無力，導致胃酸逆流入食道而腐蝕表面黏膜，造成心灼熱般的不適與疼痛。酗酒、抽菸、喝咖啡均易促成此症狀的發生，改善方法為：

　　1. 低脂飲食：因高脂食物會降低賁門附近食道的壓力，而增加胃內食物之逆流。

　　2. 少量多餐：特別是含蛋白質食物，以減少胃酸之分泌。

　　3. 餐後不要馬上躺臥：避免胃中食物的反芻。

（二）胃：胃酸分泌不足、胃潰瘍、胃部分切除或胃癌治療等，均會影響胃壁內在因子的分泌，造成維生素 B_{12}、鐵質的吸收不良，導致惡性貧血。老化易造成胃部功能異常、胃發炎等症狀，久而久之引發萎縮性胃炎，亦會導致維生素 B_{12} 的吸收障礙。胃酸分泌不足會助長細菌的滋生，與宿主競爭維生素 B_{12} 的吸收。制酸劑雖可治療胃酸過多、提升胃內的 pH 值，但會影響胃中蛋白質變性作用，而干擾維生素 B_{12} 之吸收。

（三）小腸：腸道蠕動不佳，常引發便祕或腹瀉，甚至影響食物的耐受性。藥物（非類固醇抗發炎藥、制酸劑等）、疾病（糖尿病、癌症等）或營養補充劑（鐵劑、鈣片等），都有可能影響排泄、造成便祕。老化造成腸道肌肉蠕動反應較差，或膳食纖維與液體攝取不足、消化液分泌減少，而導致憩室炎與便祕的發生。預防便祕的最佳方法，除了增加液體與膳食纖維的攝取外，還需有規律的運動以刺激胃腸的蠕動。

四、心血管疾病

心血管疾病是老年人易罹患的疾病之一，心血管疾病最主要的是冠狀

動脈心臟病，而造成冠狀動脈硬化主要的危險因子，是高膽固醇血症、高血壓與抽菸。通常檢測血液中的總膽固醇（total cholesterol, TC）、三酸甘油酯（triglycerol, TG）、高密度脂蛋白膽固醇（HDL-C）及低密度脂蛋白膽固醇（LDL-C）。其中 HDL-C（高密度脂蛋白膽固醇）扮演膽固醇逆向運輸的角色，可將壞的膽固醇（LDL-C：容易沉積在動脈管壁，造成動脈粥狀硬化）由周邊組織運送到肝臟代謝，因此又被稱之為好的膽固醇。動脈粥狀硬化與高血壓間有惡性循環的關係，由於硬化的動脈不能擴張，每次心搏、血管內血流壓力增加，增大的壓力使血管更形硬化而受損，形成斑塊。若供應組織之血流量減少，會導致組織缺氧，發生狹心症、心肌梗塞與腦中風。

　　一般認為預防心血管疾病，應降低飲食中的膽固醇，遵循減少油脂攝取（占總熱量的30% 以下），飽和脂肪酸／單元不飽和脂肪酸／多元不飽和脂肪酸的比例為1：1：1。而富含飽和脂肪酸與高膽固醇的動物性食物，如豬油、蛋黃和內臟等應少吃，多吃植物性蛋白質的食物，如豆腐、豆漿等黃豆類，因豆製品不含膽固醇，且富含大豆異黃酮素，具有抗氧化功能，可降低血液中的低密度脂蛋白膽固醇。遵循膽固醇低於 300 mg ／天的保護性飲食原則，並增加膳食纖維、抗氧化營養素的攝取，有助於預防心血管疾病。此外，魚油中的 ω-3 脂肪酸具有降血脂與抑制血栓形成的效果也已獲證實。適量的飲紅酒（100 cc ／天）有助於提高 HDL-C 與抑制血小板的凝血。

　　美國知名的梅約醫院指出，世界各國的飲食中，最值得與長壽畫上等號的，莫過於「地中海飲食」，遵循此飲食的人，罹患心血管疾病與其他慢性疾病的比例低，且活得更長壽。發現長期食用以蔬果、海產及堅果為主的地中海飲食，不易罹患心臟病或腦血管疾病（中風）。地中海飲食包括多吃富含魚油（ω-3 不飽和脂肪酸；EPA、DHA、

ALA）的魚類，如鯖魚、鮭魚、秋刀魚、沙丁魚、鱒魚及鮪魚等，可降低心血管疾病、糖尿病等的罹病率，義大利人稱之爲「蔚藍色的魚」，如每星期吃200克以上這類的魚，及每日吃兩把堅果類，如核桃、杏仁、腰果等，可保護心臟的健康。此外，還會幫助記憶力、減緩腦神經細胞老化，降低造成老人痴呆的阿茲海默氏症。因此，多吃魚類、堅果類、穀類、蔬果類是「地中海飲食」的重點。

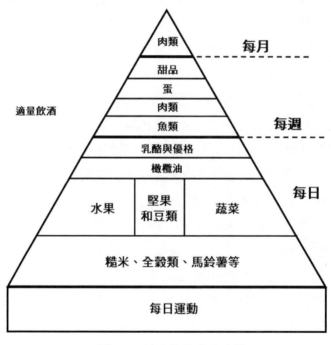

▲ 圖5-1　地中海飲食金字塔

五、高血壓

高血壓是目前老年人主要的慢性疾病，許多人罹患高血壓並不自覺，因此未接受治療。高血壓容易引起其他的併發症，如腦中風、動脈硬化、心臟病等，因此檢查出有高血壓的病症時，應按時服藥，並配合飲食控制，若無腎臟疾病，可以選擇低鈉鹽來調理食物。生活上心情保持輕鬆愉

快，避免抽菸、飲酒過量及便秘的壞習慣，若體重過重，需適度減重。

　　高血壓是心血管疾病危險因子之一，老年人應定期測量血壓，維持正常血壓＜120/80 mmHg（收縮壓／舒張壓），邊緣性高血壓為120-139/80-89 mmHg，高血壓為≧140/90mmHg。約90% 的高血壓病人，罹病原因不明，稱為原發性高血壓，只有10% 是已知病因的續發性高血壓。除了腎臟病人無法有效的以「腎素－血管緊縮素系統」維持體液平衡，導致高血壓外，第二型糖尿病患者也常合併高血壓，可能原因是過度分泌胰島素刺激交感神經，或促進腎臟對鈉的再吸收，如此的交互作用與惡性循環，高血壓、糖尿病和動脈粥狀硬化三者經常合併發生，而患者通常具有肥胖的特徵。

　　一般而言，罹患高血壓患者多半要終生吃藥將血壓控制在正常範圍內，否則非常容易發展成致命的疾病，如心肌梗塞、腦中風、慢性腎病變等。根據流行病學的研究，飲食鈉（鹽）的攝取量與高血壓罹患率成正比，所以高血壓的飲食原則，就是少吃高鈉、適量吃高鉀的食物，因此應選擇當季新鮮的食物，減少含鈉量較多的食物如麵線、油麵、紅蘿蔔、芹菜、市售洋芋片等，而多選用含鉀量較多的食物如馬鈴薯、柳橙、香蕉、番茄等。而調味料可改用不含鈉或鈉少的白醋等調味品，或用天然食物如蔥、薑、大蒜、八角、花椒、番茄、檸檬、鳳梨等來幫助調味，以減少鹽的使用，在烹調時，應多選用植物油，少用動物油。而肥胖也是造成高血壓的危險因子之一，因此維持理想的體重及限鹽飲食（＜6g／天）是預防或治療高血壓的重點。肥胖型高血壓患者若能成功減重，維持不復胖，會有很好的降血壓效果，若能飲食再嚴格限制鈉（鹽），如到煮菜幾乎不用鹽的地步，降血壓的效果更明顯，但此方法對許多高血壓的人，在執行上有一定的難度，因此搭配實施「得舒飲食」輕鬆容易降血壓。

　　何謂「得舒飲食」（Dietary Approach to Hypertension, DASH）？此飲食強調患有高血壓的人應多吃有利於降血壓的食物，而不是一味的限制這個不能吃、那個不能吃。得舒飲食的原理就是使用高鉀、高鎂、高鈣、高膳食纖維、富含不飽和脂肪酸、節制飽和脂肪酸的飲食，以多種營養素的

搭配，全方位的改善健康來達到降血壓的目的。雖也主張清淡飲食，但並不強力的減鈉（減鹽到完全無味道的狀況）或減重，因這兩項要求，一般人比較難以做到。當然在執行「得舒飲食」的同時，若也能進一步的進行減鈉並減重，降血壓的效果會更好。

鉀是細胞內含量最多的礦物質，它有拮抗鈉離子，改變因攝取過多的鹽而血壓上升的敏感體質，在蔬菜與水果中含量特別豐富。鎂參與體內代謝反應許多酵素的功能，能改善胰島素的敏感度，植物葉綠素之環狀結構螯合「鎂」，因此蔬菜水果是其主要來源之一，此外含麩皮及胚芽的全穀類（糙米、燕麥、麥片、喬麥），鎂的含量也很高。富含鈣質的食物有奶類、黃豆製品、深綠色蔬菜、海菜類和帶骨的小魚。膳食纖維可延緩葡萄糖的吸收進入血液循環，能改善據有胰島素抗性的體質，富含膳食纖維的食物，包括蔬菜、水果、全穀類和根莖類（蘿蔔、菜心）。飽和脂肪酸及膽固醇攝取過多，會促進動脈硬化，其主要來源為家畜類，因此，肉類攝取要適量，內臟類、肥肉和牛油／奶油／豬油等不要常吃。不飽和脂肪酸有拮抗飽和脂肪酸的作用，其主要來源為種子／核果（芝麻、核桃、杏仁、松子等）及各種植物油（沙拉油、芥花油、橄欖油、葵花油、菜子油、玉米油、麻油等）。

表5-1　高血壓得舒飲食— DASH（Dietary Approach to Hypertension）

食物類別	份數	每份計量	成分特性	備註
全穀類	7-8	1/2 碗全穀飯	熱量、纖維	
蔬菜類	4-5	1 盤生菜	鉀、鎂、纖維	
水果類	4-5	1 個中型水果	鉀、鎂、纖維	
低脂或脫脂乳製品	2-3	1 杯牛奶（240 cc）	鈣、蛋白質	
肉類	≦ 2	1 兩肉	蛋白質、鎂	
核果類	1-2	2 湯匙杏仁果	熱量、鉀、鎂、蛋白質、纖維	
戒菸；酒精：男 30 cc；女 15 cc 以下；鹽份：6g				

六、中風

　　中風的危險因子包括長期高血壓、家族史、特定人種、抽菸、酗酒、濫用毒品及併發其他的疾病，如糖尿病、腦頸動脈血管病變、心律不整、暫時性腦血供應不足、鐮刀型貧血、憂鬱症等。腦中風的症狀，包括肢體麻痺（半身不遂）、感覺異常、意識模糊或昏迷、言語不清、嘴歪、眼斜、流涎、暈眩、嘔吐、步伐不穩及大小便失禁等，若不及時有效醫治，則病情會越嚴重。而腦中風發生的預兆有頭痛、頭暈、頸部不適，偶爾會有噁心、嘔吐、失衡感、手腳麻木或無力、視力模糊、突發暫時性失去知覺、全身疲倦等症狀。

　　過去認為血液中的低密度脂蛋白膽固醇（LDL-C）容易沉積在動脈管壁，造成動脈粥狀硬化。近來氧化低密度脂蛋白（oxidized LDL）的角色更加受到重視，低密度脂蛋白內脂質發生過氧化作用，生成的醛基化合物，容易被巨噬細胞吞噬，併入太多脂質的巨噬細胞形成泡沫細胞，沉積在血管內皮細胞，繼而造成血管的傷害。

　　中風會導致部分身體功能喪失，營養狀況自然受到影響，中風六個月後，約會造成34% 女性及16% 男性的年長者失能，重新學習如何進食（咀嚼與吞嚥）是一段漫長與煎熬的復健歷程。雖然適量飲酒，最好是紅酒（每日酒精不超過25 公克）有利於中風的預防，但過量卻是極其危害，而維持正常的血壓是一生預防中風的終極目標。

七、糖尿病

　　糖尿病是起因於體內胰臟分泌胰島素缺乏或胰島素的阻抗性（末梢器官對胰島素的敏感度下降），導致葡萄糖的異常代謝，肥胖者與老年人罹患的糖尿病常屬第二型糖尿病，此可能的原因是細胞表面胰島素接受器的數目減少，降低胰島素的敏感性；使用利尿劑降血壓造成鉀流失；礦物質鉻不足，影響葡萄糖耐受因子的合成；或胰島素的分泌量減少。肥胖或有

糖尿病家族史的人應定期做糖尿病的篩檢。

糖尿病患者因身體無法有效的利用葡萄糖，造成體蛋白、體脂肪過度分解而消瘦，且併發三多一少的症狀（吃的多、喝的多、尿的多、體重減輕），人體之血糖濃度異常偏高，會傷害血管，進而引發視網膜、腎臟及心臟等血管之慢性病變。糖尿病治療之關鍵有三：藥物與飲食控制，再加上運動。而糖尿病患者的飲食原則為：

（一）定時定量，維持理想體重，切忌肥胖。

（二）食物烹調少油炸、油煎或油酥，少吃豬皮、雞皮、動物肥肉等高油脂及高膽固醇之食物。

（三）適量吃富含不飽和脂肪酸的堅果類（花生、瓜子、腰果、核桃等）。

（四）炒菜宜選用含不飽和脂肪酸高的植物性油脂，烹調宜多採用清蒸、水煮、涼拌、烤、燒、燉、滷等方式，避免過度調味烹煮（芶芡、糖醋等方法）。

（五）多吃富含膳食纖維的食物，如蔬果類，在腸胃道吸收水分使食物體積變大，延長胃的排空時間，進而減緩醣類的吸收，有利於血糖的控制，每日需攝取 20-35 公克的膳食纖維。

（六）穀類及澱粉類的食物，如馬鈴薯、蕃薯等須適量限制，並減少吃糊化程度高的食物（稀飯等），以免進食後血糖快速升高。此外，中西式點心與節慶應景食品（如年糕、粽子、月餅等屬於高熱量的食物）不可任意食用。

（七）須把握低糖的原則，少吃富含精緻醣類的食物，如糖果、煉乳、蜂蜜、罐裝或盒裝的果汁、汽水及高糖分水果如香蕉、榴槤等。

（八）減少喝酒。

（九）注射胰島素的糖尿病患者，應避免低血糖的發生。須注意運動後會加速胰島素的作用，易引發低血糖造成休克，所以運動前視身體狀況需要，可補充一些多醣（澱粉）類的食物。

八、骨質疏鬆症

　　由於國人普遍鈣質攝取不足及骨骼中的鈣質大量流失，骨質疏鬆已成為老年人普遍的問題，尤其女性更年期後，停止分泌雌激素，造成骨鈣質大量流失，所以需要適當的補充鈣質。通常人體骨質密度約在20歲時達到最高峰，稱最大骨質量，至35歲後開始下降，其流失速率女性大於男性，女性罹患骨質疏鬆症是男性的四倍。骨質疏鬆症患者常有背痛、駝背及身高降低的情形，且容易骨折，故需留意平日生活與行動。

　　在衛福部的國民營養健康狀況變遷調查顯示，臺灣老年人骨質疏鬆症的盛行率，男性為49%，女性為53%。老年女性骨質疏鬆隨年齡增加而遞增，80歲以上達82%，至85歲以上更高達92%患有骨質疏鬆症。骨質流失初期並不容易發現（往往在跌倒骨折時才發現），除非定期以X射線雙光譜儀（dual X-ray absorptionmetry）測定骨質的密度。它主要是由於骨頭內的鈣質流失，造成骨鈣質密度與骨量下降，骨頭內部空洞缺乏支撐力與脆弱，極容易發生骨折事件。身體最容易流失鈣質的骨頭是脊椎骨、大腿骨、橈骨，尤以大腿骨折是老年人最容易發生而造成傷害。

（一）引發骨質疏鬆症的因素有：

1. 性別：女性風險大於男性。
2. 年齡：風險隨年齡增加。
3. 骨架：瘦小骨架之女性有較高的風險。
4. 減重：50歲後減肥，骨質密度容易降低。
5. 遺傳：有骨質疏鬆之母親，其女兒罹患的風險較高。
6. 種族：相較於非洲種族，亞裔族群有較高之風險。
7. 雌激素減少：停經及卵巢切除之婦女，及過度減肥導致經期不規則的女性容易有骨鈣質流失的情況。
8. 鈣質攝取不足者。
9. 不運動者。
10. 每天喝超過3杯咖啡者（咖啡因降低骨密度）。

11. 每天飲酒過量者（酒精降低骨密度）。

12. 抽菸者易使骨鈣質流失。

13. 服用固醇類抗發炎藥物，如 Prednisone ；抗痙攣藥，如 Dilantin 易導致骨質流失。

（二）骨質疏鬆一旦發生，不容易逆轉，因此可以補充荷爾蒙療法來減緩骨鈣質流失的速度：

1. 雌激素：可增加維生素 D 的合成，促進小腸吸收鈣質。補充雌激素可紓解婦女更年期之不適，同時降低骨質疏鬆症之危險，為目前多數醫師所使用的方法。

2. 降血鈣素（calcitonin）：是一種甲狀腺荷爾蒙，與副甲狀腺素共同調節血鈣平衡。研究顯示降血鈣素能抑制海綿層之骨質流失。

（三）預防骨質疏鬆症要從飲食和運動著手：

1. 補充鈣質

更年期後的婦女補充鈣質，對防止骨質流失的功效不如年輕的時候，除了沒有雌激素的作用外，其腸道鈣質的吸收率也降低，所以女性自青春期、懷孕期、哺乳期便應攝取足夠的鈣質，年輕時保有較高的骨質量，較好的骨質密度，更年期後之骨鈣質流失及骨質疏鬆的症狀則會較輕微，尤其婦女歷經懷孕、哺乳之耗損，終其一生都應注意鈣質的攝取。含鈣豐富的食物包括：牛乳及其製品、黃豆及其製品（豆腐等）、小魚乾、熬大骨湯、海藻、芝麻、深綠色蔬菜。如果喝牛奶會腹瀉（乳糖不耐症），可考慮改喝優酪乳，也可使用鈣的營養補充劑，包括無機的碳酸鈣或有機的葡萄酸鈣、檸檬酸鈣、蘋果酸鈣、乳酸鈣等，通常有機鈣鹽的吸收率比無機鈣鹽好。補充鈣片時應避免與鐵劑共同食用，因高劑量的鈣質與鐵質在腸道內會互相拮抗，抑制鈣質與鐵質的吸收。還有降血膽固醇藥、四環素、制酸劑（氫氧化鋁）等也會抑制鈣質的吸收。

表5-2 常見食物鈣含量表（毫克鈣／100克）

含量	食物
＜50	麥、小米、玉米、稻米、麵食、菜豆、馬鈴薯、苦瓜、茄子、筍、蘿蔔、辣椒、芋、胡瓜、甘薯、豆漿、牛肉、鴨肉、雞肉、蟹、豬肉、內臟、鯉魚、魚丸、白帶魚、虱目魚、吳郭魚、蛙、九孔、柑、蘋果、葡萄、香蕉、楊桃、香瓜、梨、鳳梨、文旦、西瓜。
50-100	紅豆、碗豆、蠶豆、花生米、瓜子、魚肉鬆、豆腐、蛋類、烏賊、蝦、蚵、魚翅。
100-200	營養米（加鈣米）、杏仁、皇帝豆、芥藍菜、刀豆、毛豆、脫脂花生粉、豆乾、臭豆腐、油豆腐、蛋黃、鮮奶、鹹河蟹、鮑魚、香菇、刈菜、橄欖。
200-300	黑豆、黃豆、豆皮、豆腐乳、豆豉、鹹海蟹、蚵乾、蛤蜊、莧菜、高麗菜乾、木耳、紅茶、包種茶、健素糖。
300-400	海藻、吻仔魚、九層塔、金針、黑糖
＞400	髮菜、芝麻、豆枝、紫菜、田螺、小魚乾、蝦米、乾蝦仁、小魚、鹹菜乾。

在飲食烹調上，可多利用奶製品及含鈣量較多的食材（如小魚乾、黃豆製品、綠色蔬菜等），避免食用容易讓鈣質流失的速食品及碳酸飲料。以下是可簡便應用於日常飲食的高鈣食譜：

(1) 豆豉小魚乾。

(2) 蠔油芥蘭。

(3) 蕃薯葉吻仔魚。

(4) 莧菜豆腐。

(5) 九層塔炒蛋。

(6) 紫菜蛋花湯、金針排骨湯。

(7) 小魚乾味噌湯。

(8) 優格水果沙拉。

(9) 芝麻糊。

2. 運動

研究顯示，適度的運動可以增加造骨細胞活性，有利於骨礦物質沉積。相對的，靜坐者尿鈣排出量增加，然而劇烈的運動，可能導致雌激素分泌減少，反而容易使骨質流失。

3. 其他

避免攝取過多的磷（如碳酸飲料等）、少喝咖啡、適度的曬太陽（促

進皮膚合成維生素 D）、注意維生素 C 與氟的攝取，已知氟可以促進造骨細胞增生，增加海綿層的骨密度。還有經常性的高蛋白質飲食（如肉類攝取過量），會促進鈣質由尿液中流失。但也需注意蛋白質攝取不足，會增加骨質疏鬆的風險，因此蛋白質與鈣質、維生素 D 一樣是維持骨骼健康的營養素。最後要注意的是維持理想的體重。

九、貧血

雖然更年期後的女性不會有經血的流失，鐵質的需求量降低，但仍有不少的老年人罹患貧血，可能是鐵質或與其他造血相關的營養素攝取不足；或因腸胃潰瘍，造成出血；或使用消炎藥物如阿斯匹靈，使不易凝血；或有其他病變如癌症、感染、風濕性關節炎等，應檢查出其病因。老年人經常發生惡性貧血，可能導因於慢性萎縮性胃炎，或缺乏維生素 B_{12} 所引起，且人體對於食物中維生素 B_{12} 的生物利用率，會隨著年齡的增長而逐漸降低。此外，葉酸及維生素 B_6 的營養狀態亦會對貧血有所影響。惡性貧血的臨床症狀包括虛弱、倦怠、足部及手指皮膚異常。通常被診斷為惡性貧血時，大概都已有嚴重的臨床症狀。

十、神經退化

帕金森氏症與阿茲海默氏症是老年人常發生的神經退化性疾病。

（一）帕金森氏症（Parkinson's Disease）

其病理是腦部抑制型神經傳導物質多巴胺（dopamine）減少，興奮型神經傳導物質麩胺酸（glutamate）增加，其治療的藥物 levodopa 便是多巴胺之前驅物。目前對於帕金森氏症的病因仍不甚清楚，有研究指出帕金森氏症患者血液中的同半胱胺酸濃度較高，會產生神經毒性，使人手腳顫抖、動作緩慢、僵硬；大多在中年以後發病，且隨年齡增加而漸趨惡化。

隨著病程的進展，帕金森氏症患者經常伴隨有吞嚥困難的現象，肺部吸入異物之情形，增加罹患肺炎之風險；或常因手腳震顫而翻倒東西。建議患者採少量多餐的方式並緩慢進食，避免攝取太乾燥及堅硬的食物，如堅果種子，可在較乾的食物上淋上醬汁。亦可將食物做成食物泥（菜泥、肉泥）或軟質的飲食，使患者較容易吞嚥食物，也可使用商業配方的食物增稠劑，減少吞嚥上的障礙。

（二）阿茲海默氏症（Alzheimer's disease, AD）

為最常見的老人癡呆症之一，大多發生在 65 歲以上的老年人，且隨著年齡增長而比例增加，是老年人死亡的重要原因。阿茲海默氏症的成因，可能是身體內自由基迅速地增加，而抗氧化酵素數量減少，使抗氧化系統失衡，引發氧化壓力，造成 DNA 的損傷，加速老化的速度。其中腦部 β - 類澱粉蛋白的大量堆積，活化神經微膠細胞及星狀細胞，釋放細胞激素介白素 -1（IL-1）、介白素 -6（IL-6）和腫瘤壞死因子 - α（TNF- α）等致發炎物質，以及一氧化氮、超氧分子等自由基去攻擊神經細胞，造成腦神經細胞毒性及死亡，同時也使腦部組織血液灌流減少，造成記憶缺失。

阿茲海默氏症患者早期的臨床表現，包括記憶喪失、視覺能力降低、易怒、冷淡或憂鬱。之後可能進展成空間定向障礙、嚴重時會有長期記憶喪失、妄想、多慮、幻覺、喪失判斷能力、大小便失禁、癲癇等症狀。對患有阿茲海默氏症之失智老人，應建立其日常生活常規，減少其不安焦慮之行為及激動的情緒。然而造成阿茲海默氏症患者體重減輕的原因，可能是不自主漫步導致熱量消耗增加、感染疾病、自我進食之能力喪失、罹患憂鬱及健忘症等，造成飲食不當、營養不良。良好的飲食對策，包括持續提供患者喜歡且較常吃的食物。因為記憶力喪失，患者有時會忘了進食，在用餐時盡可能的讓患者將專注力放在食物上，且盡量提供較簡單、較濃稠的，或方便用手拿取的食物。另外，患者可能因感覺中樞失能而無法察覺口渴現象，因此應特別注意患者須攝取充足的水分。

十一、口腔疾病

牙周病源於牙齦的細菌感染，會導致牙齦萎縮、牙齒脫落，健康狀況或免疫力較差的老年人，極易罹患牙周病。預防方法除了維持口腔衛生、清除齒斑外，還需攝取充足的營養素，提升免疫力，如葉酸、維生素 C、鋅等與牙周病有關之營養素，以及維生素 D、鈣、鎂等有益於頜骨健全的營養素，使牙齒能穩固鑿床。

乾口症造成的味覺喪失，會影響享用美食，原因多為醫療處理後造成的副作用，如使用利尿劑、抗焦慮、抗憂鬱、鎮靜劑、抗組織胺等藥物，或治療癌症時傷害到唾液腺，減少唾液的分泌，造成口乾及有利於口腔牙斑菌的繁殖。最佳的預防方式為飯後刷牙清除牙垢，或飲用無糖茶飲（富含多酚，可干擾細菌而阻擋其沾黏於牙齒上），保持口腔衛生，如此亦可防止蛀牙。

十二、視力退化

視力減退、老花眼、白內障、青光眼及視網膜黃斑部退化都是老年人常見的眼睛問題，白內障是視網膜水晶體逐漸變硬與混濁，影響透光，而黃斑部是重要感光區域，這些部位若發生病變會造成失明。一般認為眼睛常遭受紫外光照射、脂質過氧化作用等自由基的攻擊傷害，是造成白內障與黃斑部病變的主因。流行病學的研究發現，富含維生素 A、C 的蔬果攝取量、血清中類胡蘿蔔素的濃度與視網膜黃斑部病變及白內障成負相關。因此，預防視力退化，除了避免眼睛接觸強光外，補充抗氧化營養素，如維生素 C、E、β-胡蘿蔔素及葉黃素是不錯的方法。

十三、骨關節炎

骨關節炎好發於膝蓋與髖骨處，為一退化性關節疾病，由於關節軟骨

經長期或過度使用而磨損，改變了組織間之潤滑液膜，使軟組織硬化與發炎，導致骨關節炎之形成。主要治療方式爲控制體重、改善關節使用情形、維持健康生活型態：

（一）肥胖不僅增加膝關節的負擔，同時促使脂肪組織細胞分泌發炎激素，進而引起骨關節炎。

（二）抗氧化劑有助於骨關節炎的改善，補充維生素 C，延緩病情與減輕疼痛的效果最好。維生素 E、β - 胡蘿蔔素及一些植化素如黃酮類（flavonoids）具有抗氧化與抗發炎的功能，延緩病情的惡化。

（三）軟骨膠（chondroitin）與葡萄糖胺（glucosamine）爲身體內的軟骨修補與關節潤滑的重要物質，適量的補充有助軟骨的增生，及減少關節的病變與疼痛。

十四、感染性疾病

老年人營養不良會造成身體免疫力降低，增加疾病感染的機會。而感染疾病後，又會影響老年人的攝食及其營養狀態（常見蛋白質、熱量營養不良），如此形成惡性循環。通常補充各種維生素及礦物質可有效提升老年人的免疫力。

十五、癌症

癌症一直高居臺灣民眾十大死因之首。老年人容易罹患各種癌症如乳癌、大腸癌、肺癌、子宮頸癌、攝護腺癌等。流行病學研究顯示，癌症與環境因子有關，也提供不少飲食與癌症的相關性，眾所皆知蔬果中含有某些特殊的成分，如膳食纖維、維生素 E、C 或 β - 胡蘿蔔素等具有防癌、抗氧化的功能。誘發癌變的飲食危險因子，有動物性脂肪、酒精、醃漬及燒烤的食物等，而營養保護因子，有維生素 A、C、E、β - 胡蘿蔔素、

膳食纖維、硒、及一些植物化學物質等。植物化學物質簡稱「植化素」
（phytochemicals），其具有抗氧化、抗細菌病毒、活化體內解毒酵素的活
性、調節荷爾蒙及增強免疫系統的生理功能，例如茄紅素（lycopene）屬
類胡蘿蔔素，可清除自由基，具抗氧化功能，研究顯示多食用茄紅素可減
少胃癌、直腸癌、攝護腺癌等，食物中豐富的來源是番茄及其加工製品。

　　良好的生活習慣及正確的飲食，是降低癌症罹患率的重要因素。研究
指出，每日攝取 5 份以上的蔬果，比平均未攝取 2 份蔬果的人，罹癌的發
生率減少一半，死亡率減少 42%，尤其在罹患口腔癌、胃癌、大腸癌、乳
癌，所以世界衛生組織於 1990 年提出「每日 5 蔬果」的營養指導方針，
建議民眾每天要攝取 500 公克以上的新鮮蔬果。新鮮蔬果大致可分為 5 種
顏色：綠色、黃橙色、白色、紅色及藍紫色，富含各種維生素、礦物質及
膳食纖維，還有許多抗氧化的營養素，如維生素 C、E、類胡蘿蔔素及植
化素，如多酚類、茄紅素、前花青素等，可以消除自由基，抑制正常細胞
癌變、及抗氧化減緩老化，這就是近年來為何鼓勵國人多攝取新鮮蔬果的
原因。

（一）飲食中易致癌的物質

1. 黃麴毒素：發霉的穀類，如花生、玉米。
2. 油脂的過氧化物：如反覆油炸使用的油。
3. 煙燻、燒烤食物：多環芳香族化合物、蛋白質熱分解物。
4. 食品添加物：硝酸鹽、亞硝酸鹽。
5. 喜歡吃又鹹、又辣、又燙的食物。

（二）防癌飲食

1. 少高油脂飲食（油炸、燒烤）、多蔬果、及避免菜餚反覆加熱，減
　少腸道病變（大腸瘜肉與癌變）。
2. 適量喝茶和紅酒，茶富含兒茶多酚，紅酒是由紅葡萄發酵製成，富
　含前花青素、白藜蘆醇等抗氧化劑，具消除自由基及抗氧化的能

力，每日喝約 100 cc 的紅酒，可減少自由基對人體細胞的傷害。

3. 多吃十字花科蔬菜（花椰菜、高麗菜、包心白菜、油菜、甘藍菜、芥蘭菜、萵苣、蘿蔔、大頭菜、芥末、辣根等），它們除了富含抗氧化營養素及膳食纖維外，另外含有「引朵類」、含硫化合物等抗癌的成分，烹調時最好用蒸或快炒，以減少植化素的流失。

4. 多吃黃豆製品，黃豆富含「異黃酮類物質」，又叫植物性雌激素，被認為具有抗癌的功效。亞洲婦女乳癌罹患率較西方婦女低，多吃黃豆製品是重要因素，豆腐裡的黃鹼素特別對乳癌、前列腺癌有顯著的保護作用，每日吃半碗黃豆或其製品，如飲 1 杯豆漿，或吃 1 塊豆腐，可達到防癌的效果。

5. 用餐加點蔥、薑、蒜，蔥蒜類為含硫、硒等有機化合物的蔬菜，多吃可降低消化道癌症的發生率，大蒜含有蒜素（Allicin）成分，是清除自由基的高手，還能中和亞硝酸鹽等致癌物，對身體防癌抗發炎有加分的作用，還有洋蔥富含多種抗氧化物質，可增強身體的免疫力。

6. 多吃莓果類，包括覆盆子、藍莓、草莓、蔓越莓和黑莓等富含多酚類、維生素 C、葉酸及膳食纖維，可提升身體抗氧化及防癌的能力。而莓果類中所含的葉黃素（lutein）及玉米黃素（zeaxanthin）成份，有延緩視力退化的功能。

十六、免疫問題

老年人因身體機能老化，免疫功能也跟著退化，不僅容易感染疾病，甚至罹患癌症，因此維持老年人的免疫力是件重要的事。平衡免疫力需要均衡的營養和正常的作息，如：

（一）須攝取足夠的蛋白質，才能產生足夠的免疫球蛋白。

（二）油脂攝取不要過量，因油脂會改變前列腺素的產生，造成免疫力下降。

（三）多吃各種顏色的生鮮蔬果，獲取多種的植物化學物質，增強免疫力。

（四）喝適量的乳酸飲料如優酪乳，能改善腸道的菌叢環境，增加腸道的有益菌，減少腸道的有害菌或毒素，有助於免疫力的提升。

（五）適量吃含鋅、銅的食物，促進體內抗氧化酵素的合成，強化免疫力，富含鋅的食物有牡蠣、豆類，而含銅較多的食物有海產、堅果類等。

（六）平時生活放鬆心情，因在有壓力的狀況，身體免疫力會下降。

（七）適度的運動可以活化身體的免疫系統，因此每週要有足夠的時間（至少5小時）做適度的運動。

（八）不亂服藥物，並保持充足的睡眠，可減少免疫力受到破壞。

課後練習

1. 可能導致老年人體重減輕或營養不良的因素有哪些？
2. 有哪些情形常造成老年人胃腸道功能的障礙？
3. 什麼是造成冠狀動脈硬化主要的危險因子？又什麼是預防心血管疾病的飲食？
4. 何謂「地中海飲食」？它的飲食重點是什麼？
5. 一般預防高血壓的飲食為何？又何謂「得舒飲食（DASH）」？
6. 什麼是治療糖尿病有效的方法？糖尿病患者的飲食原則為何？
7. 引發骨質疏鬆症的因素有哪些？請說明減緩骨鈣質流失的方法。
8. 人體缺乏哪些營養素會造成貧血？
9. 補充哪些食物（營養素）可延緩老年人白內障、青光眼及視網膜黃斑部退化等眼睛的問題？
10. 一般蔬果可分為哪幾種顏色？其含有哪些特殊的成分（營養素），可有效的防癌抗老化？
11. 平時飲食中有哪些是易致癌的物質？又什麼樣的飲食可以防癌？

Chapter 6 樂齡膳食營養素的建議攝取量

一、國人膳食營養素參考攝取量（Dietary Reference Intakes, DRIs）

（一）熱量

　　人隨著年紀的增加，基礎代謝率會下降，因此從25歲以後，每增加10歲，就應將每日需求總熱量減少至前10年的95%。老年人因瘦體組織降低，基礎代謝率下降，加上活動量減少，因此熱量需求降低。原則上老年人每日熱量供應以每公斤理想體重30大卡爲宜，而以35大卡爲限。若體重過重，則每日減少300大卡，如果體重過輕，則每日可增加300大卡，不過每日飲食的總熱量不能低於1,200大卡。一般說來，人的熱量需求＝基礎代謝率＋活動量＋攝食產熱效應，除非從事劇烈活動，否則基礎代謝率占總熱量需求的最大部分，其與人的瘦體組織有相關性。老年人因熱量攝取量較少，應選擇營養密度高的食物，以獲取足夠的各種營養素。

（二）蛋白質

　　我國DRIs對於成人之蛋白質建議量爲占總熱量的15-20%，每公斤體重約需蛋白質1.0公克（1.0 g/kg），65歲以上的老年人，因考慮其蛋白質的身體利用率降低，所以建議量增加爲1.2 g/kg。大約每天吃100公克的肉類或魚、1塊豆腐、1杯牛奶和1顆雞蛋就可以達到需要量，其中動物性蛋白質應至少占每日蛋白質總量的1/3，而豆腐、豆漿等植物性蛋白質，因容易消化可搭配食用。此蛋白質建議量的前提是熱量攝取必須足

夠。然而必須注意低蛋白質飲食可能造成老年人的瘦體組織降低、肌肉功能及免疫能力降低，高蛋白質飲食可能加重腎臟負荷、尿鈣流失。蛋白質－熱量營養失調（protein-energy malnutrition）是老人最常見的營養不良型態，患者通常體重會有明顯的下降，或血清白蛋白過低。臨床上常用血清白蛋白爲做爲評斷「蛋白質－熱量營養失調」的生化指標，建議理想的血清白蛋白值應大於 3.5 g/dL。

（三）醣類

醣類應占總熱量的 55-60%，多以複合性醣類爲主，減少精緻醣類的攝取，而每日必須攝取 50 公克以上的醣類，以免醣類太少，生理代謝失調，造成酮酸中毒。多攝取膳食纖維（dietary fiber）的好處有：提供飽足感、預防便秘、降低腸憩室與大腸癌的風險、燕麥及果膠中纖維還可降血膽固醇、降血糖等，纖維來源最好是蔬菜、水果、豆類、全麥穀類，同時可提供豐富的維生素與礦物質。

（四）脂質

建議脂質攝取量應占總熱量的 25-30%，而脂肪酸種類攝取的比率應維持飽和脂肪酸：單元不飽和脂肪酸：多元不飽和脂肪酸爲 1：1：1。

看得見含油脂較高的肉類，例如五花肉、蹄膀、培根等不要多吃，或食用前先去油、去皮，而一些較容易被忽視的油脂，如精緻的奶油等也要減少食用。原則上每日所需油脂可以從炒菜中所使用的油攝取，因此含油脂高的食物應減少食用。而某些魚類（如鯖魚、鮭魚、鮪魚等）富含 ω-3 不飽和脂肪酸

（DHA、EPA），可以降低體內低密度膽固醇（壞的膽固醇），提升高密度膽固醇（好的膽固醇）。每日膽固醇攝取量應以300毫克為限。

（五）維生素

由於老年人熱量的需求減少，因此隨著熱量攝取降低，需要注意各種的維生素攝取量，一般來說，只要遵循飲食均衡，應沒有缺乏的顧慮。平時要增加 β-胡蘿蔔素、維生素C、E等抗氧化維生素的攝取量，以減少自由基對人體所造成的傷害。食物中以紅蘿蔔、深色蔬菜等富含 β-胡蘿蔔素，水果則以番石榴、柑橘類含較多的維生素C，而含維生素E較多的食物有植物油和豆類等。此外，老年人易罹患骨質疏鬆症，因此含維生素D的食物不可少，例如蛋黃和肝臟等，來幫助鈣質的吸收。

1. 維生素A

老年人的維生素A建議量為男性600 μg R.E.，女性則為500 μg R.E.，上限攝取量訂為3,000 μg R.E.。

2. 維生素D

老年人可能因日曬不足，腎臟活化維生素D的能力降低，因此70歲以上老人的建議量增為10 μg（微克），上限攝取量是50 μg。

3. 維生素E

維生素E是細胞膜、脂蛋白重要的抗氧化劑，DRIs中訂定老年人的維生素E足夠攝取量為12 mg，補充生理劑量以上，可以降低心血管疾病、癌症的風險，許多老年人喜歡使用維生素E之營養補充劑，但過量攝取可能干擾維生素K的功能，因此包括營養補充劑、強化食品來源，維生素E之攝取量不應超過1,000 mg。

4. 維生素K

考量營養素與慢性疾病預防之關係，DRIs增列維生素K之建議攝取

量。70 歲以上老年人之建議攝取量，男性為 120 μg，女性為 90 μg。

5. 維生素 B_1、B_2、菸鹼素

隨年齡增加，維生素 B_1、B_2、菸鹼酸的建議量因熱量降低而降低。此三者營養素參與能量的代謝，因此需求量則依熱量攝取而定，如維生素 B_1 以 0.5 mg/1000 kcal 計（若酗酒，維生素 B_1 需要增加），維生素 B_2 以 0.55 mg/1000 kcal 計，菸鹼酸以 16 mg N.E./1000 kcal 計。菸鹼酸的上限攝取量訂為 35 mg。

6. 維生素 B_6

維生素 B_6 參與蛋白質代謝，是轉胺酶的輔因子，需求量依蛋白質的攝取量而定，每日建議攝取量約 1.6 mg。

7. 維生素 B_{12}

老年人維生素 B_{12} 的建議攝取量為 2.4 μg，老年人若因腸道吸收不良，引起血清維生素 B_{12} 濃度下降，並非攝食不足引起，應注射維生素 B_{12} 而非提高建議量。

8. 葉酸

美國為降低神經管缺陷嬰兒的出生率，其公眾健康部門建議生育年齡婦女每日應攝取葉酸至少 400 μg。美國 FDA 為降低民眾心血管疾病，建議穀類食品強化葉酸。最近研究也顯示缺乏葉酸可能造成失智。我國對老年人的葉酸建議攝取量為 400 μg，上限攝取量訂為 1,000 μg。

9. 泛酸、生物素及膽鹼

我國成人與老年人的泛酸與生物素之足夠攝取量分別訂為 5 mg 及 30 μg。膽鹼則是體內重要的甲基來源，男性足夠攝取量為 450 mg，女性 390 mg，上限攝取量為 3.5 g。

10. 維生素 C

老年人的維生素 C 建議量爲每日 100 mg。吸菸會增加維生素 C 的代謝速率，因此抽菸者應多補充維生素 C。上限攝取量爲 2,000 mg。

（六）礦物質

1. 鈣

人的骨鈣質累積大約在 25 至 30 歲就已停止，之後鈣質就會逐漸流失，因此許多年輕時缺乏鈣質、不愛運動的老年人就會有骨質疏鬆的現象發生，尤其是更年期後的婦女會更形嚴重，因此女性從年輕就必須注意鈣質的攝取，以預防日後的骨質疏鬆症。基於鈣對預防骨質疏鬆的重要性，我國 DRIs 設定成人鈣足夠攝取量爲每日 1,000 mg，上限攝取量爲 2,500 mg。停經婦女有骨質流失問題，美國食品營養委員會在 1989 年建議 25 歲以上成人每日應攝取 1,200 mg 的鈣，以達最大骨質量，預防以後發生骨質疏鬆症。美國國家衛生研究院則建議每日攝取鈣 1,000-1,500 mg。爲維持適當的鈣磷比，我國 DRIs 將磷之足夠攝取量訂爲每日 800 mg，上限攝取量則爲 3,000-4,000 mg。

2. 鐵

有貧血症狀的老年人，要多吃富含血紅素鐵質的內臟、瘦肉等食物。吃素的老年人，因存在於植物性食品中的非血紅素鐵不易吸收，所以較容易有貧血現象，貧血除了飲食中要多攝取富含鐵質的食物外，必要時需依醫師指示補充鐵劑。成年男性每日排出鐵的量爲 1 mg，生育年齡婦女再加上經血流失，平均每日鐵需要量爲 1.5 mg，以鐵吸收率 10% 計，因此我國 DRIs 對成年男性的鐵建議量爲 10 mg，生育年齡婦女爲 15 mg，停經後之婦女，因無經血流失，建議降低鐵攝取量至 10 mg。除非有胃潰瘍、長期使用制酸劑、胃酸分泌不足或失血，可增加鐵的需要量，否則不需額外補充過多的鐵質，以免反而增加感染、心血管疾病、癌症的風險。鐵的上限攝取量爲 40 mg。

3. 鎂、鋅、碘與硒

鈣、磷、鎂與維生素 D 同為維持骨骼的健康所必需的營養素，成人與老年人的鎂建議量，男性為 350-380 mg，女性為 300-320 mg，不論男女，上限攝取量為 700 mg。鋅與味覺的功能有關，許多老年人有食慾不振的現象，可能是缺乏鋅。還有缺乏鋅時會造成免疫力下降，所以平時要注意含鋅食物的攝取，而富含鋅的食物有牡蠣、雞蛋等。鋅建議攝取量男性為 15 mg，女性為 12 mg。成人與老年人的碘建議量不分男女同為 140 μg，上限攝取量為 1,000 μg。硒建議量為 55 μg，上限攝取量為 400 μg。

4. 鈉

老年人每日鹽的攝取量應在 6 公克（2.4 公克鈉）以下，而有高血壓的老年人，則更應減少鈉的攝取。一般來說，加工食品的鈉含量皆很高，而蔬果含鈉量並不高，只有少數蔬菜如紅蘿蔔、菠菜、芹菜及紫菜等含鈉量較高。

（七）水

水可維持體液平衡，降低腎臟的負荷，隨著年紀增長，負責口渴的神經機轉會逐漸減弱，因此容易造成水分攝取不足。老年人體溫調節較慢，所以到了炎熱的夏天，如果沒有補充足夠的水分，很容易有便秘、脫水、體溫升高、高血壓等現象，嚴重時還會造成休克。喝水不足不僅會影響腎臟功能，也會增加泌尿系統結石的發生率，因此老年人補充水分的時間點，不能單憑自身口渴的感覺，而要配合氣候與活動量等因素，並時時自我警覺，才能即時補充身體所需的水分。一般來說，每天所吃的食物裡大部分都含有水分，因此每日只需要額外補充 1,200-1,500 毫升的水就足夠，不過在睡前 2 小時應避免大量飲水，以免夜間頻上廁所，影響睡眠。

二、不利營養吸收的因子

老年人除了慢性病的危險增加外，生活中還潛在許多對身體營養狀況不利影響之因子，例如：

（一）吸菸：除已知對健康的影響外，還會影響許多的生理功能，如肌肉強度、敏捷性，協調力亦會降低。

（二）飲酒：老年人的瘦體組織減少，身體含水量會降低，因此飲酒後之酒精濃度在體內增加。已知酒精會降低食慾、影響營養素的消化代謝，酗酒不但會影響腦神經功能，也會增加某些癌症的風險。雖適量飲酒可降低心血管疾病的風險，仍應注意酒精爲低營養密度之飲料。

（三）壓力：生理上的壓力包括受傷、手術、燙傷、感染、禁食等。心理壓力包括一些負面的情緒，可能來自退休後對生活的不適應，子女長大離家空巢期之孤獨寂寞，或面臨親朋好友天人永隔的恐慌，這些壓力可能降低食慾、改變飲食行爲或體內營養素之代謝。

（四）生活型態：如獨居、行動不便，影響購物與烹調能力。老年人如居住安養院，必須注意安養院提供的伙食，是否符合營養需求，及老年人的營養狀態。

（五）經濟能力：可能受限於經濟能力而無法購買需要的食物。

（六）不良飲食習慣或缺乏營養知識：如相信飲食禁忌、長期偏重某種食物攝取、不健康的吃素、暴飲暴食或習慣於重口味等不好的飲食習慣，常已根深蒂固，不易改變。

（七）藥物：老年人常合併有多種慢性疾病，因此常同時服用多種藥物，可能干擾營養素的吸收利用，這對於營養狀況良好的老年人應不至於產生太大的困擾，但對處於邊緣性營養不良的老年人，須注意他們服藥的情形。

課後練習

1. 如何建議老年人攝取哪些食物，即可達到每天蛋白質的需要量？臨床上常用何種血液生化值當作蛋白質營養指標？其正常值為何？

2. 建議樂齡攝取不同脂肪酸種類的比率應是多少？舉例哪些魚類富含 ω-3 不飽和脂肪酸（DHA、EPA）？

3. 鈣有何生理功能？我國 DRIs 建議成人每日鈣足夠及上限攝取量為何？哪些食物富含鈣質？

4. 老年人除了慢性病的危險增加外，生活中還潛在哪些影響身體營養狀況不利之因子？

7 藥物對食物利用的影響

一、藥物與食物的交互作用

　　藥物與營養素在人體內可能產生交互作用，特別是老年人因生理機能退化、脂肪組織增加，可能增加脂溶性藥物（如鎮靜劑、安眠劑）的蓄積。人體器官功能退化，使得藥物反應的變異性大增，容易影響藥物的效用，由於老年人本身可能患有多種慢性疾病，需長期服用多種藥物來治療，如對藥物使用的資訊不足，用藥順從性通常較差。若有進行特殊的營養治療，如限制蛋白質、鈉、鉀及磷之飲食，或原本就有營養素攝取不足的現象，就容易產生藥物與食物的交互作用。

　　弱酸性的藥物在酸性環境時，如在胃（胃酸）中有較佳之吸收率，弱鹼性的藥物主要吸收在小腸部位，鹼性或中性的環境裡吸收率較好。藥物為達到作用目標，因此會設計成各種劑型，如持續釋放錠、腸溶錠、舌下錠等，皆需遵照指示服用，不可任意磨碎，以免影響療效。食物因含有脂質、醣類、蛋白質及其他營養素，可能與藥物產生功能性的交互作用，干擾藥物在胃腸道的吸收，影響身體的可利用率。

二、藥物影響營養素的吸收

（一）關節炎常用的阿斯匹靈（aspirin）：會刺激胃黏膜，易形成胃潰瘍，以及有抗凝血作用，造成缺鐵性貧血，另外，阿斯匹靈還會抑制維生素 C 由血液送至身體各組織器官，導致體內維生素 C 的缺乏，並干擾葉酸的利用。

（二）降血膽固醇藥（cholestyramine）：會結合膽酸排出，降低脂肪與脂溶性維生素的吸收，此藥物也會與內在因子結合，抑制維生素 B_{12} 的吸收。

（三）治療痛風的秋水仙素（colchicine）：會抑制蔗糖酶、乳糖酶、麥芽糖酶等雙醣酶之分泌。

（四）治療反胃、嘔吐之制酸劑（antacid）：會提升胃內的 pH 值，抑制鈣、鐵吸收，其中氫氧化鋁易與磷結合，造成低磷酸血症，會使骨頭釋出磷，造成軟骨症。

（五）治療肺結核藥（isoniazid）：易使維生素 B_6 流失。

（六）輕瀉劑（laxative）：雖能解除便秘，但也加速食物通過腸道，降低營養素的吸收率。

（七）治療高血壓的利尿劑（diuretic）：造成鈉、鉀、鎂、鋅過度排出，卻降低尿酸的排出速率。

（八）抗生素（antibiotic）：過度使用會殺死腸道的有益菌，影響維生素 K、B_{12} 的吸收。

三、藥物對飲食的影響

幾乎每一種營養素都會受到藥物的影響，尤其是鈣、葉酸、維生素 A 與 B_6，由於平時攝取量較低，藥物的影響更顯重要。藥物的藥理特性或副作用，可能會影響食物的攝取，須瞭解其作用方式，才能達到治療效果，並避免食物與營養素攝取不足。

（一）降低食慾

中樞神經興奮劑安非他命作用於中樞神經系統，會抑制食慾，進而減輕體重。其他如抗高血壓藥 captopril、抗黴菌劑 metronidazole、治療心衰竭的毛地黃及口服降血糖藥如 metformin 等，皆會降低食慾。

（二）增加食慾

抗組織胺藥 cyproheptadine、抗精神病藥 chlorpromazine、抗焦慮劑 diazepam、三環抗憂鬱藥 amitriptyline 等藥物會促進食慾，甚至進食過度，導致體重明顯增加。其他如類固醇的藥物，會增加肌肉質量，增加體重。sulfonylurea 類的口服降血糖藥如 tolbutamide、chlorpropamide、acetohexamide 等，會刺激胰臟分泌胰島素，進而增加食慾和體重。

（三）味覺改變

許多藥物會改變對食物甜、苦、鹹味的感受度，甚至產生金屬味等，造成味覺障礙，其作用機轉可能是改變中樞神經系統神經傳導物質的作用。例如治療風濕性關節炎的青黴胺是一種金屬螯合劑，會與鋅螯合造成鋅缺乏，使得味覺異常。其他如抗癌藥 methotrexate、doxorubicin 等，以及鎮靜劑與 Aspirin 也會改變味覺的敏感度。

（四）口乾、吞嚥困難

有些藥物會造成口乾、吞嚥的困難，以致影響食慾，例如抗膽鹼激性藥物 atropine、抗組織胺、抗憂鬱劑、抗驚厥藥、治療心血管疾病、帕金森氏症等物藥。

（五）噁心、嘔吐

有多種的口服藥會引起噁心、嘔吐，甚至腹瀉的副作用，例如治療痛風的秋水仙素，及化學治療藥物（抗癌藥），嚴重時，可給予止吐劑及促腸蠕動劑。因某些藥物會引起味覺和嗅覺的改變及胃腸道不適，故使用藥物前，先瞭解藥物的特性，可採不同的烹調方式調理食物，達到色香味美的效果，增加病人進食的慾望。

（六）藥物減少營養素吸收

　　部分的藥物會直接造成營養素吸收不良，例如酒精濫用會導致維生素 B_1 和葉酸缺乏，引起周邊神經炎和貧血；瀉劑會引起脂肪痢，導致營養素嚴重的吸收不良。間接引起營養素吸收不良的藥物，例如：抗生素 neomycin 會改變腸道絨毛功能、造成膽鹽沉澱、減少膽酸的吸收、抑制胰液作用，易造成脂肪痢及維生素 A、D、E、K 的吸收不良。

四、飲料對藥物的影響

　　食物的成分或食品添加物，也會改變體內酵素的作用，影響藥物的代謝及血中藥物的濃度。

（一）酸性飲料：含有檸檬酸的果汁或飲料，會影響對酸不安定的藥物治療效果，如紅黴素，或使溶解度較低的弱酸性藥物，如磺胺藥物，在泌尿系統內沉澱引發結石。

（二）乳製品：如牛奶、優酪乳含有豐富的蛋白質及電解質，易與四環素結合成不溶性的鹽類，降低藥物的吸收率。

（三）咖啡、茶、可樂：含有嘌呤類生物鹼（caffeine、theophylline 等），它會興奮中樞神經、呼吸系統、心肌、及利尿。咖啡因會增加胃酸分泌，降緩腸蠕動，影響藥物吸收，並拮抗抗焦慮劑 Benzodiazepine 類的作用。茶中含有鞣酸，與鐵結合後會降低藥物的效用，所以這些飲料皆不宜與藥物併服。

（四）葡萄柚汁：含有類黃酮配醣體會抑制鈣離子阻斷劑（如 felodipine）、免疫抑制劑（cyclosporine）及抗組織胺藥（terfenadine）的酵素代謝作用，致使血中藥物濃度增加，引起心律不整或與其他藥物交互作用的不良反應。

（五）酒精：因廣泛做為飲料的原料，所以發生食物－藥物的交互作用是很常見的。短期間快速的飲酒會抑制藥物的代謝，而促進

藥物的作用；慢性酗酒者，因酒精消化吸收進入微粒體氧化酵素系統，會加速藥物的代謝。例如：抗癲癇藥在快速飲酒者體內因競爭相同的肝臟氧化系統，會減少抗癲癇藥的清除率。

（六）水：適量的水分對藥效是有幫助，也可避免藥物對食道造成傷害，改善藥物引起口乾、脫水的情形。為避免食物與藥物的交互作用，應以開水服藥，並遵守藥品飯前或飯後服用之指示，適當的間隔服藥的時間，停用不必要的藥品，小心監測藥物的不良反應。

（七）碳烤食物：因含多環芳香族碳氫化合物，其為一強力的酵素誘導劑，會影響多種藥物代謝，例如會促進支氣管擴張劑的代謝。

課後練習

1. 請分別說明阿斯匹靈、降血膽固醇藥及治療反胃、嘔吐之制酸劑會影響哪些營養素的吸收與作用？
2. 請說明為何酸性飲料、咖啡、茶、可樂、葡萄柚汁及酒精飲料不宜與藥物一併服用？

參考文獻

高美丁等編著（2014）。**膳食療養學**。臺中市：華格那出版有限公司。
張振崗等編著（2015）。**實用營養學**。臺中市：華格那出版有限公司。
章樂綺等編著（2015）。**實用膳食療養學**。臺北市：華杏出版機構。
黃惠煐等編著（2015）。**生命期營養**。臺中市：華格那出版有限公司。